高等职业院校经济管理类规划教材

移动电子商务
（第 2 版）

主　编　张　昶
副主编　于　含　张　蕾
　　　　苏艳玲　张　新

北京邮电大学出版社
www.buptpress.com

内 容 简 介

本书结合移动电子商务发展的最新动态，深入浅出地从商务和技术两个方面对移动电子商务内容进行了介绍。商务方面覆盖了移动电子商务的概念与内涵，业务发展情况，企业的移动营销模式，移动端带来的应用服务、移动平台运营等内容；技术方面覆盖了移动通信技术、RFID 与二维码技术、移动安全技术、移动支付技术以及手机页面编程技术等内容。除此之外，针对目前的流行趋势，本书还特色性地介绍了移动新媒体营销、5G 技术的发展与应用以及移动电子商务与大数据的内容。

本书内容充实、特色鲜明、实用性较强，可作为高等院校本科或高等职业院校电子商务、市场营销、管理科学与工程专业的教材，也可作为相关科研人员的参考用书。

图书在版编目(CIP)数据

移动电子商务 / 张昶主编. -- 2 版. -- 北京：北京邮电大学出版社，2021.3(2023.8 重印)
ISBN 978-7-5635-6340-1

Ⅰ.①移… Ⅱ.①张… Ⅲ.①移动电子商务 Ⅳ.①F713.36

中国版本图书馆 CIP 数据核字(2021)第 035598 号

策划编辑：马晓仟　　责任编辑：王晓丹　左佳灵　　封面设计：七星博纳

出版发行：北京邮电大学出版社
社　　址：北京市海淀区西土城路 10 号
邮政编码：100876
发 行 部：电话：010-62282185　传真：010-62283578
E-mail：publish@bupt.edu.cn
经　　销：各地新华书店
印　　刷：唐山玺诚印务有限公司
开　　本：787 mm×1 092 mm　1/16
印　　张：11.5
字　　数：281 千字
版　　次：2016 年 3 月第 1 版　2021 年 3 月第 2 版
印　　次：2023 年 8 月第 2 次印刷

ISBN 978-7-5635-6340-1　　　　　　　　　　　　　　　定价：29.80 元

· 如有印装质量问题，请与北京邮电大学出版社发行部联系 ·

前　言

　　党的二十大报告提出"加快发展数字经济,促进数字经济和实体经济深度融合,打造具有国际竞争力的数字产业集群"。随着我国数字经济的发展,移动互联网技术也取得了前所未有的突破,这也促进了商业模式的变革和传统行业的数字化转型升级。而移动电子商务则成为数字经济发展的重要着力点,它是移动互联网技术与电子商务业务模式相融合的概念,是电子商务、移动通信、新媒体、大数据、网页设计等领域的交叉学科,是未来企业决胜于市场的关键。所以,掌握移动电子商务的知识与技能是对现代大学生知识储备与能力的基本要求。同时,移动电子商务也是大学电子商务专业的必修课程和前沿课程。

　　本书包括了移动电子商务的商务和技术两大方面的内容:在商务方面,主要介绍了移动电子商务的概念与内涵,业务发展情况,企业的移动营销模式,移动端带来的应用服务、移动平台的运营等内容;在技术方面,主要介绍了移动通信技术、RFID 与二维码技术、移动安全技术、移动支付技术、移动电子商务与大数据技术以及手机页面编程技术等内容。全书共分为 9 章,在每一章都设有相应的扩展阅读材料。具体来说:

　　第 1 章为移动电子商务的概念及体系,主要包括移动互联网的发展历程,移动电子商务的概念、分类、特点,移动电子商务的产业链及服务模式等内容。

　　第 2 章为移动电子商务技术基础及其应用,主要包括移动通信技术(包括早期移动通信技术、现在流行的 4G 技术以及符合发展趋势的 5G 技术及其应用)、无线网络技术、二维码技术、RFID 技术以及未来手机的技术发展等内容。

　　第 3 章为移动电子商务营销模式,主要包括移动营销的概念、特点,主要移动营销模式,现在流行的 App 营销、微信及微博营销、短视频与直播"带货"等新媒体营销内容。

　　第 4 章为移动电子支付,主要包括移动支付的概念、分类,移动支付运营模式,移动支付体系框架和交易流程,移动第三方支付等内容。

　　第 5 章为移动电子商务应用,主要包括即时通信、移动娱乐(包括手机游戏和手机文学)、移动学习、移动生活服务等内容。

第 6 章为移动电子商务安全,主要包括移动电子商务存在的安全问题及解决方案、移动安全通信技术、移动终端的安全和手机病毒等内容。

第 7 章为移动电子商务与大数据技术,主要包括大数据概念和分析方法、移动电子商务中的大数据以及移动端的 Web 挖掘等内容。

第 8 章为移动电子商务运营,主要包括移动运营的概念与特点、移动运营的内容、移动搜索引擎运营以及移动网店运营等。

第 9 章为手机页面编程技术基础,主要包括目前广泛使用的 HTML5 编程语言的定义、特点,发展方向及新功能(新元素和属性的使用)介绍。

由于移动电子商务是一个变化较快的领域,许多内容尚在发展和探索之中,再加上作者水平有限,本书的不当之处,恳请读者批评指正。在此,对参考文献中所有文献作者表示由衷的感谢。

目 录

第1章 移动电子商务的概念及体系 … 1

1.1 移动互联网的演变 … 1
- 1.1.1 互联网的产生与定义 … 1
- 1.1.2 中国互联网的发展浪潮 … 3
- 1.1.3 移动互联网时代的商业模式 … 5

1.2 移动电子商务的概念、特点与应用 … 6
- 1.2.1 移动电子商务的概念与分类 … 6
- 1.2.2 移动电子商务的特点 … 7
- 1.2.3 移动电子商务的应用类型 … 8

1.3 移动电子商务产业链与服务模式 … 9
- 1.3.1 移动电子商务体系与产业链 … 9
- 1.3.2 移动电子商务服务模式 … 10

思考题 … 14

第2章 移动电子商务技术基础及其应用 … 15

2.1 移动通信技术 … 15
- 2.1.1 早期移动通信技术 … 15
- 2.1.2 4G移动通信技术 … 16
- 2.1.3 5G移动通信技术 … 17

2.2 无线网络技术 … 24
- 2.2.1 无线网络的概述 … 24
- 2.2.2 无线网络的传输方式 … 24
- 2.2.3 无线网络的优点 … 24
- 2.2.4 无线网络的规范 … 25

2.3 二维码技术 … 26
- 2.3.1 二维码的概念 … 26
- 2.3.2 二维码的优势 … 27

2.3.3 手机二维码技术 27
2.3.4 二维码技术在移动电子商务中的应用 28
2.4 RFID 技术 30
2.4.1 RFID 的概念 30
2.4.2 RFID 工作原理 31
2.4.3 RFID 技术在移动终端的典型应用 32
2.5 未来手机 34
2.5.1 未来手机产业的发展趋势 34
2.5.2 未来手机的主要技术特点分析 35
思考题 37

第 3 章 移动电子商务营销模式 38

3.1 移动营销概述 38
3.1.1 移动营销的概念 38
3.1.2 移动营销的特点 39
3.2 主要营销模式介绍 40
3.2.1 从产业链角度划分 40
3.2.2 从技术角度划分 41
3.2.3 从模型角度划分 42
3.3 App 营销 43
3.3.1 App 43
3.3.2 App 营销及其优势 43
3.3.3 App 营销模式 44
3.4 微博营销和微信营销 45
3.4.1 微博营销 45
3.4.2 微信营销 47
3.5 短视频营销与直播电商 50
3.5.1 短视频营销 50
3.5.2 直播电商 51
思考题 54

第 4 章 移动电子支付 55

4.1 移动支付概述 55
4.1.1 移动支付概念 55
4.1.2 移动支付分类 55

  4.1.3 移动支付基本要素 …………………………………………………………… 56
4.2 移动支付的运营模式 ……………………………………………………………………… 58
  4.2.1 产业链情况 ……………………………………………………………………… 58
  4.2.2 以移动运营商为运营主体的模式 ……………………………………………… 60
  4.2.3 以银行为运营主体的模式 ……………………………………………………… 61
  4.2.4 以独立的第三方为运营主体的模式 …………………………………………… 62
4.3 移动支付系统架构及典型交易流程 ……………………………………………………… 63
  4.3.1 移动支付系统架构 ……………………………………………………………… 63
  4.3.2 移动支付典型交易流程 ………………………………………………………… 64
  4.3.3 移动支付账户体系架构 ………………………………………………………… 66
4.4 第三方移动支付 …………………………………………………………………………… 68
  4.4.1 第三方支付概述 ………………………………………………………………… 68
  4.4.2 第三方移动支付发展现状 ……………………………………………………… 69
  4.4.3 第三方移动支付工具 …………………………………………………………… 69
思考题 …………………………………………………………………………………………… 72

第5章 移动电子商务应用 ……………………………………………………………………… 73

5.1 即时通信 …………………………………………………………………………………… 73
  5.1.1 即时通信概念 …………………………………………………………………… 73
  5.1.2 即时通信应用 …………………………………………………………………… 74
  5.1.3 即时通信市场格局 ……………………………………………………………… 75
5.2 移动娱乐 …………………………………………………………………………………… 78
  5.2.1 网络音乐 ………………………………………………………………………… 78
  5.2.2 手机游戏 ………………………………………………………………………… 78
  5.2.3 手机文学 ………………………………………………………………………… 79
5.3 移动学习 …………………………………………………………………………………… 81
  5.3.1 移动学习概述 …………………………………………………………………… 81
  5.3.2 移动学习平台 …………………………………………………………………… 82
5.4 移动生活服务 ……………………………………………………………………………… 84
  5.4.1 移动生活服务概述 ……………………………………………………………… 84
  5.4.2 O2O移动生活服务模式 ………………………………………………………… 85
  5.4.3 O2O移动生活服务应用 ………………………………………………………… 86
  5.4.4 移动生活服务案例分析 ………………………………………………………… 89
思考题 …………………………………………………………………………………………… 90

第6章 移动电子商务安全 ·· 91

6.1 移动电子商务的安全问题 ·· 92
6.1.1 移动电子商务主要安全问题 ·· 92
6.1.2 移动电子商务安全问题解决方案 ·· 93
6.2 移动安全通信技术 ·· 93
6.3 移动终端安全 ·· 95
6.3.1 移动终端的发展模式 ·· 95
6.3.2 移动终端的主要安全威胁 ··· 96
6.3.3 移动智能终端安全管理的现状与问题 ··· 97
6.3.4 移动智能终端安全应对策略 ··· 99
6.4 手机病毒 ·· 100
6.4.1 手机病毒定义 ··· 101
6.4.2 手机病毒的特点 ·· 101
6.4.3 手机病毒的危害 ·· 101
6.4.4 手机病毒的发展现状及趋势 ·· 102
6.4.5 手机病毒的分类 ·· 103
6.4.6 主流系统的安全机制和隐患 ·· 104
6.4.7 手机反病毒技术的发展趋势 ·· 105
6.4.8 手机病毒防范措施 ··· 105
思考题 ·· 107

第7章 移动电子商务与大数据技术 ·· 108

7.1 大数据技术概述 ·· 109
7.1.1 大数据的概念与特征 ·· 109
7.1.2 大数据分析主要步骤 ·· 110
7.1.3 大数据分析方法简介 ·· 111
7.1.4 大数据的典型应用 ··· 116
7.2 移动电子商务中的大数据技术 ·· 118
7.2.1 移动电子商务与大数据技术的关系 ·· 118
7.2.2 大数据中的 Web 挖掘分析 ·· 119
7.2.3 基于移动电子商务的 Web 使用模式挖掘 ·· 121
7.3 大数据技术在移动电子商务中的应用 ·· 124
7.4 大数据时代的移动平台运营趋势 ··· 126
思考题 ·· 133

第8章　移动电子商务运营·· 134

8.1　移动电商运营概述·· 134
8.1.1　移动电商运营的概念·· 134
8.1.2　移动电商运营的内容·· 135
8.2　移动搜索引擎运营·· 137
8.2.1　搜索引擎优化·· 137
8.2.2　搜索引擎营销推广·· 139
8.3　移动网店运营·· 142
8.3.1　移动网店运营概述·· 142
8.3.2　移动网店运营指标体系·· 143
8.3.3　移动网店运营流程·· 146
思考题··· 148

第9章　手机页面编程技术基础·· 149

9.1　HTML5概述·· 149
9.1.1　HTML5的概念及发展·· 149
9.1.2　HTML5的变化·· 150
9.1.3　HTML5的特性·· 150
9.2　HTML5新功能简介··· 151
思考题··· 169

参考文献··· 170

第1章 移动电子商务的概念及体系

1.1 移动互联网的演变

1.1.1 互联网的产生与定义

互联网是网络与网络之间所串连成的庞大网络,这些网络以一组通用的协议相连,形成逻辑上的单一、巨大的国际网络。这种将计算机网络互相连接在一起的方法可称作"网络互联",在这基础上发展起来的覆盖全世界的全球性互联网络称互联网,即互相连接在一起的网络结构。互联网并不等同于万维网,万维网只是基于超文本相互链接而成的全球性系统,是互联网所能提供的服务之一。

Internet 是人类历史发展中的一个伟大的里程碑,它已经成为世界上覆盖面最广、规模最大、信息资源最丰富的计算机信息网络。Internet 的发展大致经历了如下四个阶段。

(1) Internet 的起源。从某种意义上讲,Internet 的产生有着浓厚的政治和军事背景。1962 年,美国国防部为了保证美国本土防卫力量和海外防御武装力量在受到苏联第一次核打击以后仍然具有一定的生存和反击能力,认为有必要设计出一种分散的指挥系统:它由一个个分散的指挥点组成,当部分指挥点被摧毁后,其他点仍能正常工作,并且这些点之间,能够绕过那些已被摧毁的指挥点继续保持联系。为了对这一构思进行验证,1969 年,美国国防部国防高级研究计划署(DoD/DARPA)资助建立了一个名为 ARPANET(即"阿帕网")的网络,这个网络把位于洛杉矶的加利福尼亚大学、位于圣芭芭拉的加利福尼亚大学、斯坦福大学,以及位于盐湖城的犹他州州立大学的计算机主机连接起来,位于各个节点的大型计算机采用分组交换技术,通过专门的通信交换机和专门的通信线路相互连接。这个阿帕网就是 Internet 的雏形。

到 1972 年时,ARPANET 网上的网点数已经达到 40 个,这 40 个网点彼此之间可以发送小文本文件(当时称这种文件为电子邮件,也就是我们现在的 E-mail),并可利用文件传输协议发送大文本文件,包括数据文件(即现在 Internet 中的 FTP),同时也发现了通过把一台电脑模拟成另一台远程电脑的一个终端而使用远程电脑上的资源的方法,这种方法被称为 telnet。由此可看到,E-mail、FTP 和 telnet 是 Internet 上较早出现的重要工具,特别是 E-mail 目前仍然是 Internet 上最主要的应用。

(2) TCP/IP 协议的产生。1972 年,全世界电脑业和通信业的专家学者在美国华盛顿举行了第一届国际计算机通信会议,在不同的计算机网络之间进行通信达成协议,会议决定成立 Internet 工作组,负责建立一种能保证计算机之间进行通信的标准规范,即通信协议;1973 年,美国国防部也开始研究如何实现各种不同网络之间的互联问题。

至 1974 年,IP(Internet 协议)和 TCP(传输控制协议)问世,合称 TCP/IP 协议。这两个协议定义了一种在电脑网络间传送文件或命令的方法。随后,美国国防部决定向全世界无条件地免费提供 TCP/IP,即向全世界公布解决电脑网络之间通信的核心技术,TCP/IP 协议核心技术的公开推动了 Internet 的大发展。

到 1980 年,世界上既有使用 TCP/IP 协议的美国军方的 ARPA 网,也有很多使用其他通信协议的网络。为了将这些网络连接起来,美国人温顿·瑟夫提出一个想法:在每个网络内部各自使用自己的通信协议,在和其他网络通信时使用 TCP/IP 协议。这个设想确立了 TCP/IP 协议在网络互联方面不可动摇的地位,Internet 也真正建立起来。

(3) NSFNET 的出现。Internet 的第一次快速发展源于美国国家科学基金会(National Science Foundation,简称 NSF)的介入,即建立 NSFNET。20 世纪 80 年代初,美国一大批科学家呼吁实现全美计算机和网络资源的共享,以改进教育和科研领域的基础设施建设。

20 世纪 80 年代中期,美国国家科学基金会(NSF)为鼓励大学和研究机构共享他们非常昂贵的 4 台计算机主机,希望各大学、研究所的计算机与这 4 台巨型计算机连接起来。最初 NSF 曾试图使用 DARPANet 做 NSFNET 的通信干线,但由于 DARPANet 的军用性质,并且受控于政府机构,这个决策没有成功。于是他们决定自己出资,利用 ARPANET 发展出来的 TCP/IP 通信协议,建立名为 NSFNET 的广域网。

20 世纪 80 年代后期,NSFNET 的正式营运以及与其他已有和新建网络的连接,开始真正成为 Internet 的基础。

(4) Internet 的高速发展。进入 20 世纪 90 年代初期,Internet 事实上已成为一个"网际网",即各个子网分别负责自己的架设和运作费用,而这些子网又通过 NSFNET 互联起来。NSFNET 连接全美上千万台计算机,拥有几千万用户,是 Internet 最主要的成员网。随着计算机网络在全球的拓展和扩散,美洲以外的网络也逐渐接入 NSFNET 主干或其子网。20 世纪 90 年代初,科学家蒂姆·伯纳斯·李提出了万维网(World Wide Web)的设想,它由许多互相链接的超文本组成,可以利用超链接实现多媒体信息的组合。1993 年,美国"网景"浏览器的诞生把这种思想付诸实践,互联网不再只是高高在上的科学工具,人们从此开始了对互联网的应用。

Internet 在中国的发展可以追溯到 1986 年。当时,中科院等一些科研单位通过国际长途电话拨号到欧洲一些国家,进行国际联机数据库检索。虽然国际长途电话的费用是极其昂贵的,但是能够以最快的速度查到所需的资料还是值得的。这可以说是我国使用 Internet 的开始。

由于核物理研究的需要,中科院高能所(IHEP)与美国斯坦福大学的线性加速器中心一直有着广泛的合作关系。随着合作的不断深入,双方意识到了加强数据交流的迫切性。在 1993 年 3 月,高能所通过卫星通信站租用了一条 64 kbit/s 的卫星线路与斯坦福大学联网。

1994 年 4 月,中科院计算机网络信息中心通过 64 kbit/s 的国际线路连到美国,开通路由器,我国开始正式接入 Internet 网。目前,我国已初步建成国内互联网,其 4 个主干网络是中国公用计算机互联网(ChinaNet)、中国教育与科研计算机网(CERNet)、中国科学技术计算机网(CSTNet)、中国金桥互联网(ChinaGBN)。

1.1.2 中国互联网的发展浪潮

1. 中国互联网第一次浪潮：互联网企业的兴起

1997年开始，以人民网为代表的门户网站开始逐步创立并发展，新浪、网易、新华通讯社网站（后更名新华网）等新闻门户与上海热线、武汉热线等地方门户逐步建立起来，开启了互联网的门户时代；同期，阿里巴巴、百度、盛大、天涯社区等互联网公司创立；风险投资的环境开始改善，互联网企业的融资路径逐步明确；等等。一切预示着中国互联网的第一次发展热潮即将到来。

中国互联网的第一次浪潮是由网易、搜狐、新浪等三大门户网站的创建开始发端的。1997年网易成立，1998年搜狐和新浪成立。1999年7月，中华网在美国纳斯达克成功上市，成为第一个海外上市的中国网站，第一次让风险投资看到了中国市场的巨大商机，由此带动了三大门户的上市热潮，以及一大批中国互联网公司的兴起。那时候，诞生了"中国概念股"的称呼，因为到2000年，中国网民才突破1000万大关。这一轮浪潮完全是由美国互联网热潮带动起来的。在这一次浪潮中聊天室、QQ、联众等互联网产品层出不穷。

2. 中国互联网第二次浪潮：流量为王的时代

（1）网游的兴起和火爆。从2000年开始，"网游"的概念就开始受到热捧。到了2001年，盛大推出《传奇》，网易也推出了《大话西游》，网游开始了一段长达4～5年的火爆时期。其中又以《传奇》最为成功，这款从韩国引进的网游迅速成了很长时间以来最火爆也最赚钱的网游。一直要到后来《魔兽世界》的出现，才能超越当年《传奇》的盛况。那时网络游戏的主流商业模式是售卖点卡，玩家根据游戏时长消耗点数，只有付费才能玩游戏。

（2）电子商务的飞速发展。与网游一同兴起的还有电子商务。1999年，阿里巴巴成立，通过B2B切入电商领域，不到半年公司已经能提供来自全球178个国家和地区的商业信息。同年年底，当当网成立，开辟了网络图书销售平台。2000年，雷军参与创办的卓越网上线并开始运营。2003年5月，阿里旗下的淘宝网上线，并在当年年底推出了第三方支付工具支付宝，当年即完成了3 400万元的成交额，并渐渐发展成为国内最大的电商网站。

（3）入口和流量之争。随着各类网站和互联网用户数量的增加，人们开始面临如何从浩如烟海的网络世界中找到需要的信息这一问题。2001年开始，"入口"的概念逐渐兴起。在这一阶段，包括3721、hao123、百度，乃至产业链中更加靠前的集成操作系统"番茄花园"，都一度成为流量入口。入口既成，抢占入口、获取流量便成为企业的重中之重，"流量运营"这一工种开始出现。

（4）Web 2.0时代。在2005年前后，"Web 2.0"这一概念开始在互联网圈内火热起来，席卷全球。所谓Web 2.0，可以简单理解为是"由用户主导而生成内容的互联网产品模式"，为了区别于"由公司和网站雇员主导生成内容的产品模式"，我们称之为Web 2.0。当然，与之相对应，后者就是Web 1.0。这个时期主要的产品有博客、Wiki、视频网站、P2P下载、论坛、SNS。Web 2.0是互联网的一次理念和思想体系的升级换代——由原来自上而下的由少数资源控制者集中控制主导的互联网体系，转变为自下而上的由广大用户集体智慧和力量主导的互联网体系。用户们开始获得越来越多的话语权，可以尽情发挥自己的能量和创造力，让整个互联网世界变得更加丰富和精彩，拥有更大的可能性。

3. 中国互联网第三次浪潮：移动互联网的崛起

2008年中国网民数量首次超过美国，PC时代迎来高潮，同时，Android操作系统的发布预示着移动互联网时代的起航。

2010年，谷歌宣布退出中国，百度因此成为最大的受益者，而淘宝也替代B2B成为阿里新的增长点，腾讯则宣布QQ同时在线用户超1亿人。自此，百度、阿里和腾讯分别掌握了互联网最重要的三个应用入口，成为新的三巨头，被称为BAT。中国互联网由门户时代向BAT时代转轨。同时，BAT开始加强横向业务的演进。百度切入电商（有啊），推出社交（贴吧）；阿里开始做社交（旺旺），推出游戏（阿里游戏）；腾讯切入搜索（搜搜），推出电商（拍拍）、推出游戏和文娱。三巨头在对方后院不断试探，试图想要占据社交、搜索、电商三块领域再度分羹。

面对BAT的崛起，传统的三大门户则陷入了模式困境。网易放弃了正面战场，专注于网游；搜狐则多面出击，布局了输入法、视频以及网游；而新浪则推出了新浪微博，并且很快就成了一款现象级产品。2009年8月，新浪微博上线内测，此后2、3年时间内，凭借着自己此前在博客和门户时代积累下来的大量资源，以及微博本身"快速传播"式的产品机制，以暴风般的速度席卷了整个互联网。在微博巨大的向心力面前，几乎所有人都被卷入其中，从意见领袖到娱乐明星，从政府机关到商业领袖，几乎无一幸免。微博成为当时"流量"的聚集地。

2010年，微信诞生，腾讯凭借微信在BAT中率先拿到了移动互联网的门票，由于巧妙的产品底层设计，微信不仅在社交和内容赛道上斩获颇丰，在产品的拓展上更是具有超强的兼容性，游戏、企业服务等均可以在微信上自由叠加生长。

2012年，中国手机网民数量超过PC网民数量，移动互联网生态迎来爆发，在移动互联网晦暗不明的当下，BAT之外出现了更多创新型公司。信息流的分发、短视频、本地生活、用车领域、游戏、工具、社交等成为移动互联网最重要的产品形态代表。TMD诞生并异军突起。2010年美团成立，2012年字节跳动和滴滴先后创立，借助移动互联网和资本优势，TMD迅速搅动风云，成为BAT之外的新一极。移动互联网的第一场代理人战役在滴滴和快的上打响，"烧钱"成为移动互联网时代的狂欢。2010年小米、bilibili成立，2011年陌陌、快手成立，一批公司纷纷乘着移动互联网的热潮登上历史舞台。

2015年，移动互联网格局初定，"并购"成为年度关键词，2月的滴滴和快的合并，4月58同城和赶集合并，8月优酷和土豆合并，10月美团和大众点评合并，10月携程和去哪儿合并，12月世纪佳缘和百合网合并。资本成为改变互联网格局的关键角色，在未盈利状态下，合并竞争对手、减少竞争成为资本极力促成的事情。

2016年，人工智能走向前台，人工智能元年到来，无论是数据、算法、算力都得到极大的发展，更重要的是人工智能开始进入普通人的视野。百度推出无人车，AlphaGo击败李世石，微软、Facebook推出人工智能平台，国内以BAT为代表的巨头逐渐展开人工智能的布局。

2020年及以后，随着5G移动通信技术的发展和应用，我们的世界进一步提速，移动网络整合的人工智能、万物互联以及大数据技术，会使社会产业结构和企业商务模式产生巨大的变革，人们的行为模式和生活习惯也会由此不断改变。连接性、智能性带来的变化将会引领时代的潮流和趋势。

1.1.3 移动互联网时代的商业模式

传统互联网商业模式在移动互联网时代面临挑战。移动互联网时代最核心的就是商业模式的互联网化,即利用平等、开放、协作、分享的互联网精神来颠覆和重构整个商业价值链。以下是移动互联网时代一些主要的商业模式。

(1)"工具＋社群＋商业"模式。互联网的发展,使信息交流越来越便捷,志同道合的人更容易聚在一起,形成社群。同时互联网将散落在各地的星星点点的分散需求聚拢在一个平台上,形成新的共同的需求,并形成了规模,解决了重聚的价值。如今互联网正在催熟新的商业模式,即"工具＋社群＋商业"的混合模式。比如,微信最开始是一个社交工具,先是通过各自工具属性、社交属性、价值内容的核心功能过滤到海量的目标用户,加入了朋友圈点赞与评论等社区功能,继而添加了微信支付、精选商品、电影票、手机话费充值等商业功能。这些工具能够满足用户的痛点需求,可以用来做流量的入口,但它无法有效沉淀粉丝用户。社群则具有关系属性,可以用来沉淀流量。商业具有交易属性,用来变现流量价值。三者看似不相关,但内在逻辑是互相融合、一体化的。

(2)长尾型商业模式。长尾概念由克里斯·安德森提出,这个概念描述了媒体行业从面向大量用户销售少数拳头产品,到销售庞大数量的利基产品的转变,虽然每种利基产品相对而言只产生小额销售量,但利基产品的销售总额可以与传统面向大量用户销售少数拳头产品的销售模式的销售总额媲美。通过C2B实现大规模个性化定制,核心是"多款少量"。所以长尾模式需要低库存成本和强大的平台,并使得利基产品对于兴趣买家来说容易获得。

(3)跨界商业模式。不管是做哪个行业的,真正构成最大威胁的对手一定不是现在行业内的对手,而是那些行业之外你看不到的竞争对手。马云曾经说过一句很任性的话,他说,如果银行不改变,那我们就改变银行,于是余额宝就诞生了,余额宝推出半年规模就接近3 000亿。雕爷不仅做了牛腩,还进军了美甲。小米做了手机,做了电视,还做了智能家居。互联网颠覆传统行业实质上就是利用高效率来整合低效率,对传统产业核心要素的再分配,也是生产关系的重构,并以此来提升整体系统效率。互联网企业通过减少中间环节,减少所有渠道不必要的损耗,减少产品从生产到进入用户手中所需要经历的环节来提高效率,降低成本。因此,对于互联网企业来说,只要抓住传统行业价值链条当中的低效率或高利润环节,利用互联网工具和互联网思维,重新构建商业价值链就有机会获得成功。

(4)免费商业模式。互联网行业从来不打价格战,它们一上来就免费。传统企业向互联网转型,必须要深刻理解"免费"背后商业逻辑的精髓到底是什么。互联网时代是一个信息过剩的时代,也是一个注意力稀缺的时代,怎样在无限的信息中获取有限的注意力,便成为互联网时代的核心命题。很多互联网企业都是以免费、好的产品吸引到海量用户的,然后通过新的产品或服务吸引不同的用户,在此基础上再构建商业模式。比如360安全卫士、QQ等。互联网颠覆传统企业的常用手段就是在传统企业用来赚钱的领域实行免费,从而彻底把传统企业的客户群带走,继而转化成流量,然后再利用延伸价值链或增值服务来实现盈利。

(5)O2O商业模式。腾讯CEO马化腾在互联网大会上的演讲中提到,移动互联网的地理位置信息带来了一个崭新的机遇,这个机遇就是O2O,二维码是线上和线下的关键入口,将后端蕴藏的丰富资源带到前端,O2O和二维码是移动开发者应该具备的基础能力。O2O

是"online to offline"的英文简称。狭义的 O2O 就是线上交易、线下体验消费的商务模式，主要包括两种场景：一是线上到线下，用户在线上购买或预订服务，再到线下商户实地享受服务，目前这种类型比较多；二是线下到线上，用户通过线下实体店体验并选好商品，然后通过线上下单来购买商品。广义的 O2O 就是将互联网思维与传统产业相融合，未来 O2O 的发展将突破线上和线下的界限，实现线上线下、虚实之间的深度融合，其模式的核心是基于平等、开放、互动、迭代、共享等互联网思维，利用高效率、低成本的互联网信息技术，改造传统产业链中的低效率环节。O2O 的核心价值是充分利用线上与线下渠道各自的优势，让顾客实现全渠道购物。线上的优势是方便、随时随地，并且品类丰富，不受时间、空间和货架的限制。线下的优势在于商品看得见摸得着，并且即时可得。从这个角度看，O2O 应该把两个渠道的优势无缝对接起来，让顾客觉得每个渠道都有价值。

(6) 平台商业模式。互联网的世界是无边界的，市场是全国乃至全球。平台型商业模式的核心是打造足够大的平台，产品更为多元化和多样化，更加重视用户体验和产品的闭环设计。在互联网时代，用户的需求变化越来越快，越来越难以捉摸，单靠企业自身所拥有的资源、人才和能力很难快速满足用户的个性化需求，这就要求打开企业的边界，建立一个更大的商业生态网络来满足用户的个性化需求。通过平台以最快的速度汇聚资源，满足用户多元化的个性化需求。所以平台模式的精髓在于打造一个多方共赢互利的生态圈。但是对于传统企业而言，不要轻易尝试做平台，尤其是中小企业不应该一味地追求大而全，而是应该集中自己的优势资源，发现自身产品或服务的独特性，瞄住精准的目标用户，发掘出用户的痛点，设计好针对用户痛点的极致产品，围绕产品打造核心用户群，并以此为据点快速地打造一个品牌。

1.2 移动电子商务的概念、特点与应用

1.2.1 移动电子商务的概念与分类

移动电子商务是指基于移动通信网络，通过手机、掌上电脑及笔记本电脑等移动通信终端和设备所进行的各种商业信息交互和各类商务活动。移动电子商务将因特网、移动通信技术、短距离通信技术及其他信息处理技术完美结合，使人们能在任何时间、任何地点进行各种商贸活动，实现随时随地线上线下的购物与交易活动、商务活动、金融活动和相关的综合服务活动等。

根据对移动电子商务关键环节的分析，可以分别将移动电子商务中的终端类型、交易平台、应用网络和商品或服务进行如下细分。

(1) 终端类型：手机、笔记本电脑和其他移动设备连接。

(2) 交易平台：根据交易对象不同，网站或服务平台可分为 B2B、B2C 和 C2C 3 种类型。

(3) 应用网络：5G 网络、4G 网络、3G 网络和 WiFi 网络等。

(4) 商品或服务：实物、虚拟物品，以及市政缴费、金融交易和银行转账等多种服务。

从互联网的角度看，移动电子商务与电子商务有很多共通之处，但是两者的服务对象和服务方式又有很大不同。正如电子商务不能照搬传统商务的经营模式一样，移动电子商务

也不能完全照搬电子商务的经营模式。

从技术角度看,移动电子商务是电子商务的扩展,为电子商务的应用提供了新的应用领域;但从应用角度看,它是对有线商务的整合与发展,是电子商务发展的新形态。这种"整合"就是将传统的商务与已经发展起来的电子商务整合起来,将各种业务流程从有线网络向无线网络转移,不仅可以保证商务活动的无缝连接,还可以有效地利用消费者的时间碎片。

IDC(international data corporation,国际数据公司)认为,移动电子商务市场的发展不会是简单的由 PC 端向移动端迁移的过程,而是一场以个人消费者为中心的产业模式重构。如图 1-1 所示。不论是淘宝、京东等 PC 互联网时代的电子商务强者,还是跃跃欲试借助 O2O 转型的银泰、万达等传统零售巨头,甚至是海尔、联想、宝洁等品牌厂商,都将成为未来这一市场竞争中的重要参与者。对个人消费者本身的争夺将逐步替代流量入口之争,成为产业各方获得竞争优势的关键。

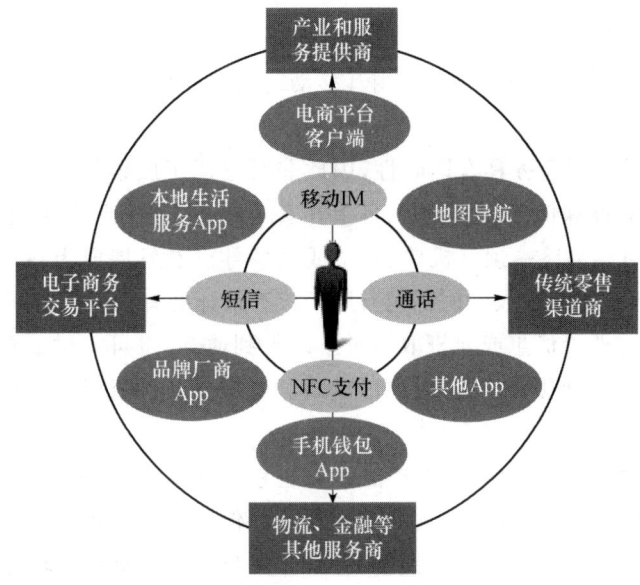

资料来源:IDC,2014年

图 1-1 移动电商重构产业模式

由于电子商务与移动电子商务拥有不同特征,移动电子商务不可能完全替代传统电子商务,两者是相互补充、相辅相成的。移动通信所具有的灵活、便捷的特点决定了移动电子商务应当定位于大众化的个人消费领域,应当提供大众化的商务应用。

1.2.2 移动电子商务的特点

移动电子商务是移动信息服务和电子商务融合的产物,与传统电子商务相比,具有以下的主要特点。

(1) 商务广泛性。相对于传统的电子商务而言,移动电子商务可以真正实现任何人在任何时间、任何地点都能得到整个网络的信息和服务。

(2) 服务个性化。用户可根据自己的需求和喜好来定制移动电子商务的子类服务和信息,并可根据需要灵活选择访问和支付方法,设置个性化的信息格式。

(3) 定位精准性。移动电子商务能获取和提供手机终端的位置信息,与位置相关的商务应用成为其一大亮点。

(4) 支付便捷性。用户可以根据不同情况通过多种方式进行付费,如可使用通信账户支付、手机银行支付或者第三方支付工具支付等。

(5) 支付安全性。手机作为个人移动通信工具,可以通过身份认证等制度避免虚假信息,在最大限度上提高交易的安全性,这也使得移动电子商务交易能够更加安全、可靠。

(6) 营销精准性。对于移动电子商务企业,用户对于手机的随身携带性和较高的使用黏性使得企业可以更加精准地对目标客户进行营销推广和服务关怀。

1.2.3 移动电子商务的应用类型

目前,移动电子商务应用非常广泛,其主要提供以下服务。

(1) 银行业务。移动电子商务使用户能随时随地在网上安全地进行个人财务管理,进一步完善因特网银行体系。用户可以使用其移动终端核查账户、支付账单、进行转账以及接收付款通知等。

(2) 交易。移动电子商务具有即时性,因此非常适用于股票等交易应用。移动设备可用于接收实时财务新闻和信息,也可确认订单并安全地在线管理股票交易。

(3) 订票。通过移动终端预订机票、车票或入场券已经发展成为移动电子商务的一项主要业务,其规模还在继续扩大。因特网有助于核查票证的有无,并进行购票和确认。移动电子商务使用户能在票价优惠或航班取消时立即得到通知,也可支付票费或在旅行途中临时更改航班或车次。借助移动设备,用户可以浏览电影剪辑、阅读评论,然后订购邻近电影院的电影票。

(4) 购物。借助移动电子商务,用户能够通过移动通信设备进行网上购物。即兴购物会是一大增长点,如订购鲜花、礼物、食品或快餐等。传统购物也可通过移动电子商务得到改进。例如,用户可以使用"无线电子钱包"等具有安全支付功能的移动设备,在商店里或自动售货机上进行购物。随着智能手机的普及,移动电子商务已经可以通过移动通信设备进行手机购物,使购物更随意、更方便。

(5) 娱乐。移动电子商务将带来一系列娱乐服务。用户不仅可以从他们的移动设备上收听音乐,还可以订购、下载或支付特定的曲目,并且可以在网上与朋友们玩交互式游戏,还可以游戏付费,并进行快速、安全的博彩和游戏。

(6) 无线医疗。对病人来说,每一秒都非常关键,无线医疗行业十分适合移动电子商务的开展。在紧急情况下,救护车可以作为进行治疗的场所,而借助无线技术,救护车可以在移动的情况下同医疗中心和病人家属建立快速、动态、实时的数据交换,这对每一秒钟都很宝贵的紧急情况来说至关重要。在无线医疗的商业模式中,病人、医生、保险公司都可以获益,也会愿意为这项服务付费。这种服务可以在时间紧迫的情形下,向专业医疗人员提供关键的医疗信息。由于医疗市场的空间非常巨大,并且提供这种服务的公司为社会创造了价值,因此存在着巨大的商机。

(7) 移动应用服务提供商。一些行业需要经常派遣工程师或工人到现场作业。在这些行业中,移动应用服务提供商将会有巨大的应用空间。移动应用服务提供商结合定位服务技术、短信息服务技术、Web通信技术,以及Call Center技术,为用户提供及时的服务,提高用户的工作效率。

1.3 移动电子商务产业链与服务模式

1.3.1 移动电子商务体系与产业链

移动电子商务体系是一个包含企业和商家、电信运营商、电子商务提供商等主体在内的商务系统,该体系还包括起支撑、支持作用的终端厂商、金融及支付服务商、仓储物流商和其他类型服务提供商,体系内各主体通过信息流、资金流和物流进行交互与联系,承担提供接口、应用和服务的角色,如表1-1所示。

表1-1 移动电子商务产业链主体

产业链主体	市场定位	典型企业
终端厂商	终端设备及应用	三星、苹果、小米、HTC等
电信运营商	网络接入服务	中国移动、中国电信、中国联通
金融及支付服务商	交易资金的在线支付	中国银联、工商银行、支付宝等
平台服务提供商	移动电商平台服务	传统电商有淘宝、京东、当当等;独立移动电商有拼多多、网易考拉、小红书等
仓储物流商	仓储、物流和配送	EMS、顺丰、中通、圆通等
软件、营销推广服务商	移动电商营销、推广等服务	UC浏览器、亿玛、耶客等

(1)终端厂商,为移动电子商务的发展提供硬件基础。移动电子商务对硬件的要求很高,可以说,移动终端的性能是决定移动电子商务用户体验最为重要的因素之一。目前市场上主流的智能手机基本能适应移动电子商务的发展,但其普及率还有待提高。中国市场上典型的智能手机厂商包括三星、苹果、小米、HTC等。

(2)电信运营商,为移动电子商务的发展提供网络基础。移动电子商务非常依赖电信运营商提供的网络服务,而且电信运营商拥有移动电子商务末端所有的用户资源,任何移动电子商务的应用服务都需通过电信运营商的信息通道进行,因此电信运营商在移动电子商务产业发展中起着极其重要的作用。中国的电信运营商主要包括中国移动、中国电信和中国联通。

(3)金融及支付服务商,为移动电子商务的发展提供资金周转服务。在商务活动中,所有资金的流动最终都要通过金融机构进行划转和结算,因此在移动电子商务活动中,银行、银联等金融机构有着天然的资金链控制优势。而在实际的移动电子商务活动中,第三方支付平台确保了资金支付的安全性和合理性,其在移动电子商务产业支付环节中同样具有重要作用。中国的金融及支付服务商主要包括中国银联、各大商业银行、支付宝等。

(4)平台服务提供商,是移动电子商务的直接参与者,是产业链中的核心主体。目前,淘宝网、京东商城、当当网等传统电子商务企业已经完成了在移动电子商务的布局,成了最主要的移动电子商务提供商。此外,完全立足于手机平台的独立移动电子商务企业,如拼多多、网易考拉、小红书等也是重要的参与者。

(5) 仓储物流商,和传统电商一样,移动电子商务需要有良好的仓储物流做支撑。中国市场上和电子商务相关的典型物流企业包括 EMS、顺丰速递、中通和圆通等。

(6) 软件、营销推广服务提供商,为移动电子商务平台提供信息入口和营销推广服务。以 UC 浏览器为代表的浏览器软件是移动互联网最重要的信息入口,是目前移动电子商务企业推广的重要平台;而近年来兴起的各种 App 应用也逐渐为移动电子商务提供推广平台。亿玛在线、耶客等提供移动营销和移动客户端开发的企业也在移动电子商务产业链中发挥着自己独特的作用。

根据移动电子商务体系中各个主体在产业上下游所处的位置,各个主体通过信息流、物流和资金流链接组成移动电子商务的产业链,如图 1-2 所示。

终端厂商和电信运营商为移动电子商务平台的建设提供了网络和基础以及应用接口;应用软件提供商丰富了平台应用,通过定位、支付等功能的实现使移动电子商务能够更顺畅地进行信息和资金的交换;平台服务提供商、金融及支付服务商、物流商为移动电子商务平台提供商品信息展示、资金划拨、仓储与运输等服务,在移动电子商务平台前端,为消费者和电子商务企业进行交易提供服务。

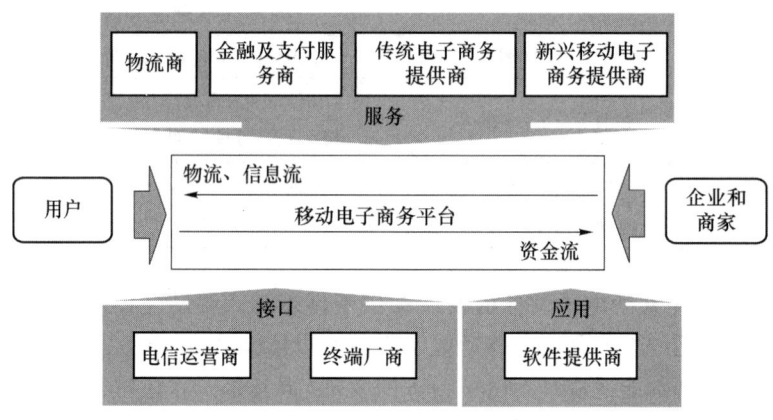

图 1-2　移动电子商务产业链

1.3.2　移动电子商务服务模式

根据移动电子商务服务模式的不同主导方,可以将移动电子商务分为由传统电子商务提供商、新兴移动电子商务提供商、电信运营商、金融机构、物流商主导的五大服务模式。

1. 传统电子商务提供商主导的移动电子商务服务模式

传统电子商务提供商主导的移动电子商务服务模式可以看作是传统电子商务的移动化。随着移动互联网的发展,移动购物市场也在不断扩张。随着移动设备的升级,许多新功能得到开发,也带来了消费模式的变化。移动网购设备的变化及与 PC 网购的区别如图 1-3 所示。

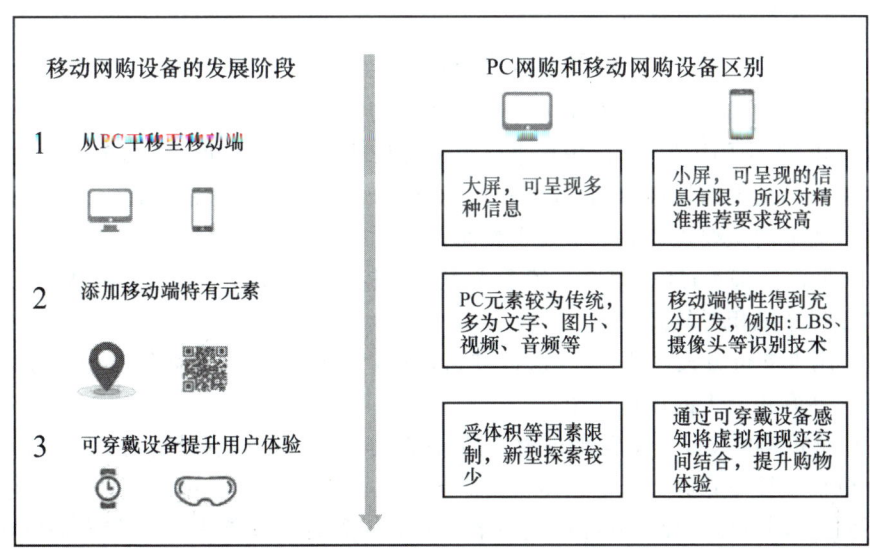

图 1-3 移动设备升级带来消费模式升级

国内主流电子商务企业通过各种形式开展移动电子商务,比如淘宝、京东、当当网等传统电子商务提供商。对这类企业而言,初期是将移动电子商务作为传统电子商务形式的补充,增加一个销售渠道,但随着移动互联网时代的到来,移动电子商务将成为这些传统电子商务企业未来的重点发展方向。传统电子商务提供商主导移动电子商务的主要优势有以下几个方面:

(1) 延续品牌优势;
(2) 具有优秀的电子商务管理和运营能力;
(3) 拥有 PC 端用户资源。

2. 新兴移动电子商务提供商主导的移动电子商务服务模式

在移动电子商务的发展过程中,诞生了一批依靠移动互联网红利发展起来的新兴移动电商平台。这些平台专注于对移动电子商务专有服务模式的创新。在前些年,消费者购物大多数还集中在 PC 端,目前,这一行为已经渐渐转移到移动端。从艾瑞数据来看,2016年手机淘宝月度独立移动设备覆盖数最广,遥遥领先于其他电商网站,京东次之,唯品会紧随其后,传统电商巨头优势依旧。尽管淘宝的霸主地位仍然难以撼动,但是一批新兴移动电商平台也占领了一席之地,如拼多多、网易考拉、小红书等,月度独立移动设备覆盖数均保持比较强劲的增势。

3. 电信运营商主导的移动电子商务服务模式

在我国,目前有运营资质的电信运营商主要是中国移动、中国联通和中国电信三家。电信运营商直接与商业客户或用户建立联系,在移动终端中采用特制的 SIM 卡或其他标识身份的卡片辨识用户,同时依托该身份特征参与完成用户的多项交易环节。电信运营商主导移动电子商务的主要优势有以下几个方面:

(1) 拥有庞大的用户规模和基础信任;
(2) 小额支付开展便利;

(3) 拥有天然的营销便利。

4. 金融机构主导的移动电子商务服务模式

目前,中国工商银行、中国农业银行、中国银行、中国建设银行、交通银行、招商银行、上海浦东发展银行、中国民生银行、华夏银行等金融机构在开展移动电子商务业务时,主要模式之一就是将信用卡商城移植到移动平台,便可实现移动电子商务的开展。金融机构主导的移动电子商务的主要优势有以下几个方面:

(1) 人群已做基本过滤,信用卡持卡人本身属较高端客户,发卡时已做基本甄别,其支付能力和支付意愿相对较高;

(2) 信用卡支付方式灵活,可一次性支付,也可分期支付,分期支付对于金额较大的高毛利产品交易有相当大的促进作用;

(3) 金融机构更便于开展类似理财产品、保险等金融产品的移动交易。

金融机构主导模式类似于电信运营商主导模式,也属于"渠道平台"模式。与电信运营商渠道不同,金融机构主导模式除提供与金融业务相关的虚拟产品外,一般不提供电信运营商增值业务等虚拟产品。

5. 物流商主导的移动电子商务服务模式

目前,顺丰等物流企业除了传统的物流业务外,已经开展了移动电子商务平台的运营,从而希望实现电商要素的整合。如顺丰集团旗下的电商平台"顺丰优选"App,其以"优选商品,服务到家"为宗旨,依托线上电商平台与线下社区门店,以生鲜产品为特色,将品质定位为"新鲜、优质、健康、进口",旨在充分发挥其物流优势,成为为用户提供日常所需的全球优质美食的平台。

此外,许多物流企业正在积极拓展其在电商领域的作用,构建特色的电商平台,如发挥物流优势,构建一个供厂家和消费者可以直接进行产品交易的电商平台,即厂家到客户(factory to customer)的模式,也叫F2C模式,这种模式的电商平台能够在现有的市场中找到自己的差异化优势,进一步缩短产品供应链,使消费者直面厂家,降低信息不对称性,由此吸引消费者。

扩展阅读

沸腾的社交电商

不知什么时候开始,我们手机上的微信群和朋友圈,开始成为各种创业公司争抢的"香饽饽"。一方面是因为传统微商大量倒闭,另一方面也是因为各种新型社交电商的异军突起。在过去的两年里,众多社交电商模式兴起,有拼团,有精选,有的从垂直领域出发,有的则依托网红,爆点此起彼伏。

为何社交电商这么火?

为什么社交电商现在这么火?本质上是因为传统电商的流量成本太高。比如,淘宝的直通车推广费用和运营费用,都是中小店家负担不起的。此外,投放广告获取的流量大多只能做一次性产品转化,用户留存率较低,产品推广的成本太高。而目前,微信也在电商领域发力,且微信的流量成本比淘宝的便宜。商家可以通过公众号、微信社群和朋友圈等多种渠道获取用户,这就是社交电商能够受欢迎的根本原因。

因为微信的体量实在太过庞大,所以人们在谈论社交电商的时候,很大一部分其实是指微信生态内的电商。传统电商大都建立在流量庞大的平台之上,购物者信任这个平台所以愿意通过这个平台购买东西,就比如我们所熟知的天猫和京东。而社交电商则是去中心化的模式。除了线下门店之外,目前出现的社交电商非常之多,基于社交关系,其中心化属性很薄弱。照此趋势,未来可能会越来越去中心化,个性化的需求则会被充分释放出来。同时,淘宝的直播电商也带动了很多工厂店的崛起。许多网红主播背后都有一两家工厂店,能够在一天内将主播推荐的商品生产出来。在这背后,显然是有强大的供应链支持。所以简单来说,社交电商就是人、货、物的去中心化。

如今,电商早已不再局限于几大巨头平台。电商领域的流量,也越来越多地转入到私人领域。而带有社交基因的电商,更能借助其社交性挖掘到私域流量。从人、货、场的角度来看,更加高效。这也是社交电商为什么越来越火的原因。

完美契合下沉市场

社交电商是以信任为核心的社交性交易模式,这大大减少了商家的营销成本。对于占绝大多数的下沉用户来说,决定他们最终选择的主要是价格,哪里便宜就去哪里,所以像拼多多这样的纯社交电商才能这么快就崛起。

社交电商的核心是社交,而非电商。换句话说,社交电商经营的不是商品,而是自己。一个人只要在朋友圈里极具信任感,其实卖什么都可以。所以换句话说,社交电商的核心就是转化率。对个人来说,即便只覆盖到周围的人,收益也很可观。而对明星和网红来说,其影响力使得覆盖率高,基于粉丝对其的信任感,转化率也很高,所以成交额爆表也在意料之中。

对于任何行业来说,资源和信息往往都集中在头部。而社交电商的出发点就在于卖货是一个尾部占绝大多数的行业。在互联网时代,只要拥有足够多的活跃流量,变现的方式有很多,但根本的问题是经营者能够给用户提供多少价值。在"互联网+"的推动下,移动电商的发展越来越快,消费者的网购行为也越来越鲜明。在经历多年发展后,传统的电商巨头正进入品牌的升级期,这也使得大量的底层商家不得不开始寻找新的流量来源。而这一部分的产能供给,刚好与下沉市场用户的需求完美契合。

2019年,国内社交电商行业的市场规模达到1.3万亿元,同比增长110%。随着电商交易与社交流量融合的不断深入,社交电商占网购市场的比例也在不断上升。就目前来说,社交电商市场正处于高速发展阶段。而在以微信为首的社交流量的助力下,社交电商也实现了爆发式的增长。未来,手机QQ、微信和微博等社交平台,必然仍将是社交电商销售的重要渠道。

三巨头各自的探索

随着互联网行业的高速发展,五环外人群和下沉市场已经被视为互联网行业的最后流量红利,各大巨头纷纷对标于此。以拼多多、京东和阿里为主力的国内社交电商行业的竞争从未停歇过,下沉市场的火热也并不是偶然。

最典型的就是拼多多,其定位是一款满足中低端收入人群的一站式购物社交电商App,将电商和社交流量的结合运用到极致。当然,不可忽视的是,移动支付和智能手机的加速下沉为拼多多带来了可观的流量。在传统电商将注意力放到消费升级上,强调电商品质化的时候,拼多多却反其道而行之。在产品促销、促活、获客及运营方面,将利诱通过社交的形式表现出来,针对"低价+爆款"为用户提供极其廉价的商品,快速抓住中国下沉市场的重心。这是拼多多能够快速崛起的重要原因。

京东也不甘落后,去年9月,京东将运营了近3年的"京东拼购"App改名为"京喜",并正式上线。借助京东集团的强大背书,以及手机QQ和微信的数亿用户群,京喜很快就在社交电商的市场中突围。而与拼多多不同的是,京喜虽然遵循下沉市场的低价规则,但仍然保持着京东"低价不低质"的风范。得益于京东原有的服务体系和用户基础,以及强大的自建物流支持,京喜始终保持着高速增长的状态。

此外,淘宝特价版在下沉市场的开拓过程中,抓住了工厂这一用户之外的特性,并凭借着百亿补贴、低价和C2M工厂直购等字眼,快速进入到网友们的视野,成为众人眼中阿里对标拼多多的产物。

总的来说,价格的敏感性是互联网企业躲不过的话题,无论是拼多多、京喜还是淘宝特价版,在国内下沉市场的摸索还有很长的路要走。拼多多能否解决一直以来的物流和商品质量问题,摆脱"拼夕夕"的称号?京喜能否利用好京东物流的优势和腾讯给予的强大流量,在下沉市场的竞争中再创佳绩?淘宝特价版能否将C2M模式应用得出神入化,并实现后来居上?这些都需要时间来检验。

结语

虽然涌入社交电商的玩家多如牛毛,但人们对社交电商的评价还是褒贬不一的。有人觉得社交电商只不过是各种噱头,是在骗投资人的钱,终将尘归尘土归土,也有人觉得社交电商是电商行业的一次变革,是电商的未来。

零售的本质在于更高的效率,而在交易过程中,如何解决买卖双方的信任障碍是永恒不变的话题。社交电商的模式,能够通过社交信任,将商家的销售成本大大降低,并通过去中心化的需求实现以销定存。从这一点来看,社交电商无疑是一种能够提高零售效率的电商模式,其存在的价值也不言而喻。

资料来源:36氪.[2020-7-9].https://36kr.com/p/786690815963522.

思 考 题

1. 什么是移动电子商务?
2. 移动电子商务的特点是什么?
3. 移动电子商务提供的主要服务有哪些?
4. 移动电子商务的主体及产业链构成是什么?
5. 我国移动电子商务服务模式有哪几种?

第 2 章　移动电子商务技术基础及其应用

2.1　移动通信技术

移动电子商务的运用离不开移动电子商务技术的支撑,下面介绍几种主要的移动电子商务技术。

2.1.1　早期移动通信技术

(1) 无线应用协议

无线应用协议(WAP)是早期开展移动电子商务的经典技术之一。通过 WAP,手机可以随时随地、方便快捷地接入互联网,真正实现不受时间和地域约束的移动电子商务。WAP 是一种通信协议,它的提出和发展是基于在移动中接入 Internet 的需要。WAP 提供了一套开放、统一的技术平台,用户使用移动设备很容易访问和获取以统一的内容格式表示的 Internet 或企业内部网的信息和各种服务。它定义了一套软硬件的接口,可以使人们像使用 PC 机一样使用移动电话收发电子邮件以及浏览 Internet。同时,WAP 提供了一种应用开发和运行环境,能够支持嵌入式操作系统。

在 WAP 的蓬勃发展阶段,其可以支持绝大多数无线设备,包括移动电话、FLEX 寻呼机、双向无线电通信设备等。在传输网络上,WAP 也可以支持早期的各种移动网络,如 GSM、CDMA 等,它还可以支持第三代移动通信系统。许多电信公司当时都推出了多种 WAP 产品,包括 WAP 网关、应用开发工具和 WAP 手机,向用户提供网上资讯、机票订购、流动银行、游戏、购物等服务。但是,随着移动终端智能性的提升以及移动通信技术的快速发展,基于 WAP 技术的移动网站的单一性、不宜维护等特点将会越来越明显,无法满足用户的大量需求,最终被淘汰出历史的舞台。

(2) 移动 IP

移动 IP 通过在网络层改变 IP 协议,从而实现移动计算机在 Internet 中的无缝漫游。移动 IP 技术使得节点在从一条链路切换到另一条链路上时无须改变它的 IP 地址,也不必中断正在进行的通信。移动 IP 技术在一定程度上能够很好地支持移动电子商务的应用,但是目前它也面临一些问题,比如,移动 IP 协议运行时的三角形路径问题,移动主机的安全性和功耗问题等。

(3) 蓝牙

蓝牙(Bluetooth)是由爱立信、IBM、诺基亚、英特尔和东芝共同推出的一项短程无线连接标准,旨在取代有线连接,实现数字设备间的无线互联,以便确保大多数常见的计算机和通信设备之间可方便地进行通信。蓝牙作为一种低成本、低功率、小范围的无线通信技术,可以使移动电话、个人电脑、个人数字助理(PDA)、便携式电脑、打印机及其他计算机设备在短距离内无须线缆即可进行通信。例如,使用移动电话在自动售货机处进行支付,这是实现无线电子钱包的一项关键技术。"蓝牙"支持 64 kbit/s 的实时话音传输和数据传输,传输距离为 10~100 m,其组网原则采用主从网络。

(4)通用分组无线业务(GPRS)

在传统的 GSM 网中,用户除通话以外最高只能以 9.6 kbit/s 的传输速率进行数据通信,如 Fax、Email、FTP 等,这种速率只能用于传送文本和静态图像,但无法满足传送活动图像的需求。GPRS 突破了 GSM 网只能提供电路交换的思维定式,将分组交换模式引入到 GSM 网络中。它通过仅仅增加相应的功能实体和对现有的基站系统进行部分改造来实现分组交换,从而提高资源的利用率。GPRS 能快速建立连接,适用于频繁传送小数据量业务或非频繁传送大数据量业务。GPRS 是 2.5 代移动通信系统。由于 GPRS 是基于分组交换的,因此用户可以保持永远在线。

(5)移动定位系统

移动电子商务的主要应用领域之一就是基于位置的业务,如它能够向旅游者和外出办公的公司员工提供当地新闻、天气及旅馆等信息。这项技术将会为本地旅游业、零售业和餐馆业的发展带来巨大商机。

(6)3G 移动通信系统

经过 2.5G 发展到 3G 之后,无线通信产品将为人们提供速率高达 2 Mbit/s 的宽带多媒体业务,支持高质量的话音、分组数据、多媒体业务和多用户速率通信,在当时,这彻底改变了人们的通信和生活方式。3G 作为宽带移动通信,将手机变为集语音、图像、数据传输等诸多应用于一体的未来通信终端。这将进一步促进全方位的移动电子商务得以实现和广泛地开展,如实时视频播放。

2.1.2 4G 移动通信技术

1. 4G 的概念

4G 移动通信技术是指建立在无线通信网络之上,实现高速数据传输,具有更高的抗干扰性能和更强的兼容速率的信息移动通信技术,4G 移动通信技术是我国通信行业科技进步的突破口,是将持续商业化高端运行的通信技术。

4G 移动通信技术是在前三代移动通信技术基础上发展起来的,其传输速度更快、抗干扰能力和兼容性更强,是通信行业未来发展的必然趋势。4G 技术的普及应用将会大力推进移动通信技术的发展。

目前,移动通信已经基本达到了人与人的互联,人与互联网的互联正在逐步实现。3G 移动通信技术使应用智能手机上网的用户数量产生了质的飞跃,随着智能手机价格的下跌以及通信资费的下调,应用移动手机取代计算机上网已成为广泛趋势。4G 移动通信技术抓住了这一有利时机,依靠 3G 移动通信技术打下的网络基础和行为习惯,加强自身的结构优化,用高速、安全和智能化的技术推进移动商务的发展。

2. 4G 的优势

第一，4G 移动通信技术的数据传输速率更快而且更稳定。与 3G 移动通信相比，4G 移动通信技术的传输数据在理论上至少要提高 50 倍左右，能保证用户畅通的网络下载和上传体验，基本满足了所有用户对无线网络传输速度和服务的要求，给用户带来了更多的信息和直观的通信体验。

第二，4G 移动通信技术的数据传输抗干扰能力较强。4G 移动网络将 SDMA 技术（空时多址技术）作为其智能天线技术，在区分具有相同的频率、时隙和码道的传输信号时，主要利用不同信号在传输信道上传输方向不同的这一差异。利用这一点，还可以改变传输信号的覆盖范围，将主波束与用户、零陷与干扰信号方向相对，实现对环境变化的自动化监测，为终端用户提供高质量的传输信号，达到真正抑制和清除干扰噪声信号的目的。

第三，4G 移动通信技术的网络结构更为合理。目前，在 4G 移动通信无线接入网技术发展过程中，电路交换开始向基于 IP 分组交换的方向发展，设备分集也开始不断向网络分集方向发展。在这种网络构架下，4G 移动通信技术进行了多网络融合，不但整合移动通信网络，还能对互联网络和局域网络进行融合，实现真正的大网络。其确保了 3G、4G、WLAN 与固定网间漫游的实现，可以保证用户在网络环境下切换业务操作，对下一代因特网建设起到了积极的作用。

第四，4G 移动通信技术能够进行高质量的多媒体通信。虽然目前 3G 移动网络技术能够使不同类型的多媒体之间实现通信，但仍面临普及率低、通信质量差、建设成本高等问题。而 4G 移动网络技术正好可以弥补 3G 网络技术的这些缺点，使得语音、文本、图片和视频等信息能够通过无线网络的宽带信道传输，以提供多媒体通信服务。它可以通过提供的无线网络多媒体通信服务实现对声音、文字、图片以及视频等信息的宽频信道传输。由于众多用户的实际需求和大量的多媒体数据激增，4G 移动网络应运而生。4G 移动网络技术，对适应大量的移动用户、提高网络通信和促进数据传输速率的质量起到了至关重要的作用。

第五，4G 移动通信技术具有较强的智能性，它的智能化应用不仅体现在操作和外观设计上，更体现在功能应用上。如 4G 移动通信手机能够根据用户定位的信息去提醒其处理相关事务，或者在这个位置避免发生某些行为等，同时，4G 移动通信手机可以作为一台掌上笔记本电脑，观看节目和比赛、进行视频聊天、运行高品质的网络游戏等。4G 普及之后，5G 正在布局，我们可以看到，随着移动通信技术和移动业务模式的发展，更加智能化的应用功能将会为人们源源不断地提供着优质的服务。

2.1.3　5G 移动通信技术

1. 5G 概览

5G 移动通信技术，即第五代移动通信技术，它的诞生以 4G 移动通信技术为基础，相较于 4G 移动通信技术，5G 移动通信技术在传输速率等多个方面拥有更为明显的优势，环境适应能力更强、功能更为强大、性能更为稳定，更能满足现阶段以及未来的发展需要。目前，5G 移动通信技术已经成为国家发展战略，5G 技术的进一步商业化，将会对社会的生活服务模式和商业模式带来变革，对各个行业产生深远影响。

5G 移动通信技术是新型的通信技术，其对于提升流量的传输速度有重要意义，其次，

5G 移动通信技术从架构之上构建了突破性的发展。多天线传输技术提升了频谱的利用率，甚至是以往频谱利用率的 10 倍。在 5G 移动通信技术之中，在此基础上与以往的移动通信技术相比，其更注重点对点的物理层的信息传输和编解码技术。而 5G 移动通信技术的覆盖面更大，特别是城市通信技术也得到了快速发展。在 5G 移动通信转型的过程中，5G 移动通信技术的频带通常不低于 3 GHz。但随着用户数量的增加，这种通信技术的发展欠缺频域资源。而为了克服这一问题，5G 移动通信技术未来的发展趋势是高频段的传输，使大量的天线和通信设备能包括在整个通信过程之中，从而解决目前通信技术中存在的问题。而随着 5G 移动通信技术的发展，通过采用多天线传输技术，可解决通信技术对其他用户的干扰，提升无线信号的整体覆盖率。此外，在 5G 移动通信技术的发展之中引进了先进的技术，可以有效降低天线机械能，减少了通信技术应用对用户的干扰。

5G 引领互联网技术创新，加速互联网行业的变革，5G 时代之重点在于万物互联，5G 构建起万物互联的核心基础能力，不仅带来了更快更好的网络通信，还肩负起赋能各行各业的历史使命，因此 5G 对互联网的影响是非常巨大的。从互联网行业整体来看，5G 时代，互联网行业将会从消费互联网向产业互联网发展。5G 是连接互联网变革的"彩虹桥"，能推动数字经济转型升级。过去 20 年，我国互联网的繁荣发展主要是消费互联网的发展，但消费互联网红利正在逐渐减退，以 5G、云计算、人工智能等为代表的信息技术的不断发展，将促使未来产业互联网、工业互联网发挥更为重要的作用，从而促进经济转型升级。5G 的商用正好使互联网进入了下半场，消费互联网深化和工业互联网起步的时期也是大数据和人工智能方兴未艾的时期。5G 生逢其时，将开拓在消费领域、产业领域的新应用，5G 的再出发会出现人们现在想象不到的新业态，5G 开始了互联网发展的新篇章。5G 作为"新基建"的领头羊，是人工智能、大数据中心等其他"新基建"领域的基础设施。

总之，在新一代 5G 网络基础上，随着人工智能、大数据、云计算、物联网等新技术的不断发展，将会给经济社会的方方面面带来巨大的改变，也将会给各行各业的数字化、智能化转型提供强劲的动力。在这个历史进程中，将会涌现出大量的新技术、新应用、新业态、新模式，这些都将带给互联网行业巨大的发展空间。

2. 5G 技术的特点

如之前所述，5G 相对于 4G 的提升，能够给社会带来极大的改变，为人们的生活提供更为优质的服务。5G 除了在比较易于感知的速度上有着极大的提高，在其他方面也有着新的进化，促使互联网向着新的形态发展。整体来说，5G 技术具有以下几个主要特点。

（1）高速率。由于 5G 的基站大幅提高了带宽，因此使得 5G 能够实现了更快的传输速率。同时，5G 使用的频率远高于以往的通信技术，能够在相同时间内传送更多的信息。具体可以表现在 5G 具有比 4G 快 10 倍的下载速率，峰值可达 1 Gbit/s 以上（4G 为 100 Mbit/s）。

（2）低时延。相对于 4G 技术，5G 技术可以将通信延时降低到 1 ms 左右，因此许多需要低时延的行业将会从 5G 技术中获益，如无人驾驶以及工业自动化等相关行业，无须使用时延高达 50 ms 以上的 4G 网络，采用 5G 网络后能够有效提高反应速度。以无人驾驶汽车为例，在高速度行动中，一个制动，需要瞬间把信息送到车上做出反应，在 50 ms 的时间里，车会开出较长的一段距离，这就需要在最短的时延中把信息送到车上，进行制动与车控反应，5G 技术对此可以进行有效的应用。

（3）泛在网。5G 能够达到泛在网的概念，泛在即是在广泛度和纵深度两个层面上实现无死角的覆盖网络,在任何时间、任何地点都能畅通无阻地通信。有效改善 4G 网络下的盲点,实现全面覆盖。

(4) 低功耗。如今,大规模物联网技术已经发展到一定的程度,其对低功耗的要求越来越高。例如,需要每日充电的智能手表等可穿戴产品若每天充电则会降低用户体验,低功耗的通信过程,更加利于用户接受物联网产品。5G 网络技术满足了对低功耗的需求,能够降低物联网设备的功耗,使得物联网设备能够在较长时间内不换电池,有利于大规模地部署物联网设备。

(5) 万物互联。如今智能电子产品终端数量巨大,个人终端已是 1 个或多个,5G 时代的到来,使每个家庭都会拥有数个终端,公共服务和商业服务将更为如此。与 4G 相比,5G 系统支持百亿甚至千亿数据级的传感器接入,能够很好地满足数据传输及业务连接的需求。将人、流程、数据、服务和事物结合一起,使连接更紧密、快捷。

(6) 安全性。随着人工智能、云计算和物联网等新兴技术的不断发展,5G 网络涉及购物、金融、家居、医疗、交通等各个应用场景,网络安全边界被打破,所以安全工作是保证 5G 时代智能互联网正常使用的第一要素,也是防范风险和抵御恶意攻击的关键所在。5G 移动通信网络在各种新技术的加持下,有更高的安全性,在未来的无人驾驶、智能购物、智慧家居等领域,能够有效地抵挡黑客的攻击,保障各方面的安全。

3. 5G 技术的应用

基于 5G 移动通信技术的特点,其在社会各个领域都有较强的应用价值。例如,基于 5G 高速率的特点,高清网络直播、高清视频转播和 VR 体验等得到实现;基于 5G 的万物互联性,其提供的千亿设备的连接能力使人与机器、机器与机器的通信成为可能,促进了大规模物联网的发展;基于 5G 的低时延性,自动驾驶汽车探测到障碍后的响应速度比人的反应更快,加快了自动驾驶汽车和智慧交通的蓬勃发展。具体来说,5G 主要有如下应用领域。

(1) 移动购物

虚拟现实(VR)技术与增强现实(AR)技术是能够彻底颠覆传统人机交互内容的变革性技术。4G 网络仅能够满足部分 VR/AR 应用,但 5G 时代的到来不仅增强了现有的虚拟体验,还将拓展出全新的应用场景,真正使 VR/AR 发挥其在移动终端的优势,解决用户生活与商务交易中存在的问题。如在目前的电子商务交易活动中,即使产品质量和价格较为透明,但卖家与买家之间仍然存在着信息不对称的问题,衣服的试穿、产品的试用仍然需要实地进行。但随着 5G 时代信息传输的增强,利用 VR/AR 技术,可以有效提升购物体验,为客户提供身临其境的服务,以及个性化、定制式的服务,降低需求和供给两端信息的不对称性。

(2) 车辆及交通

随着交通对网络的要求越来越高,5G 以灵活的网络架构可以满足各种各样的需求。5G 有高速率、低时延等优点,以 5G 为基础的车辆和交通管理将是未来的发展方向。其具体应用包括以下几方面。

① 无人驾驶。无人驾驶汽车已经有很多公司在研发,比如,美国的谷歌公司和我国的百度公司。但是,无人驾驶现在还处于实验阶段,不能进行商用,一个重要的原因就是没有成熟的网络技术对其进行支撑。5G 的快速性、低延时性可以支持无人驾驶技术所需的快速导航和预判。在交通路况方面,5G 结合大数据技术,车辆可以在大量路线中快速进行路径

判断,选择最可靠、最便捷的路段行驶。

② 车辆救援。5G 的快速性提升了车辆中操作系统和定位系统的性能,如果发生了紧急事故可以通过车载系统传递消息。消息通过云终端发送到救援中心,救援中心可以快速定位以及对周围路况进行分析,然后通知附近的车辆,防止其他车辆进入事故区域。使救援人员更精准、更快速地进行救援,降低事故造成的损失。

③ 交通管理。5G 和大数据、云计算等技术的结合,可以实现车与车、车与路之间的实时信息交互。系统把收集的车辆、路况和天气等信息实时传递给车辆,汽车彼此之间也可以传输位置、速度、行驶路径等信息,这使车辆能了解这段时间各个路段的状况,有效避免交通拥堵,大幅度减少交通事故的发生,还可以为城市交通规划提供预测模型。以 5G 技术为基础,各个道路上的收费站、监控等系统可以智能运行,有效地加快行驶效率。对于公共交通,5G 可以帮助乘客减少等待时间,优化公交车载客量,提供实时更新的乘客信息、车辆信息,甚至支持动态公交路线。车辆、路灯等设备的信息互通还能帮助智能泊车,避免停车位的拥堵和闲置,提高停车收益。

（3）智能制造

虽然近年 Wi-Fi、蓝牙等无线方案已经在制造车间开始使用,但是这些方案在带宽、可靠性和安全性等方面都存在局限。对于最新、最尖端的智慧制造,基本的要求是具有灵活、可移动、高带宽、低时延和高可靠性的通信,而 5G 能更好地满足这些要求。5G 移动通信技术可以帮助制造商和物流中心进行智能制造转型。5G 网络切片和移动边缘计算(mobile edge computing,MEC)使移动运营商能够提供各种增值服务。

（4）智能能源

在发达市场和新兴市场,许多能源管理公司开始部署分布式馈线自动化系统。馈线自动化系统对于将可再生能源整合到能源电网中具有特别重要的价值,其优势包括降低运维成本和提高可靠性。馈线自动化系统需要低时延的通信网络支撑。通过为能源供应商提供智能分布式馈线系统所需的专用网络切片,5G 移动通信技术能够与能源供应商进行优势互补,进行智能分析并实时响应异常信息,从而实现更快速准确的电网控制。

（5）无线医疗

在最近的 B2B 调查中,医疗领域 42% 的受访者已经制定了部署 5G 的计划,并确信 5G 将成为先进医疗解决方案的重要因素。通过 5G 连接到人工智能医疗辅助系统,医疗行业有机会开展个性化的医疗咨询服务。人工智能医疗系统可以嵌入医院呼叫中心、家庭医疗咨询助理设备、本地医生诊所,甚至是缺乏现场医务人员的移动诊所。它们可以完成很多任务,例如:

① 实时健康管理,跟踪病人、病历,推荐治疗方案和药物,并建立后续预约;

② 结合大数据技术,进行智能医疗综合诊断,即通过患者的历史数据信息或之前相关病患的数据信息,为患者提供用药或者手术方案的预测等;

③ 通过人工智能及大数据模型对患者进行主动的数据监测及实时的数据反馈,在必要时改变治疗计划。

（6）无线娱乐

① 高清视频。从数字电视到高清、全高清、超高清 4 K(4 096×2 160 像素),再到今天的 8 K(7 680×4 320 像素),显示像素越来越高,画面也就越来越清晰。超高清显示效果不

光需要一块超高清屏幕,还需要超高清内容支撑。由于超高清显示包含更大的数据量,需要更快的信息传输速度,因此对现有硬件设施提出了一定挑战。但5G的到来,恰恰可以进一步解决传输问题,带动整个采集、制作、播放内容的升级,让超高清电视真正地普及起来,走进百姓家中。

② 游戏。一方面是云游戏,云游戏即游戏都在服务器端运行,并将渲染完毕的游戏画面压缩后通过网络传送给用户。以前受限于低带宽、高时延的网络环境,云游戏发展缓慢,而5G的日趋成熟将使云游戏成为大势所趋。当云游戏时代来临时,玩家只需要打开支持5G互联的笔记本电脑这类移动设备,登录云游戏平台,就可以轻松畅玩由服务器提供的各种高成本、高体量、高质量的单机游戏。电脑既不需要强大的独立显卡,也不会有过高的功耗,却能设置最好的游戏画质。在未来,游戏的画质压根不需要设置,云游戏默认提供技术水平内最好的特效,而且游戏存档全部在云端,即使更换设备,游戏进度仍旧保留,真正做到走到哪里玩到哪里。另一方面,基于VR/AR技术的应用,游戏制作厂商也会根据VR/AR技术的特点,重新设计游戏场景和游戏内容,让玩家在辅助工具(如手柄、手套和眼镜)的帮助下,随时随地地体验身临其境的游戏场景,增强体验感和互动性,提升游戏的乐趣。

(7) 无人机

无人驾驶飞行器简称为无人机,其全球市场在过去十年中大幅增长,现在已经成为商业、政府和消费应用的重要工具。通过部署无人机平台可以快速提升效率和改善服务。5G网络将提升自动化水平,分析解决方案,并对诸多行业转型产生影响。例如,对风力涡轮机上的转子叶片的检查将不再由训练有素的工程师通过遥控无人机来完成,而是由部署在风力发电场的自动飞行无人机完成,不需要人力干预。再比如,无人机行业解决方案有助于保护石油和天然气管道等基础资产和资源,还可以用于提高农业生产率。无人机也将进一步加速在安全和运输领域的应用。无人机运营企业正在进入按需服务的时期,以类似于云服务的模式向最终用户提供服务。例如,在农业领域,农民可以向无人机运营企业租用无人机或者按月订购农作物监测和农药喷洒服务。同时,无人机运营企业正在建立越来越多的合作伙伴关系,创建无人机服务市场和应用程序商店,进一步提高对企业和消费者的吸引力。5G技术将增强无人机运营企业的产品和服务,以最小的时延传输大量的数据。

(8) 直播与社交网络

移动端的社交目前最显著的两大趋势是社交视频和移动实时视频,这些催生出了对超高清/全景直播的需求。目前由于4G网络环境的带宽限制,VR直播发展缓慢,用户无法仅靠移动终端来实现诸如体育赛事和演唱会等大型场景的现场直播,即使采用专用级的VR全景摄影机来进行视频采集,用户终端的观看体验也仍然欠佳。但随着5G时代的来临,高清VR视频的上传和在线播放的流畅性都将在几秒之内完成。

移动端的随时随地、基于位置服务等特性一直是社交网络的关键。然而,消费者正在通过个人可穿戴设备来更新自己的社交网络。这些可穿戴设备可以进行实时视频直播,甚至是360°视频直播。社交网络的流行表明用户对共享内容(包括直播视频)的接受度日趋增加。直播视频不需要网络主播事先将视频内容存储在设备上,然后上传到直播平台供观众观看。今后视频内容将直接传输到直播平台上,观众几乎可以立即观看。4G网络已支持视频直播,但5G将能针对性地解决网络延迟、带宽需求以及上行吞吐量等关键问题。

(9) 个人 AI 辅助

伴随着智能手机市场的成熟,可穿戴设备和智能助理有望引领下一波智能设备的普及。由于电池使用时间、网络时延和带宽的限制,个人可穿戴设备通常采用 Wi-Fi 或蓝牙进行连接,需要经常与计算机和智能手机配对,无法作为独立设备存在。5G 将同时为个人消费领域和企业业务领域的可穿戴和智能辅助设备提供机会。可穿戴设备将为工作人员提供"免提"式信息服务。云端智能与大数据技术使可穿戴设备具有较强的智能性。

(10) 智慧城市

① 智慧家居。智能家居系统实现对各个设备的控制管理,实际上是通过信息的传输和连接实现的。目前所有的智能家居设备都在低功率下运行,并且通过不同的方式相互交换信息,这样一来就增加了设备间传输的时延问题,直接影响了整个智能家居生活的体验。而 5G 网络传输速度较高,将有助于信息的检测和管理,使得整个系统更为稳定,传输速率更快。这样一来,智能设备之间的"感知"将更精确更迅速,有利于提高整个智能家居控制系统的智能化程度,真正实现万物互联、随心所欲的智慧家居。

② 智能公共服务。5G 和物联网的结合可以从家居延伸到城市公共设施,实现人、设施、服务之间的快速连接,使城市中许多公共服务具备智能性,为居民提供真正便捷的、智慧的服务体验。

③ 智能安防。公共安全是智能城市很重要的一个环节,其背面的创新驱动力在于可控的无线连接。部分城市正在运用依据 4G 的实时监控视频,协助急救人员在到达现场之前进行情况评价。而依据 5G 的智能城市安防体系,将不仅提供高清、实时的视频信息,还能够完成主动的面部辨认,协助警局快速破案。此外,还有很多社区运用无线传感器进行气象系统部署,发出气候预警,在龙卷风、洪水等自然灾害中为司机提供路线导航,避免极端气候造成的危害。

扩展阅读

5G 时代互联网产业的未来发展趋势

近年来互联网一直处于飞速发展阶段,互联网不仅推动着经济的飞速增长,也逐渐改善着全民的生活方式,自从进入 4G 信息时代以来,互联网的普及范围越来越广泛,各种新技术、新领域都已经离不开互联网技术。如今 5G 技术已经进入筹备阶段,随着 5G 时代的来临,互联网产业未来的发展趋势会是怎样的呢?

新技术支撑新应用

我国互联网用户规模庞大,消费能力稳步提升,各领域的应用服务需求也在不断攀升,智慧城市、智慧交通、智慧医疗、智慧教育等应用场景都有着较高的市场需求与实践机会。受此影响,人工智能技术将有望作为一项基础性技术进行支撑,赋能于各行各业,形成新的一波高速发展浪潮。数据是人工智能培育的关键要素,受益于互联网、物联网的快速发展,我国有较大的数据积累优势,如何提炼高质量的数据将是未来人工智能发展的重要任务。2020 年,人工智能在互联网范畴的应用将向通用化、工程化方向发展,使人工智能算法以简克繁,以通用手段解决主要矛盾,使算法及产品更加工程化。通用性、工程化会使人工智能在不同行业与用户之间以及在相同行业与用户的不同发展阶段中推广更加顺畅,提高实施效率，降低运维成本。

物联网、车联网的快速发展对边缘计算提出了迫切需求。边缘计算应用十分广阔，并不局限于5G网络应用，在智慧城市、智慧家居、智能制造、在线直播、自动驾驶、无人机等领域已经得到初步应用，在降低延时、节省带宽方面起到关键作用。随着5G的加速部署，边缘计算基础设施将迎来迅速发展，基于5G的智能驾驶、工业互联网等将是边缘计算应用的热点领域。

新动能构建新生态

产业互联网以云计算、大数据和人工智能等信息技术为支撑，通过互联网与传统产业的全面融合与深度应用，在设计、生产、营销、流通等环节进行数字化和网络化改造，提高运转效率，推动传统产业转型升级，促进产业链上下游联动式发展，实现虚拟经济为实体经济服务、供给侧结构性优化等发展目的，提升产业数字化水平，形成新的管理和服务模式。

产业互联网将重塑企业运营核心竞争力，在提高劳动生产效率的同时降低生产、运营以及交易成本，优化资源调配能力，从而实现提质增效。企业创新资源的配置方式和组织流程将从以生产者为中心向以消费者为中心转变，以大数据共享融合为主要驱动力构建客户需求深度挖掘、实时感知、快速响应、及时满足的新型服务体系。产业互联网将推动企业更加精准地设计满足消费者实际需求的产品，为用户提供更加优质的服务和体验，更加快捷地实现产品的物流和销售，进一步扩大有效供给、高端供给，培育企业内生性增长新动能，帮助企业实现全价值链能力提升，从而迈入高质量发展轨道。

新场景定制新体验

互联网行业的商业模式日渐成熟。网络广告、搜索引擎、电子商务、网络支付等业务渐渐被大众所接受，种种政策与现状都给中国互联网的发展创造了一个非常广阔的发展前景。此外由互联网衍生出的行业，即电商平台、网络直播、短视频、网络文学、外卖、快递、新零售等在未来存在广阔的发展空间。

新型无人化、自动化服务设施今年将在各商业场景中陆续部署落地，在业务模式、盈利模式等方面更加"脱虚向实"。随着互联网信用管理体系、支付手段、消费习惯的培育成熟，无人商店、无人酒店、无人银行等无人服务设施已逐渐具备了较高的用户接受度和更为扎实的生态基础条件。现今的智能服务设施与人工服务相比在服务能力方面尚存一定差距，通过以高质量数据训练培育智能系统，辅以部分人工在运维二线进行远程补位，将有效补全这一差距。未来，市场会自主选择有市场竞争力、供需两旺的无人服务设施，节省人力、节约成本、标准化服务等优势将有效支撑无人服务设施的持续性发展。

互联网已经成为当前社会最重要的信息设施，互联网和大数据带来的海量信息，也会取代很多烦琐的体力工作，让人们投入更加安全和智慧的工作，进而推动社会的进步。5G时代的互联网行业会越来越富集，划分也会愈加细碎。5G技术的到来将会使互联网技术及其应用产生新的飞跃。

资料来源：产业信息大数据. [2020-08-18]. https://www.sohu.com/a/413721781_120814411.

2.2 无线网络技术

2.2.1 无线网络的概述

随着移动通信技术的飞速发展,信息时代的网络互联已不再是简单地将计算机以物理的方式连接起来,取而代之的是合理地规划及设计整个网络体系,充分利用现有的各种资源,建立遵循标准的高效、可靠,同时具备扩充性的网络系统。无线网络的诸多特性,正好符合了这一需求。对于移动终端的客户,无处不在的无线网络能够提供很大的便捷性和高效性。

一般而言,凡采用无线传输的计算机网络都可称为无线网。例如,从 WLAN 到蓝牙、从红外线到移动通信,所有的这一切都是无线网络的应用典范。

2.2.2 无线网络的传输方式

尽管各类无线网所遵循的标准和规范有所不同,但就其传输方式来看,不外两种,即无线电波方式和红外线方式。红外线传输的最大优点是不受无线电波的干扰,而且红外线的使用也不会被国家无线电管理委员会加以限制。然而,红外线传输方式的传输质量受距离的影响非常大,并且红外线对非透明物体的穿透性也非常差,这就直接导致了红外线传输技术与计算机无线网的"主角地位"无缘。相比之下,无线电波传输的应用则广泛得多。

2.2.3 无线网络的优点

(1) 安装便捷

在网络的组建过程中,施工周期最长、对周边环境影响最大的就是网络布线了。而无线局域网的组建则减少甚至免去了这部分繁杂的工作量,一般只需在该区域安放一个或多个无线接入(access point)设备即可建立网络覆盖。

(2) 使用灵活

在有线网络中,网络设备的安放位置受网络信息点位置的限制。而无线网络一旦建成后,在信号覆盖区域内的任何位置都可方便地接入网络,进行数据通信。

(3) 经济节约

出于有线网络灵活性的不足,设计者往往要尽可能地考虑未来扩展的需要,在网络规划时要预设大量利用率较低的接入点,造成资源浪费。而且一旦网络的发展超出了预期的规划,整体的改造也将是一笔不小的开支。无线网络的出现,则彻底解决了这一规划上的难题,充分保护了用户的投资,而且改造和维护起来也十分简便。

(4) 易于扩展

同有线局域网一样,无线网络具备多种配置方式,能根据实际需要灵活选择、合理搭配。如此一来,无论是几个用户的小型网还是上千用户的大型网,无线网络都能胜任,并能提供像"漫游"(roaming)等有线网络无法提供的特性。

目前,无线局域网的数据传输速率可达 54 Mbit/s,已经非常接近有线局域网的传输速率,而且其远至 20 km 的传输距离是有线局域网望尘莫及的。作为有线局域网的一种补充和扩展,无线网络使计算机具有了可移动性,能快速、方便地解决有线网络不易实现的网络连通问题,成为今后网络发展的主导方向。

2.2.4 无线网络的规范

迄今为止,电气和电子工程师协会(IEEE)已经开发并制定了 4 种 IEEE 802.11 无线局域网规范:IEEE 802.11、IEEE 802.11b、IEEE 802.11a、IEEE 802.11g。所有的这 4 种规范都使用了防数据丢失特征的载波检测多址连接(CDMA/CD)作为路径共享协议。任何局域网应用、网络操作系统以及网络协议(包括互联网协议、TCP/IP)都可以轻松运行在基于 IEEE 802.11 规范的无线局域网上,就像以太网那样。但是无线网络却没有"飞檐走壁"的连接线缆。

早期的 IEEE 802.11 标准数据传输率为 2 Mbit/s,后经过改进,传输速率达 11 Mbit/s 的 IEEE 802.11b 也紧跟着出台。但随着网络的发展,特别是 IP 语音、视频数据流等高带宽网络应用的频繁,11 Mbit/s 的数据传输率不免有些力不从心。于是,传输速率高达 54 Mbit/s 的 IEEE802.11a 随即诞生。下面就从性能及特点的角度分别介绍当今主流的无线网络规范 IEEE 802.11b 和 IEEE 802.11a。

(1) IEEE 802.11b

IEEE 802.11b 的带宽为 11 Mbit/s,实际传输速率在 5 Mbit/s 左右,与普通的 10Base-T 规格的有线局域网持平。无论是家庭无线组网还是中小企业的内部局域网,IEEE 802.11b 都能基本满足使用要求。由于其基于的是开放的 2.4 GHz 频段,因此 IEEE 802.11b 的使用无须申请,既可作为对有线网络的补充,又可自行独立组网,灵活性很强。

IEEE 802.11b 的运作模式分为两种:点对点模式和基本模式。其中点对点模式是指无线网卡和无线网卡之间的通信方式,即一台装配了无线网卡的计算机可以与另一台装配了无线网卡的计算机实施通信,对于小型无线网络来说,这是一种非常方便的互联方案;而基本模式则是指无线网络的扩充或无线和有线网络并存时的通信方式,这也是 IEEE 802.11b 最常用的连接方式。此时,装载无线网卡的计算机需要通过"接入点"(无线 AP)才能与另一台计算机连接,由接入点来负责频段管理及漫游等指挥工作。在带宽允许的情况下,一个接入点最多可支持 1 024 个无线节点的接入。当无线节点增加时,网络存取速度会随之变慢,此时添加接入点的数量可以有效地控制和管理频段。从目前大多数的应用案例来看,接入点是作为无线网与有线网之间的桥梁而存在的。

作为目前最普及、应用最广泛的无线标准,IEEE 802.11b 的优势不言而喻。技术的成熟,使得基于该标准网络产品的成本得到了很好的控制,无论家庭还是企业,无须太多的资金投入既可组建一套完整的无线局域网。

(2) IEEE 802.11a

就技术角度而言,IEEE 802.11a 与 IEEE 802.11b 虽在编号上仅一字之差,但二者间的关系并不像其他硬件产品更新换代时的简单升级,这种差别主要体现在工作频段上。由于 IEEE 802.11a 工作在不同于 IEEE 802.11b 的 5.2 GHz 频段,避开了当前微波、蓝牙以及大量工业设备广泛采用的 2.4 GHz 频段,因此其产品在无线数据传输过程中所受到的干扰大为降低,抗干扰性较 IEEE 802.11b 更为出色。

高达 54 Mbit/s 的数据传输带宽,是 IEEE 802.11a 的真正优势所在。当 IEEE 802.11b 以其 11 Mbit/s 的数据传输率满足了一般上网冲浪、数据交换、共享外设等需求的同时,IEEE 802.11a 已经为今后无线宽带网的进一步发展做好了准备,从长远的发展角度来看,其竞争力是不言而喻的。此外,IEEE 802.11a 的无线网络产品较 IEEE 802.11b 有着更低的功耗,这对笔记本电脑以及 PDA 等移动设备来说也有着重大意义。

2.3 二维码技术

2.3.1 二维码的概念

二维码是某种特定的几何图形按一定规律在平面分布的黑白相间的记录数据符号信息的图形,二维码的码制是对具有明确标准的二维条码符号的统称。二维码巧妙地利用了计算机内部逻辑基础的"0""1"比特流概念,使用若干个与二进制相对应的几何形体来表示文字数值信息,通过图像输入设备或光电扫描设备自动识读以实现信息的自动处理。

根据二维条码的编码原理、结构形状的差异,可将二维条码分为行排式和矩阵式两大类型。

(1) 行排式二维码

行排式二维码(图 2-1)的编码原理建立在一维码基础之上,按需要堆积成两行或多行。有代表性的二维码有 Code 49、Code 16K、PDF417 等。

图 2-1 行排式二维码

(2) 矩阵式二维码

矩阵式二维码(图 2-2)以矩阵的形式组成。在矩阵相应元素位置上,用深色模块(方点、圆点或其他形状的模块)表示二进制的"1",浅色模块表示二进制的"0",模块的排列组合确定了矩阵码所代表的意义。具有代表性的矩阵码有 Data Matrix、Maxi Code、Code One、QR Code 等。

图 2-2 矩阵式二维码

行排式二维条码好比是"中国画",以线条来组合空间,形态上是由多行短截的一维条码堆叠而成;而矩阵式二维条码好比是"西洋画",以点素来组合空间,形态上以矩阵的形式组成,在矩阵相应元素位置上用深色模块的出现表示二进制"1",浅色模块的出现表示二进制"0",由深色模块的排列组合确定代码表示的含义。

二维码具有条码技术的一些共性,例如,特定的字符集,每个字符占有一定的宽度,具有一定的校验功能等。同时,二维条相比于条码,能够在横向和纵向两个方位同时表达信息,不仅能在很小的面积内表达大量的信息,还能够表达汉字和存储图像。二维码的出现拓展了条码的应用领域,成为移动电子商务应用的新宠。

2.3.2 二维码的优势

相比一维条码,二维码具有以下特点和优势。

第一,二维码存储的信息容量大、密度高、编码能力强。可以对包括照片、文字、指纹、掌纹、声音等小型数据文件进行编码,在有限的面积上可以表示比普通条码信息容量高约几十倍以上的信息,还可以表示多种语言文字和图像数据。

第二,二维码可以对物品进行精确描述、定位,具有超强容错能力和纠错功能,译码可靠性高,哪怕因污损等引起局部损坏时,照样可以正确识读,甚至当损毁面积达50%时信息仍可以得到恢复。

第三,二维码制作容易,印制方便,成本低,其符号形状、尺寸大小比例等可变化,还可引入加密措施,保密性、防伪性都很好。

第四,二维码读取方便,可使用激光阅读器、手机等进行读取。当手机与二维码相结合时,进一步拓展了二维码的应用价值,促进了行业的融合,为通信、媒体以及其他传统行业带来更多的机会。

2.3.3 手机二维码技术

二维码的优势使其具有广阔的发展空间。移动终端也在不断地与二维码技术结合,形成现在广泛应用的手机二维码技术。手机将需要访问、使用的信息编码到二维码中,利用手机的摄像头识读,获取相关信息或功能应用。这就是手机二维码技术。

该技术以二维码标准为核心,以手机为载体实现码制编码、译码、识别、被识别。其中二维码标准是整个手机二维码技术的灵魂。目前,全球有多种手机,许多标准不够兼容。手机二维码被广泛应用的同时必将促使各种标准的兼容和统一。

手机二维码可以印刷在报纸、杂志、广告、图书、包装以及个人名片等多种载体上,用户通过手机摄像头扫描二维码或输入二维码下面的号码、关键字即可实现快速手机上网,快速便捷地浏览网页,下载图文、音乐、视频,获取优惠券,参与抽奖,了解企业产品信息等,而省去了在手机上输入URL的烦琐过程,实现一键上网。同时,还可以方便地用手机识别和存储名片、获取公共服务、实现电子地图查询定位、手机阅读等多种功能。随着4G的普及和5G的布局,二维码已经可以为网上购物、网上支付、网络营销等提供方便的入口。

根据国内外的研究成果,手机二维码入口可以分为信息传播、互动入口和销售购买三类。信息传播主要是指通过二维码来传播信息,用户通过手机扫描二维码,获得对应的网址链接，进而获得较为完整的数据；互动入口主要是指企业通过利用用户扫描二维码而回传的用户信息，来获取宝贵的用户互动数据，这些数据有助于优化广告投入，使广告投放效应最大化；销售购买主要是指可以利用二维码把用户带到某个商品的电子商务平台，进而产生直接交易。

2.3.4 二维码技术在移动电子商务中的应用

尽管中国引入手机二维码技术较晚，但是中国作为全球第一大电信市场，拥有巨大的手机客户群体，二维码在这个平台上具有广阔的发展空间。二维码正在深刻影响并改变着人们的生活及企业和商家的营销方式。丰富的二维码应用方式让原本单调的平面媒体顿时变得多姿多彩起来，也让用户通过拍码获得了前所未有的更广阔、清晰、全面的立体视野。所以，二维码在移动电子商务中有着十分广泛的应用。

（1）应用于移动商务信息的获取

与以往的营销手段相比，移动营销最大的特点就是便捷，就像一间"移动商铺"。手机二维码营销也一样具有这个特点，企业与商家可以在现有的任何形式的广告中设置二维码，只要消费者拍摄了二维码就可以在任何时间和任何地点对产品进行了解。网络可提供的信息量大，可利用手机浏览网页上的所有内容，不必坐在电脑前面。

（2）应用于电子折扣和凭证服务

消费者通过拍码参加活动或进入网站购物后，收到商家下发的代表所获商品或服务的电子二维码作为消费凭证就可享受商家提供的优惠服务或 VIP 待遇。商家也可以将电子折扣券直接发到用户手机中，使用者只需携带手机即可享受餐饮、娱乐、旅游、百货购物服务的各种折扣优惠。二维码现已获得了麦当劳、中国移动、南方航空、沃尔玛、淘宝等数千家企业的认可。

（3）应用于移动购物

很多购物网站在其中加入二维码用以扩大资讯容量，其不仅将更多的商品信息传递给消费者，还可以直接链入购物网站进行购买，甚至直接链入下单页面。当然如果不用二维码，直接在手机上编辑网址也是可以的，但二维码的方便性是直接编辑输入网址所不可比拟的。

（4）应用于互动式营销

企业将传统的营销手段与移动互联相结合，将传统的单向营销手段与消费者的互动体验相结合，激发消费者的欲望需求，实现营销的双向互动。企业在进行营销活动的过程中，将产品信息、互动联系方式等信息形成二维码，将传统营销和网络营销过程与二维码结合起来，通过扫码联系等形式，将单向信息传播转为双向互动的传播模式。

（5）应用于名片获取和电视节目

现在人们已经广泛使用二维码名片，在交换名片时只需要通过手机扫码就可以将对方的姓名、公司、联系方式等信息存入手机电话簿中；另外，有些电视节目播出时也显示二维码，让观众扫码下载节目客户端或进行节目互动，以此获得更多的关注。

（6）应用于移动支付

目前，二维码支付是人们主要的支付形式之一。二维码支付以其快速、便捷的特点受到越来越广泛的欢迎。在线下支付过程中，只需要出示二维码或者进行扫码即可完成整个支付过程。微信和支付宝等第三方支付工具利用二维码技术改变了传统支付模式,培养了人们的支付习惯,获得了巨大商业成功。

(7) 应用于大数据分析

客户对二维码的应用可为企业提供相关的客户信息,企业可以通过客户的扫码行为标注其潜在客户,并在潜在客户数据库中进行数据挖掘,由此完成精准营销。二维码正在成为移动互联网重要的组成部分,并且必然会为大数据的分析提供稳固的基石,提升企业营销活动的精准度以及消费者行为分析的可靠性。

总之,手机二维码技术给人们带来各种便捷,给企业和商家带来无穷潜力,它正成为社会关注的焦点和行业应用的热点。尽管国内的二维码技术应用没有达到与世界先进国家发展同步的水平,但也已渗透到我国国民经济的各个领域,并逐步被越来越多的消费者和企业认识和接受。在移动电子商务到来的时代只要把握好移动电子商务二维码应用价值链上的各个环节,并适时地予以推动,扬长避短,就能提升企业的核心竞争力。

扩展阅读

中国的二维码应用占全球九成以上 "码"上经济迸发新活力

从扫码购物到"码"上创业、从城市"码"上出行到农村"码"上卖货、从企业"码"上平台化经营到政府治理的"码"上化……小小二维码让连接更便捷、让科技更普惠。

日常生活更便利

乘公交没带零钱怎么办?出示乘车码,"码"上出发。

防疫期间居家复工,多人开会怎么开?扫码进入线上会议室,"码"上开会,畅所欲言。

大闸蟹、花生油、五常大米、矿泉水……购物不知道辨别真伪怎么办?扫码获取从生产、加工到运输的每一步信息,"码"上安全。

如今,二维码已经在移动支付、证件管理、电子票务、资讯阅读、生产管理、食品溯源、物流追踪、餐饮服务等众多领域得到广泛应用。中关村工信二维码技术研究院院长张超表示,中国已成为二维码应用最广泛的国家,中国二维码应用占全球九成以上。

近日,清华大学中国经济社会数据研究中心与腾讯联合发布的《2020码上经济战疫报告》显示,2020年第一季度,"码"上经济交易额同比增加25.86%,1月23日至5月6日,政企个人总用码量达1400亿次,人均节约耗时29.2小时。

中国科学院科技战略咨询研究院研究员吴静认为,二维码生态作为数字经济中现实世界与虚拟世界的连接器,是线上线下融合的关键入口,它让商业连接成本更低,价值增值通道更畅通,将成为未来经济社会数字化全面转型的重要赋能途径之一。

催生经济新业态

"码"上经济适应了数字化时代的需求,其经济带动作用不容小觑。有专家表示,从产业链的角度讲,它最起码是万亿级的产业。腾讯的报告表明,2019年,微信生态带来的"码"上经济规模达到8.58万亿元,微信带动"码"上经济创造就业机会2601万个。

互联网时代,"码"是线上与线下连接的关键信息和服务入口。疫情发生后,通过微信社群、小程序、零售外卖到家业务等数字化运营工具,大量中小微企业、商户等实现了线上运营,找到了全新的营收增长点,"码"上经济"低成本、低门槛、快部署"的优势凸显。另一方面,"无接触"服务需求促使线上企业服务形式进行数字化改造,在线医疗、在线教育、在线办公等新业态的快速兴起和普及,充分体现了"码"上经济场景建设的能力。

"码"上经济的发展还将激发对新基建的需求。调查显示,超过一半的企业反映未来将增加使用大数据技术,其后依次是物联网、云计算和5G。

同时,大数据AI分析技术也是企业普遍关注的内容,数据的有效利用已经成为企业共识。超四成企业表示将加强数据中台投入,数字化程度越高的企业更是积极。

"当前,二维码作为万物互联的重要载体,正在成为数字经济、工业互联网、智能制造等领域不可或缺的经济要素。"业内专家表示,以云计算、大数据、物联网、区块链等为代表的新经济形态迅速发展,二维码技术在新的经济形态中正发挥越来越重要的作用,由其催生的新产业、新模式、新业态不断涌现。

让社会治理更智慧

"您好!请出示健康码。"

防疫期间,全国各地都通过健康码出入办公楼和社区,健康码在复工、复产、复学中应用广泛。数据显示,腾讯健康码上线至今,累计访问量260亿,亮码90亿人次,覆盖近10亿人口。

一位社区疫情防控人员表示,小程序防控登记使每个人进出小区的时间从2分钟缩短到15秒,不仅提高了社区防疫工作效率,也能有效减少交叉感染风险。可以说,健康码的推出,有效建立了"码"上安全防线。

其实,健康码的出现不仅是一种新的技术应用,更重要的是重塑社会治理模式。有观点指出,健康码由居民自主录入信息,平台进行数据核验,实时更新并自动统计分析,这就将庞大的上报管理模式简化为平台和用户的两端关系,实现了重构社会治理的组织逻辑,驱动社会结构中不同组织的在线化、数据化。

近日,国家市场监管总局、国家标准委发布《个人健康信息码》系列国家标准,实施后可实现个人健康信息码的码制统一、展现方式统一、数据内容统一,统筹兼顾个人信息保护和信息共享利用。可以预见,从战疫到常态化,健康码还将发挥更多作用。

正如专家所说,健康码的移动化、无纸化、可追溯等特性,有效提升了社会化治理水平,同时也为数字化、流动化、智能化的社会治理提供了良好环境和实践经验,将为后续智慧城市的快速发展创造契机。

资料来源:人民日报海外版.[2020-06-10]. https://baijiahao.baidu.com/s? id=16690587710126569969&wfr=spider&for=pc.

2.4 RFID技术

2.4.1 RFID的概念

RFID(无线射频识别,radio frequency identification)技术是指采用射频方式进行非接触双向通信,自动识别目标对象并获取相关数据。它无须直接接触、无须光学可视、无须人工干预即可完成信息的输入和处理,且信息量大、适应环境能力强。上述优点使得该项技一直受到学术科研机构以及国防、工商企业等应用部门的高度重视,其理论及技术研究取得了很大的发展。

最基本的 RFID 系统由标签(tag)、阅读器(reader)和天线(antenna)三部分组成,如图 2-3 所示。在实际应用中还需要其他硬件和软件的支持。RFID 阅读器和 RFID 标签通过各自的电磁耦合进行数据的交换。RFID 阅读器与后台控制系统通过有线/无线的方式进行数据的交换。

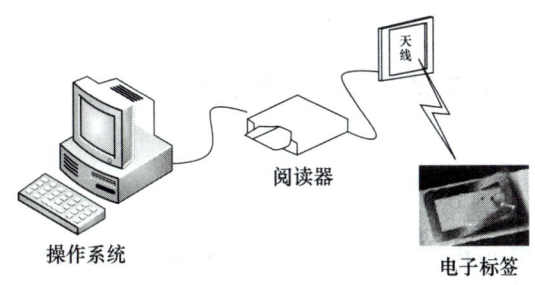

图 2-3 RFID 系统结构图

天线具有连接作用,电子标签和阅读器之间通过天线进行通信,其可以在标签和阅读器之间传递射频信号。

电子标签是指由 IC 芯片和无线通信天线组成的标签。标签中保存有约定格式的电子数据。存储在芯片中的数据,可以由读写器以无线电波的形式非接触地读取,并由读写器进行相应处理。不同的电子标签,其读写性能不同。有的标签只允许读;有的标签允许写一次;有的标签允许多次读写。

阅读器的基本功能是提供与标签进行数据通信的接口,可设计为手持式或固定式阅读器,可简化为高频接口和控制单元两个基本模块。高频接口包含无线电波发送器和接收器,其功能包括:产生高频发射功率以启动电子标签并提供能量;对发射信号进行调制,用于将数据传送给电子标签;接收并解调来自电子标签的高频信号。不同射频识别系统的高频接口设计具有一些差异。控制单元的功能包括:与应用系统软件通信,并执行应用系统软件发来的命令;控制阅读器与电子标签的通信过程;信号的编解码。一些特殊的系统还有执行反碰撞算法,对电子标签与读写器之间传送的数据进行加密和解密,以及进行电子标签和读写器之间的双向身份验证等附加功能。

2.4.2 RFID 工作原理

在 RFID 应用系统中,电子标签附着在待识别物体的表面,电子标签中保存有约定格式的电子数。阅读器可无接触地读取并识别电子标签中所保存的电子数据,从而达到自动识别物体的目的。

阅读器将准备发送的信息经编码后加载在某一频率的载波信号上经天线向外发送,进入阅读器工作区域的电子标签接收此脉冲信号,置于标签内的芯片电路对此信号进行调制、解码、解密,然后对命令请求、密码、权限等进行判断。若为读命令,控制逻辑电路则从存储器中读取有关信息,经加密、编码、调制后通过卡内天线再发送给阅读器,阅读器对接收到的信号进行解调、解码、解密后送至主机信息系统进行有关数据处理;若为修改信息的写命令,有关的控制逻辑则引起内部电荷泵提升工作电压以供擦写 EEPROM 中的内容;若经判断其对应的密码和权限不符,则返回出错信息。

RFID 系统的读写距离是一个关键的参数。目前,长距离射频识别系统的价格还相对较贵,因此提高读写距离很重要。影响电子标签读写距离的因素包括:天线工作频率、读写器的射频输出功率、读写器的接收灵敏度、电子标签的功耗、天线及谐振电路的 Q 值、天线方向、读写器和电子标签的耦合度,以及电子标签本身获得的能量及发送信息的能量等。大多数系统的读取距离和写入距离是不同的,写入距离大约只是读取距离的 40%~80%。

2.4.3 RFID 技术在移动终端的典型应用

1. FeliCa 技术

RFID 技术与移动通信相结合的应用技术主要有 FeliCa、NFC、双界面 SIM 卡(DISIM)和 RF-SIM 卡 4 种。其中 FeliCa 从 2004 年开始在移动通信领域推广应用,是 4 种技术中最早实现商业应用的技术,其成熟度高,用户量最大,在亚洲和北美均有一定市场。

FeliCa 是由索尼公司开发出的一种非接触智能卡技术,由英文单词"Felicity"和"Card"组合而成,意为"灵活的卡片"。FeliCa 为 SONY 专有技术,所有的核心技术掌握在 SONY 公司,没有对外开放,并且只有 SONY 生产 FeliCa 芯片(含 COS),所有基于 FeliCa 开发的应用都需要经过 SONY 公司的认证。

FeliCa 体系结构中的无接触 IC 卡由 IC 芯片和天线组成,不包含电源部分;阅读器部分由天线和控制主板部分组成,卡和阅读器之间通过电磁感应的方式进行工作。

FeliCa 的主要技术参数和特性如下。

(1) 工作频率:13.56 MHz。

(2) 数据传输速率:212 kbit/s。

(3) 识读时间:0.1 s。

在安全性上,FeliCa 卡和阅读器之间采用对称密钥体系进行相互认证和数据加密,为了保证系统的安全性,加密密钥随机产生,并且每次认证时密钥都不相同。FeliCa 能够在一张 IC 卡上提供多个应用,每个应用都采用不同的加密密钥,从而保证应用之间的安全性。

在存储问题上,FeliCa 拥有自己的存储区。其分为两部分:通用存储区和自由存储区。通用存储区用于存储对安全要求比较高的应用的数据,如电子票、电子现金。而自由存储区用于存储对安全性要求不高的应用的数据,如优惠点卡等。

在阅读器与 FeliCa 卡之间的处理包括 3 个步骤:

(1) 检测 IC 卡;

(2) 卡与识读器之间的认证;

(3) 从卡中读取数据。

2. 电子钱包应用

经济的飞速发展使得人们的日常生活时时刻刻都离不开交易,例如,乘车、买票、停车、购物、博彩等。传统的现金、银行卡或信用卡支付方式具有如下的缺点:需要找零,容易丢失或者付费需要等候的时间过长等。目前的信用卡及银行卡已渐渐不能满足人们对这些即时交易的需求,而无线通信技术的发展以及具有 RFID 芯片的无线终端的出现使人们快速支付的梦想成为可能。RFID 手机支付应用的初期对象主要是那些愿意积极尝试新业务的用户,或者需要通过新业务节省时间提高效率的用户。RFID 手机支付应用的最终目标对象应该是所有具有独立消费能力的广大 RFID 支付手机拥有者。

基于 RFID 的手机支付是移动支付的一个分支,现列举出与 RFID 手机支付相关的几类商业模式。

1. 模式一

手机 RFID 标签内预存储手机用户的手机号码和交易密码,或者用户通过手机 RFID 键盘给商户的 RFID 识读器发送手机号码和交易密码,商户的 RFID 识读器记录下消费者的手机号码、交易密码和消费金额后,汇总到移动运营商的账单系统,支付费用通过手机账单划取,用户在支付其手机账单的同时支付这一费用。在这种方式中,移动运营商为用户提供了信用。由于这种商业模式是由移动运营商为用户提供信用,因此,不论对预付费用户还是对非预付费账单体系来说,移动运营商将要承担的风险都是巨大的。

2. 模式二

用户的消费费用从手机内的一个虚拟钱包中进行扣除。用户将一定的金额转移到手机终端上,此时,用户相当于拥有了一个以手机为载体的电子钱包,消费时用户只需要近距离接触商户的 RFID 识读器,即可完成消费。在商户的 RFID 识读器识别手机上的 RFID 标签后,手机中的虚拟钱包会接受验证,并从客户预存在 RFID 芯片内的总额中扣除购买商品的付款金额。

客户可以在获得这种 RFID 支付手机的同时免费开通虚拟钱包,虚拟钱包的初始金额为 0 点(或 0 元),可设定最高存储点数量,客户可采用多种方式向手机内的虚拟钱包进行充值,充值点数与人民币的比值是 1∶1。用户可通过具有 RFID reader 功能的手机用零售的 RFID 充值点卡进行充值,其他手机用户可通过本地无线连接向另一个手机的虚拟钱包转点数,还可到指定网点利用 RFID 芯片写入器进行人民币等额点数充值。如果虚拟钱包与用户的银行卡进行了绑定,客户也可将指定的金额通过无线链路 OTA 的方式将账户中的金额转移到自己的虚拟钱包中,以便日后进行多次 RFID 手机付费。

这种商业模式的好处是,作为用于移动电子商务交易支付的中间账户系统,虚拟钱包服务满足了银行对小额手机支付电子商务结算处理的需求和商户对小额商品交易管理的需求,为因各种原因未能捆绑银行卡的客户提供了一种补充支付方式。该模式有些类似于手机通话费的预付费系统,移动运营商和手机支付业务提供商不会承担较大的金融与信用风险,但是需要移动运营商参与充值卡的发行、手机支付商户之间的金融结算、网上银行系统的即时转账和 OTA 充值等多个环节。

3. 模式三

消费费用直接从用户的银行账户(即借记账户)或信用卡账户中扣除。在该方式中,RFID 手机不仅是用户银行卡账号 RFID 标签的一个载体,也是对银行卡 RFID 标签安全应用的一个软件与硬件平台。此外,也可以通过被授权和认证的第三方支付平台,将用户的银行账号或信用卡号与其手机号绑定起来,手机 RFID 标签内存储用户的手机号码,由商户的 RFID 识读器记录下消费者手机号码和消费金额后,汇总到该第三方支付平台,由经过用户认证和授权的第三方支付平台对该手机号码对应的银行账户或信用卡账户进行扣除。

例如,国际信用卡公司正在推广的非接触式快速支付技术,消费者需向发卡机构进行服务申请,并通过无线网络下载相应的支付应用至手机中。手机可装备 RFID 识读器和标签功能,支持各种忠诚度积点方案、识别标签方案以及支付应用。但手机与信用卡结合也会带来一些重大问题,如安全性问题。通过手机支付安全应用所带来的安全保障,需要消费者在每次付账之后,都必须输入一个授权码,以减少歹徒用被窃的手机进行诈骗的危险。在 RFID 识读器识别手机芯片后,信用卡账号会接受验证,购买商品的价格将添入消费者的信用卡账户。此类型手机还可用于预付服务,从客户预存的总额中扣除付款金额。在这种商业模式下,整个市场推广工作将主要由银行或第三方支付平台来进行,由于和用户银行账户的绑定,对消费额度的限制会进一步减少,由此带来的是消费市场的全面扩大,其规模可以接近甚至超过现有的信用卡和银行卡消费市场。

2.5 未来手机

2.5.1 未来手机产业的发展趋势

在移动互联网中,人类的欲望与能力得到不断提升与延伸,智能手机已逐渐演化为人类的新"器官",通过各种移动互联网平台实现了人和人、设备和设备、服务和服务、人和设备、人和服务的连接和融合,从而使人类活动的长度、广度与深度大幅提升,进一步激发了人类对高度智能化的向往与追求,如深度学习、人机交互、智能环境、生命基因、脑机接口、生物感知、太空探测等。

目前,移动互联网已经度过了以通信与社交需求为代表的"萌芽期",也即将迈过以购物与娱乐需求为代表的"初步发展期"的门槛,正在进入高速成长期。在医疗、教育、出行、购物、餐饮等与生活密切相关的细分领域,移动互联网应用纷纷涌现,多元化的生活服务为用户带来了极大的便利,线上与线下联动(O2O)成为趋势。以百度、阿里和腾讯(BAT)为例,目前百度在移动端布局了移动搜索、应用分发、地图和视频四大入口,搜索、分发、地图这3种产品本身都具备了平台属性,便于百度与开发者共享平台价值,共建移动互联网生态;阿里虽然在电商领域一骑绝尘,并逐步意识到入口的重要性,但是由于阿里在入口布局方面手段单一,造成在移动端布局的无序,目前正以大力收购的方式寻求入口的新突破;腾讯在移动互联网应用中,横跨社交、搜索、视频、应用商店、浏览器、音乐等多个领域,其在搜索领域有 QQ 浏览器,在支付领域有微信支付,在地图平台有腾讯地图、移动 IM,在社交领域有微信,在视频领域有腾讯视频,在游戏领域有微信、手机 QQ 游戏大厅、应用宝等,可见其也在对多个移动平台上的资源进行整合而布局。

从移动通信初期到智能手机出现之前,手机产业由诺基亚、摩托罗拉等手机巨头厂商主导。其凭借雄厚的技术实力和市场掌控能力,在 1G,2G 与 3G 初期,以手机硬件配置获取超值利润并主导了手机产业的发展。此时手机对用户而言,既是便捷的通信工具,又是社会地位的象征。

智能手机的出现,特别是 iPhone 在全球的攻城略地,将主流手机厂商主导和控制手机产业生态链的形势推向极致。苹果公司从诞生之日起,依靠品牌的强势被赋予了商业霸主的特质,即使电信运营商因排他性合作获得市场成功的同时,也不得不为苹果付出更多的代价。但是,苹果等手机厂商在把控手机产业链时,仍以获取手机硬件超值利润为主,力求将手机厂商对手机产业生态链的主导推向极致。其实,早在 2013 年,国内电信运营商在以"智能管道"和"开放平台"为核心的转型战略中加入了"智能终端自有品牌"的元素,试图掌控手机产业链。运营商走终端自有品牌之路早已从 2G 时代的终端定制就埋下了伏笔,2006 年,中国移动定制销售 GSM 手机达 2 000 多万部,但终端利润大多被手机厂商拿走,留给运营商的利润所剩无几,对自有品牌手机缺乏强大的包销能力、产品规划能力和手机设计能力的运营商更是偃旗息鼓。

但是,移动互联网的爆发以及移动互联网运营商的全面介入,特别是华为、OPPO、小米等大肆进军智能手机产业,并将互联网运营理念和模式引入智能手机产业链,产生了前所未有的震撼和冲击。其一,将智能手机提升至移动互联网"入口"的重要地位,明确了智能手机在整个移动互联网产业中的战略作用;其二,放眼移动互联网发展的未来,将智能手机嵌入智慧生活、智能管理和智能制造的全流程;其三,遵循移动互联网运营规律,减轻或放弃智能手机作为"入口"的直接盈利功能,大力推动和发展移动互联网产业链的全程扩展和升级,并以全程服务升值和后向收费获利,以弥补智能手机"入口"的低利润和免费,以赢取移动互联网产业链的全面深层次的繁荣。此时,移动互联网企业将当仁不让地承担起主导智能手机产业链的重任。

2.5.2　未来手机的主要技术特点分析

随着电子技术的飞速发展,数码产品已经成为人们生活中不可或缺的一部分。十年前手机仅仅作为一个通信设备出现在人们的面前,但是在网络全球化的今天,手机俨然成为个人的"超级计算机"。品种多样的手机、纷乱复杂的程序软件,不断改变人们手机使用的态度,也不断催生人们的好奇心。未来手机究竟什么样,通过分析手机新技术可见端倪。

1. 手机投影技术的普及

在国际消费电子展览会(CES)上可以看到三星 W9600、LG Expo 等多款内置微型投影仪的手机,而 RIM 也在 CES 上推出了一款手机投影配件。除此以外,Microvision、德州仪器等公司还在 CES 上展示了独立的便携式微型投影仪。在未来,投影技术将可能成为手机发展的一个新方向,甚至有分析人士认为,未来所有的手机都将搭配投影仪。这可能预示着未来几年智能手机发展的一个趋势。尽管目前投影手机还未大规模出现在市场上,但是随着手机功能提升和手机屏幕面积有限的矛盾越来越大,人们已经产生了这种需求。投影手机或者外置的微型投影仪附件会为用户提供更多的帮助。在这个用户体验至上的时代,当手机的显示面积不再受制于其体积的时候,用户就可能获得更好的体验。

2. 触控方式的改变

目前,触摸屏早已成为手机的潮流,iPhone 早在多年前就带来了手机操作的革命。但是要注意的是,一般人们了解的只是触摸屏,在 2011 年国际消费电子展览会上,以 Fuse 概念手机、摩托罗拉 Backflip 等为代表的一些机型,则带来了触摸屏之外的新触控操作,如手机背部设置了触控操作板。

摩托罗拉 Backflip 被人们所关注是因为它采用了独特的后翻盖造型,或者是它采用 Android 操作系统,而很少有人关注到打开翻盖时它背后隐藏的触摸板。这样的设计使得用户在浏览网页等情况下可以更方便地进行拖动定位。而概念手机 Fuse 则更是将触控功能发挥到登峰造极的程度。除了触摸屏,它在手机背部、两侧都加入了触控元件,这使得用户单双手操作都更得心应手。未来,手机的触控操作已经不仅仅是电容屏和电阻屏的差别,而是可以为用户带来极大便捷的全方位综合触控。

3. 电池续航问题的解决

从第一代智能机出来至今,电池的续航问题一直都没有得到解决,以至于现在像移动电源这样的产品需求量猛增。未来的智能手机终端应该首先解决这个问题,避免产生更多附属的工业非必要品。所以未来太阳能在手机上的应用与研发应该会成为主流,会以一种更加环保和节能的方式来解决电池的续航问题。

4. 3D 技术的普及

未来的智能机要能实现裸眼 3D 技术,甚至播放与投影都能呈现 3D 效果。随着 4G,甚至 5G、6G 的普及,移动端的视频技术会不断发展,用户通过移动互联网用移动终端观看视频将会成为习惯,手机 3D 技术能够带来极致的用户体验。

5. 软件、硬件与互联网服务的整合

苹果手机刚进入市场就发现一个规律,把软件、硬件、互联网服务整合在一起,以此达到一体化的客户体验。这种方式如果可以培养用户习惯,那么不仅会促进品牌的发展,还可以使用户拥有较高的整体性用户体验。未来随着手机市场的不断发展,这种模式或许会被更多的手机企业应用。

6. 可穿戴移动终端的发展

在手机业内有一种观点认为,智能手机崛起速度很快,但是它也会以同样的速度被其他消费电子产品取代掉。这也是技术进步的自然趋势。可能毁灭智能手机的将是类似谷歌眼镜的产品,即可穿戴计算装备,这种设备被视为下一代计算机的发展方向。

对于苹果来说,苹果手表是尝试可穿戴计算机的第一步。在未来,可穿戴计算机将会逐步取代 iPhone 和其他智能手机。正如苹果机顶盒是苹果针对客厅娱乐所做的尝试一样(下一步计划推出全功能的智能电视机),苹果手表也将成为苹果尝试可穿戴计算机的一种产品。

随着长期发展,可穿戴计算机将会改变智能手机主掌一切的现状。它是更加人性化和多功能化的移动终端,未来的手机也不应该再称为"手机",它会逐步转变成人们身体不可或缺的一部分,变得新奇、有趣,也会体现更加重要的作用。

思 考 题

1. 4G 技术的优势有哪些?
2. 5G 技术有哪些应用?
3. 无线网技术的优势有哪些?
4. 二维码技术在移动电子商务中有哪些应用?
5. RFID 技术的工作原理是什么?
6. 未来手机有哪些主要特点?

第3章 移动电子商务营销模式

3.1 移动营销概述

对广大的企业而言,营销可称得上是一个永远不变的话题。不管是什么样的企业,或大或小,也无论是在哪个时代,是以前的纸媒时代,还是之后的互联网时代,都离不开营销的存在。智能移动端的不断普及以及无线网络的不断成熟,带来了全新的移动互联网时代,移动营销自然也就开始进入企业的视线中,成为企业营销的新宠。

3.1.1 移动营销的概念

随着短信业务的发展,移动营销概念近几年也涌现出来。但是到目前为止,还没有一个被普遍接受的定义。一些研究机构和专业协会对移动营销给出了各自的定义。

MMA(Mobile Marketing Association,移动营销协会)将移动营销定义为"利用无线通信媒介作为传播内容进行沟通的主要渠道,所进行的跨媒介营销"。

AMA(America Marketing Association,美国移动营销协会)在2003年将移动营销定义为"对介于品牌和终端用户之间作为通信和娱乐渠道的移动媒体的使用。移动营销是随时随地都能够带来即时、直接、交互沟通的一种亲身渠道,概而言之,就是通过移动渠道来规划和实施想法,对产品或服务进行定价、促销、流通的过程"。

WAA(Wireless Advertising Association,无线广告组织)将无线营销定义为"通过无线网络向移动设施(如手机、PDA等)发送广告信息"。

通过研究,可将移动营销定义为面向移动终端(手机或平板电脑)用户,在移动终端上直接向受众群体定向和精确地传递个性化即时信息,通过与消费者的信息互动达到市场营销目标的行为。简单来说,移动营销就是依托移动互联网,在移动终端呈现给用户,并以各种移动媒体形式发布产品、活动或服务的相关信息的行为。其中,营销的主体是营销行为的执行关键,营销的策略是贯穿投放行为的灵魂,营销的技术则是核心支撑,三个关键要素互相配合,协同打造优质营销效果。

虽然移动营销最早起源于短信业务,但移动营销和群发短信的最大区别在于其对目标受众的把控。移动营销优先发送信息的对象是企业的潜在或意向客户,或者老客户,这样营销才能有比较正常的反馈效果。而大家理解的短信群发,基本属于盲目发送,这会导致信息对绝大多数用户来说变成垃圾短信,甚至对用户造成更不必要的骚扰。因此,移动营销是在强大的云端服务支持下,利用移动终端获取云端营销内容,实现把个性化即时信息精确有效地传递给消费者个人,达到"一对一"的互动营销目的。移动营销是互联网营销的一部分,它融合了现代网络经济中的"网络营销"(online marketing)和"数据库营销"(database marketing)理论,亦为经典市场营销的派生,为各种营销方法中最具潜力的部分,但其理论体系才刚刚开始建立。

此外,移动营销是在定量的市场调研、深入地研究目标消费者的基础上,全面地制定营销战略,运用和整合多种营销手段进而实现企业产品在市场上的营销目标的。因此,虽然营销的载体发生了变化,移动营销仍然属于营销的范畴,所以移动营销的环节仍然与传统营销的环节相同,包括用户洞察、策略制定、创意生成、智能投放、效果分析以及再营销等。从营销的发展历程来看,技术仍然在推动营销的进步,移动营销也是伴随云计算、大数据、人工智能、区块链的进步而不断优化的,正是这些技术的进步使得移动营销更加智能和高效。

3.1.2 移动营销的特点

移动营销是一种全新的营销模式,其具有如下特点。

(1) 全球性。互联网的共享性和开放性,决定了互联网信息无区域、无时间限制,可在全球传播开来。因此,移动营销具有全球性。

(2) 互动性。即时通信软件如QQ、旺旺、速卖通等,使得双方在交易的时候,可以充分地沟通,迅速达成一致。在交易完以后,买方仍可以咨询客服,还可以在论坛、博客与之互动,可以打破空间限制,就一些问题进行交流。

(3) 低廉性。在经济全球化的背景下,移动营销的价格成本相对较低,是企业用来扩展销售渠道和吸引客户的一种手段。由于移动终端客户群体庞大,不受时间和地域的限制,因此移动营销快捷、覆盖面广,同时也满足了用户的使用需求。通过移动营销进行信息的交流和传递,也减少了在传统营销中实物的费用。

(4) 精准性。通过可量化的精确的市场定位技术突破传统营销定位只能定性的局限,借助先进的数据库技术、网络通信技术及现代高度分散的物流等手段保障与顾客的长期个性化沟通,使营销满足可度量、可调控等精准要求,摆脱了传统广告沟通的高成本束缚,使企业低成本快速增长成为可能,保持了企业和客户的密切互动沟通,从而不断满足客户的个性需求,建立稳定的企业忠实顾客群,实现客户链式反应增殖,从而达到企业长期稳定高速发展的需求。此外,移动营销中的互联网广告受众明确,广告是根据受众制定的。对受众进行明确的分类,对不同的受众推出不同的内容,使他们感兴趣。再通过报刊、移动投放系统等,进行匹配,然后精准投放给消费群体。

(5) 整合性。基于网络资源的开放性和共享性,移动营销可以对多种营销方式进行资源的整合。

(6) 随时性。网上订购,通过移动应用对产品信息进行了解,可以及时地在移动应用上下单或者是链接移动网站进行下单。利用手机和网络,易于开展制造商与个别客人之间的交流。客人喜恶的样式、格调和品味,也容易被品牌一一掌握。

3.2 主要营销模式介绍

移动电子商务越来越普及,用户可以不受时间和空间的限制进行移动购买和支付,具有灵活、高效的特点,根据无线技术的发展,现在我国已经实现了使北京到成都的部分航班覆盖 4G 无线网络,让用户真正能够随时随地、高速地接入互联网络。

3.2.1 从产业链角度划分

移动营销模式按产业链的主导方式划分主要可分为如下 5 种类型。

1. 以传统电子商务企业为核心的参与模式

在 4G 网络飞速的背景下,人们生活场景中的移动互联网逐渐取代互联网,传统电子商务企业仅仅抓住这一发展契机,不断布局移动电子商务市场,在原有业务基础上纷纷开发 App 版本。这些 App 一方面通过原有网站、论坛等传统网络营销手段进行推广,另一方面与手机制造商合作,在手机出厂时被设置为内置软件,通过多种方式提升 App 的下载量和使用频率。

2. 以移动电信运营商为核心的参与模式

移动电信运营商以自身运营的移动接入网为依托同商业服务提供商合作,通过平台集成商的系统开发,一方面使用户使用自己的移动网络,一方面搭建移动支付运营平台,同时完成对支付市场的布局。2013 年成立的翼集分电子商务(上海)是中国电信集团有限公司旗下 A 股上市公司"号百控股"的独资子公司,其前身来自中国电信集团的积分运营公司,致力于跨行业通用积分运营、客户忠诚度计划管理,公司业务范畴涵盖利用移动电话、固定电话、POS 机等不同媒介的电子支付服务,为政企和个人用户提供安全、便捷、时尚的"通信与支付融合""支付与理财融合"等的金融信息业务,并具备电信账单支付、电信积分等差异化资金来源。翼支付是其产品品牌。现在的翼集积分商城(图 3-1)涵盖家具百货、家用电器、手机数码、钟表配饰、车载户外、个护美妆、母婴玩具 7 个品类,共几千种商品,合作商家与机构有京东、网易严选、腾讯、中国社会扶贫网、搜狐视频等。

图 3-1 翼集分商城首页

3. 以平台集成商为核心的参与模式

由平台集成商建设与维护业务平台,在网络上建设虚拟商业中心,提供软件开发手段,供各类厂家入驻,供各类消费者选购商品,运营平台可以同时向多个运营商提供业务接入服务。如用友公司旗下的北京伟库电子商务科技有限公司推出的移动商街就是一个基于移动互联网来聚集消费者与商家的虚拟商业中心。它的定位是线下生活服务类平台,会员可通过手机及时获得有用的消费和生活服务信息,比较、选择和消费,了解商家并参与互动,享受折扣、奖品和积分回报等实惠。入驻的商家则可通过移动商街进行市场营销、产品推广和形象展示。移动商街为会员提供商业服务,促进销售并可实现移动交易和支付,节省成本。

4. 以银行为核心的参与模式

以银行为核心的参与模式由银行开发业务的平台支撑自身业务发展为其他各类商业活动提供金融服务,用户可通过短信、移动通信网络等接入手段与银行直接发生联系,该模式主要适用于手机银行业务,如善融商务是中国建设银行推出的以专业化金融服务为依托的电子商务金融服务平台,集资金流、信息流和物流为一体,为客户提供信息发布、在线交易、支付结算、分期付款、融资贷款、资金托管、房地产交易等全方位的专业服务。"邮储食堂"是邮储银行创新推出的便民、利民、惠民的客户权益平台,融入"衣、食、住、行、医、教、文、体"等各类生活场景,提供 20 余万种精选权益商品,包含食品饮料、日用百货、个人护理、婴幼用品、手机数码、家用电器、运动户外等多个品类,打造金融和非金融泛生活服务生态圈,努力贴近金融消费者的生活需求。此类业务模式今后应该多从技术接口的标准化上进行发展,依托自己雄厚的财力、安全保障能力和服务能力,提升各类平台的接入能力,扩展自己的商务空间。

5. 以物流为核心的参与模式

在各个电商企业建设物流的同时,物流企业也在自身优势资源基础上开始涉足电子商务领域。目前看来,物流企业涉足电商平台并不奢望一开始就能靠电商营利,而是利用电子商务的形式来进一步完善管理其物流资源,延伸其物流服务的终端,完善整体供应链服务水平,从而获取额外的收益。其实早在 2008 年中国邮政就与 TOM 集团合资创办"邮乐网",宅急送也在 2010 年推出了自己的电商平台"E 购宅急送",铁道部直属的大型国有专业运输企业中铁快运股份有限公司建立了"中铁快运商城",顺丰速运也于 2012 年 5 月在北京部分地区开始了"顺丰优选"的相关业务。

3.2.2 从技术角度划分

具体从技术来看,我国当前移动电子商务营销模式主要包括基于 LBS 的 O2O 模式、App 商用模式、微信营销模式及手机支付模式。

1. 基于 LBS 的 O2O 模式

O2O 模式是移动电子商务模式的典型代表。随着移动终端和各类定位工具以及技术手段的普及,业务提供商通过获取移动终端用户的位置信息,从而随时为移动终端用户服务。与传统的电商模式相比,"闭环"是 O2O 模式最大的特色,"闭环"可以跟踪用户交易和评价,随时发现问题从而调整营销策略。随着 O2O 模式日益成熟和完善,人们将在移动商务消费过程中获得更好的体验和服务,从而促进移动电子商务更好地发展。

2. App 商用模式

移动购物商城蕴含巨大的商业潜力,因而为了在市场获得更大利益,越来越多的电商加大人力、财力、技术等各方面的投入来开发 App,以期望在 App 大军中拥有自己的特色,据统计,截至 2019 年 12 月底,电子商务类 App 约有 38.8 万个。一个手机客户端的盈利主要由留存率和转化率体现。当前我国手机用户的规模正在急剧增加和扩大。据中国互联网络信息中心统计的数据显示,截至 2020 年 3 月,我国手机网民规模达 8.97 亿,因此未来的手机购物发展将成为移动电商的下一个市场爆发点。随着移动电子商务的发展,作为较低层次的聊天需求逐渐被购物需求占领,截至 2020 年 3 月,我国手机网络购物用户规模达 7.07 亿。为了满足手机网购用户的需求,现代的电商 App 应该以完善的技术为基础,以为移动用户带来更愉悦的体验为目标,所以 App 的支付功能、互动性,以及人性化的后台管理,都是企业重点优化和关注的方面。

3. 微信营销模式

随着移动电子商务的发展,在 App 之后移动电子商务又将发力点转向了微信平台。微信用户数量已经超过了 12 亿,成为国内最受用户欢迎的社交应用。在微信上开展移动电子商务主要依托个人微信号和微信公众号两个载体。在个人微信号上开展的移动电子商务营销主要有以下几种:一是查看附近的人,用户可以根据自己的地理位置查找到周围的微信用户;二是围绕营销目的打造对应的头像、昵称、签名,在朋友圈中售卖商品,同时通过微信聊天功能完成客户服务;三是利用微信群功能,聚集人气开展社群电商营销,促进产品销售;四是企业在微信朋友圈推送品牌活动或品牌广告。利用微信公众号开展的移动电商营销主要通过微信公众平台进行品牌宣传、商品展示、活动促销、客户服务等各类营销内容的展示。

4. 手机支付模式

据中国互联网络信息中心发布的数据显示,截至 2020 年 3 月,我国网络支付用户规模达 7.68 亿,较 2018 年底增长 1.68 亿;手机网络支付用户规模达 7.65 亿,较 2018 年底增长 1.82 亿,占手机网民的 85.3%。手机支付作为一种新兴支付方式的出现,打破了传统支付对时空的限制,且因为其方便快捷、使用场景丰富等优点,在人们的生活中发挥越来越重要的作用。手机支付主要有短信验证支付、快捷支付、移动 POS 机刷卡支付、二维码支付、扫脸支付、当面付和 NFC 支付等支付方式。在安全保障方面,一方面银行需加大移动支付的技术研发,通过技术保障,提升信息安全系数;另一方面用户需加强信息安全意识,注意保护验证码等重要信息的安全。

3.2.3 从模型角度划分

移动营销的模式,可以用"4I 模型"来概括,即 Individual Identification(分众识别)、Instant Message(即时信息)、Interactive Communication(互动沟通)和 I(我的个性化)。

(1) 分众识别(Individual Identification)。移动营销基于手机进行一对一的沟通。由于每一部手机及其使用者的身份都具有唯一对应的关系,并且可以利用技术手段进行识别,所以能与消费者建立确切的互动关系,能够确认消费者是谁、在哪里等问题。

(2) 即时信息(Instant Message)。移动营销传递信息的即时性,为企业获得动态反馈和互动跟踪提供了可能。当企业对消费者的消费习惯有所觉察时，可以在消费者最有可能产生购买行为的时间发布产品信息。

（3）互动沟通（Interactive Communication）移动营销"一对一"的互动特性，可以使企业与消费者形成一种互动、互求、互需的关系。这种互动特性可以甄别关系营销的深度和层次，针对不同需求识别出不同的分众，使企业的营销资源有的放矢。

（4）我的个性化（I）。手机的属性是个性化、私人化、功能复合化和时尚化的，如今，人们对于个性化的需求比以往任何时候都更加强烈。利用手机进行移动营销也具有强烈的个性化色彩，所传递的信息也具有鲜明的个性。

移动电子商务营销模式的丰富和发展为营销世界的发展和变化注入了充沛的活力，在可预知的未来将有更多的电商公司和企业、个人参与到这个生机勃勃的产业中来，从而催生更多的新兴商业模式。

3.3 App 营销

3.3.1 App

App 是 Application 的缩写，即手机应用程序，主要指安装在智能手机上的软件，用于完善原始系统的不足与个性化。App 的出现使手机功能更加完善，为智能手机用户提供了更为丰富的使用体验。据中国互联网络信息中心发布的数据显示，截至 2019 年 12 月，我国国内市场上监测到的 App 数量为 367 万款。

按照使用习惯的不同，App 有不同的分类，常见的是按照使用场景进行分类，一般将 App 分为即时通信类、搜索类、网络新闻类、网络支付类、网络购物类、生活服务类、日常工具类、在线教育类、在线娱乐类等。据中国互联网络信息中心发布的数据显示，截至 2019 年 12 月，移动应用规模排在前 4 位的 App 种类为游戏类、日常工具类、电子商务类和生活服务类。

3.3.2 App 营销及其优势

App 营销是通过在特制手机、社区、SNS 等平台上运行的应用程序来开展营销活动的。App 营销是整个移动营销的核心内容，是品牌与用户之间形成消费关系的重要渠道，也是连接线上线下的天然枢纽。与其他移动互联网平台相比，App 营销具有如下优势。

（1）精准性。首先，相较于传统营销的被动推送，App 是用户主动下载的，表明用户对企业服务有需求或对产品有兴趣，推送内容时用户的抵触感较弱，可以帮助企业初步聚集精准人群。其次，App 一般会提供分享功能，用户可以通过该功能将感兴趣的内容分享至社交媒体，能够实现内容的二次传播，进而实现目标群体的裂变。最后，App 还可以通过收集手机系统的信息、位置信息、行为信息等，来识别用户的兴趣、习惯。例如，可以识别手机的型号、系统，辨别是商务机还是音乐机等，从而能估计用户的收入水平和兴趣偏好；可以通过识别用户常看的页面，分析其行为习惯，再推送企业的推广信息，实现内容的精准推送，增强用户好感，培养用户的使用习惯。

（2）互动性。App可以提供文字、图片、视频，甚至是直播等多媒体的表现形式，企业可以根据内容需求自由选择，用户通过App满足视觉、听觉需求之外，甚至还可以通过VR技术模拟使用场景，实现全方位体验，进而使得产品更加立体，使企业形象更加生动。大部分App还会提供客户服务，用户在使用过程中有任何疑问都可通过在线客服得到准确答案，用户的互动更加丰富，效果更加明显。此外，App通过内嵌SNS平台的形式，使正在使用同一个App的用户可以相互交流心得，在用户的互动和口碑传播中，提升用户的品牌忠诚度。

（3）用户黏性。依托现代人不可或缺的手机而存在的App可以随时随地等待用户使用，使用场景更加丰富，契合现代人碎片化的使用习惯。正是用户使用的便捷性，使得传统营销方式得到了改善。随着用户使用习惯的不断养成，品牌就有了对用户不断加深印象的机会。

3.3.3 App营销模式

不同的App面对不同的用户群体，营销方式也千变万化，常见的App营销主要有以下几种模式。

（1）广告模式

广告植入模式是大部分App应用中常见的营销模式。App首页、二级页面一般都会设置广告区域，企业可以通过Banner广告条、消费公告或插屏广告等方式进行广告播放，当用户在使用App过程中看到并产生兴趣时就会点击它，一旦点击就会跳转至指定页面并显示具体的广告内容。广告模式更加直观，能快速吸引用户注意，效果显著。

（2）内容植入模式

内容植入模式一般在获取一定下载量的App上较容易实现，通过在App中植入广告实现流量变现。为了避免引起用户反感，这种植入式广告的受众需要与用户群体属性一致，在设计上要结合内容营销、角色体验等趣味无缝整合用户体验，进而提高点击率。曾经流行的"疯狂猜图"App在游戏中设置了品牌关键词，如耐克、阿迪达斯等，在用户体验游戏的同时实现了品牌的传播，在达到广告宣传目的的同时又不影响用户玩游戏。由于玩家数量众多，"疯狂猜图"App获得了数百万的广告合同，通过在游戏中植入广告获得了巨大的收益。

（3）用户参与模式

用户参与模式主要应用于品牌应用类App。此类应用一般具有较高的知名度和固定的用户群体，已经对App形成了较强的使用习惯。在App上可以设置相关的应用体验，可以是趣味游戏，也可以是简单的练习，用户在参与互动的同时加强了对品牌的认知。比如，星巴克的移动手机App"Alarm Clock"，通过建立一个特殊的App闹铃，用户只需要在设定时间起床并关掉闹铃，就可以获得一颗星，并且能从任何一家星巴克获得一杯打折咖啡。

（4）购物网站植入模式

购物网站植入模式主要应用于传统电商平台拓展移动市场。它将传统互联网电商平台植入手机App中，方便用户随时随地浏览商品信息、下单购买以及跟踪订单。这种模式推动了传统电商企业从购物网站向移动互联网渠道转型，是利用手机App进行线上和线下互动发展的必经之路，如聚美优品App、手机淘宝等。但是移动App不仅仅是传统购物网站的照抄照搬，在设计阶段应该重点考虑手机用户的使用习惯，除了适应用户的基本购物习惯外，应该更加简洁、使用更加方便。

3.4 微博营销和微信营销

3.4.1 微博营销

1. 微博

微博即微型博客的简称,微博是指一种基于用户关系的通过关注机制分享、传播、获取简短实时信息的广播式社交媒体、网络平台,允许用户通过 Web、Wap、Mail、App、IM、SMS 以及 PC、手机等多种移动终端接入,以文字、图片、短视频、直播等多媒体形式,实现信息的即时分享、传播互动。微博操作简单,即时传播,更新速度快、渠道广、交流便捷,用户能够克服时间与空间的各种阻碍,将微博发展成具有极强智能性的信息交流平台,体现消费者的主观能动性。此外,微博的运营成本低廉、受众广,深受广大网民的喜爱。

微博不但是一个获取信息的工具,而且也是现代人的一种社交工具,数字时代打破了中央集权形式,个人角色由此变得更为重要。据统计,截至 2014 年 12 月,我国微博客用户规模为 2.49 亿,网民使用率为 38.4%。国内微博网站主要有新浪微博、网易微博、腾讯微博、搜狐微博等。据中国互联网络信息中心数据统计,截至 2020 年 3 月,我国网民的微博使用率为 42.5%。

新浪微博是目前国内最大最受欢迎的微博平台,无论是用户量还是关注度都在行业中名列前茅。新浪微博依靠门户网站新浪网,本身具有强烈的媒体属性,采用点到面的"广场式"传播。新浪微博在推出之初,通过 140 个字发布信息,在文字的基础上可以同时上传图片、视频等,除了电脑以外,也支持手机等终端设备。平台传播速度快且传播范围广,利用各种转发、名人推荐、媒体合作等,以不同的话题和主题,博得潜在消费人群的关注,其宣传成本低,无须过多的广告费,只需发布不同的即时消息。据新浪微博 2020 年第一季度公布的数据显示,其月活跃用户达 5.5 亿人,日活跃用户达 2.41 亿人。

2. 微博营销

微博营销是指通过微博平台为商家、个人等创造价值而执行的一种营销方式,也是指商家或个人通过微博平台发现并满足用户的各类需求的商业行为。微博营销以微博作为营销平台,利用个人微博或者企业微博,将粉丝作为潜在的营销对象,利用更新微博内容、提高微博互动率的形式传播企业信息、产品信息,树立良好的企业形象和产品形象。微博营销注重价值的传递、内容的互动、系统的布局、准确的定位,涉及的范围包括认证、有效粉丝、朋友、话题、名博、平台开放、整体运营等。

开展微博营销时需注意以下事项:一是注重价值的传递,吸引微博用户浏览的内容一定是有价值的内容,避免单纯的商品推送和广告传播;二是注重定位的个性化,微博的特点是关系与互动,开展微博营销时要有精准的定位,这种定位除了与企业品牌定位一致以外,还要有温度、有感情、有思考、有互动,塑造个性化的微博人设;三是注重频率的连续性,吸引用户的微博内容要定时、定量、定向发布,为粉丝设置期望,培养粉丝的阅读习惯;四是注重运营的互动性,互动性是微博持续发展的关键,可采用话题、转发、抽奖等形式提高微博粉丝的互动性,对粉丝的留言也要认真、用心回复,换取粉丝情感上的认同;五是运营的专业化,尤其是企业微博,是企业面对用户和市场的直接渠道,是和用户"零距离"接触的交流平台,因此一定要体现企业的专业性,同时需要配备专业的团队承担运营工作;六是注重方法与技巧,优秀的微博除了内容上有价值,还需要讲究技巧和方法,如微博话题的设定具有悬念或争议性,能够引导粉丝思考与参与,也容易给人留下深刻的印象。

3. 企业开展微博营销的流程

(1) 营销平台的选择

企业开展营销需要选择一个用于营销推广的平台,国外企业可以从 Twitter、Facebook 中选择,国内企业主要以新浪微博为主,企业在选择平台时,可关注流量、覆盖率、关注度等因素。不同平台的用户,关注度各有不同,与之对应的推广策略也不相同,例如,新浪微博的用户关注状态更新更多,而腾讯微博的用户则比较年轻化。

(2) 企业的定位和目标

企业微博的定位是一个快速宣传企业新闻、产品和文化等的互动交流平台,同时对外提供一定的客户服务和技术支持反馈,形成企业对外信息发布的一个重要途径。企业微博的目标是获得足够多的跟随者,逐步打造具有一定知名度的网络品牌。定位是微博内容规划时最先需要做的,可以帮助企业了解自身的情况,同时结合微博的属性做出适当的调整。在内容定位时,企业需结合品牌定位总结出品牌的简单基调,也就是品牌定位下目标消费者对品牌的看法。例如,某企业的品牌调性是"年轻无极限,给爱挑战生活向往自由的你一片属于自己的天空",那么品牌基调的关键词就是"年轻""刺激""自由"等。利用品牌基调,结合品牌自身的受众,可以总结出品牌的内容、个性。说明该品牌的微博内容在风格上需要展示一个青春有活力的形象,因此,在内容选取上要适当和大家分享一些积极向上的博文。

(3) 内容建设

微博的内容维护相对简单,主要包括发布和交流两部分。和企业博客不同,企业微博具有非常鲜明的特色,例如,发布门槛低、实时性强、个性色彩浓厚、交互便捷等,企业利用微博营销必须注意微博的这些特色,才能形成良好的营销传播模式。

(4) 选择营销策略

1) 口碑营销

在口碑营销中,任何一家希望通过口碑传播来实现品牌提升的公司都必须设法精心修饰产品,提升健全、高效的服务价值理念。而微博更接近于一个天然的口碑传播平台,只要产品足够好,适当地切入引导,极容易促成成功的口碑营销。

2) 互动营销

企业要准确了解市场需求,掌握消费者动态,就必须与消费者进行直接沟通。微博为消费者和企业搭建了直接沟通的平台。企业在进行微博营销时,要积极与用户进行交流,向其传达有关产品或品牌的信息,并及时回复用户的留言。企业通过微博营销这个平台追踪消费者在论坛上的发帖,收集他们关注的信息,分析消费者的行为,获取有价值的用户需求,直接获取消费者对品牌的感受以及最新的需求,从而为企业获取市场动态及进行危机公关提供依据,投其所好策划营销方案。例如,2017年新航线首发的"万米高空演奏会"活动,首先设定悬念,引发粉丝互动猜想,赢取往返国际机票,然后携手国际航线代言人郎朗,举办"万米高空演奏会",为新航线"长沙↔洛杉矶"的启动拉开序幕,最后促进事件发酵,与官方媒体联动发布事件内容,加倍事件的传播效果。最终活动在3个小时内,话题参与人数突破7 500,阅读量直飙600万,并且荣登1月16日综艺实时榜第一和热门话题榜第一。

3) 情感营销

在微博营销的情感营销中,需要持续的情感投入,把用户当成真正朋友,切实帮助用户解决问题。这样才会有越来越多的用户加入,这些用户是企业的朋友,也是企业营销的火种。

例如,跨界NBA推出的"美国航空伴你飞"话题营销,借势微博品牌活动推广与NBA的联合活动,运用运营话题矩阵多维度塑造美国航空和NBA的品牌影响力。通过本次跨界活动促进美国航空交叉获客能力,为美国航空公司培养更多的目标用户人群。此外,还采用了线上线下互动的形式,通过线上招募用户,线下参与NBA巨星粉丝见面会,形成双线互动、二次传播,引导用户线上互动转发抽奖,增加用户黏性与活跃度;设定自定义模块,外链至H5,为官网导流。活动通过点燃用户的情怀特征,引发用户自发参与,最终话题阅读量达1.6亿,讨论量达4.1万条。

4) 个人符号营销

微博也适合进行个人符号的营销,如企业的CEO营销。有些公司的领导以普通人的身份在微博上与用户进行交流,让企业的顾客感受到亲切、诚恳,增加了顾客的忠实度。目前在新浪微博上有不少知名企业CEO的账号,比如,创新工场董事长李开复,小米CEO雷军等。

3.4.2 微信营销

1. 微信

微信是腾讯公司于2011年1月21日推出的一个为智能终端提供即时通信服务的免费应用程序,微信支持跨通信运营商、跨操作系统平台,通过网络快速发送免费语音短信、视频、图片和文字,同时将实时通信与社交资讯、生活服务相结合,支持"朋友圈""微信公众号""微信小程序""微信支付"等功能,为用户提供优越的移动数字生活体验。其中:微信小程序可实现功能直达,无须下载App即可使用,拉近商户和用户的距离;微信支付可以让用户通过手机完成快速的支付流程,安全、快捷、高效。

微信版本分为微信个人、企业微信、微信公众平台。个人微信能够进行即时通信、群管理、朋友圈信息发布、位置定位等。企业微信是为企业打造的通信与办公工具,具有与微信一致的沟通体验,能够链接个人微信,具备单聊、百人群聊等功能,能够实现日程、会议、打卡、审批等OA功能,是国内首家通过SOC2 Type2审计的企业办公产品,经过国际权威认证,具有银行级别的加密水平,为企业的数据安全提供可靠保障。

微信公众平台是各大企业关注的微信营销平台,它提供服务号、订阅号和小程序3类账号。其中:服务号为企业和组织提供更强大的业务服务与用户管理能力,主要偏向服务类交互,适用媒体、企业、政府或其他组织,用户可在1个月(按自然月)内发送4条群发消息;订阅号是为媒体和个人提供的一种新的信息传播方式,能够为用户传达资讯,适用于个人、媒体、企业、政府或其他组织,用户1天内可群发1条消息;微信小程序能够为商家、企业和机构提供便捷的开发工具、运营平台以及运营支持,企业可以开发并利用小程序向微信用户提供服务,也可通过广告变现实现盈利。

2. 微信营销

微信营销是伴随着微信的火热而兴起的一种网络营销方式。微信不存在距离的限制，用户注册微信后，可与周围同样注册的"朋友"形成一种联系，用户订阅自己所需的信息，商家通过提供用户需要的信息，推广自己的产品，从而实现点对点的营销。微信营销主要在安卓系统、苹果系统的手机或者平板电脑中的移动客户端进行的区域定位营销，商家通过微信公众平台，结合转介率微信会员管理系统展示商家微官网、微会员、微推送、微支付、微活动，目前，已经形成了一种主流的线上线下微信互动营销方式。

微信营销具有如下特点。

（1）营销成本低。传统的营销方式如广告、报纸杂志、宣传页等一般需要耗费大量的人力物力和财力，而微信营销是利用免费的微信平台，用户在使用过程中只需付较少的流量费。相对于传统营销方式，微信营销的成本较低。

（2）潜在客户数量多。截至 2020 年 3 月，"微信和 WeChat"的合并月活跃账户数超过 12 亿。随着网络时代的发展，微信用户还会继续增加，这说明微信营销的潜在市场巨大，壮大的微信群成为企业营销的潜在客户，这将吸引更多的企业加入微信营销行列。

（3）营销定位精准。在微信公众平台中，企业通过一对一的关注，向粉丝推送产品及活动信息，建立自己的客户数据库，使之成为有效的客户关系管理系统，通过用户分组和地域控制，针对用户情况，将信息准确推送给目标客户。

（4）信息交流互动性强。微信的载体是智能手机，只要身边有智能手机，任何时间、任何时地点，企业都可以与客户进行互动，进一步了解并满足客户的需求。

（5）有效的信息传播。企业利用微信公众平台向客户推送信息，保证了客户 100% 接收到企业信息。此外，因客户是对企业自身及其产品感兴趣而自愿扫描二维码或添加官方微信的，所以，当接收到来自企业微信的信息时，用户能有效地关注所接收的信息。

（6）营销模式的多种多样。微信营销有漂流瓶、二维码、朋友圈、微信公众平台等营销方式，这些营销方式各有特点，企业可针对不同的营销目标选择适合的方式进行搭配。另外，微信支持多种类型的信息，如文字、图片、语音等信息，这使企业可以利用微信完成与客户的全方位交流与互动。

3. 微信营销的发展前景

（1）微信内商业化体系完善。2020 年，微信宣布全面开放搜索和推荐来应对微信公众平台上的海量信息，同时，企业后期可以通过该功能在微信平台内开展搜索引擎营销。为了迎合用户短视频的习惯，微信上线视频号，推出视频号一方面是弥补公众号的缺失，另一方面是布局短视频。此外，微信上线"微信圈子"分流朋友圈中的营销内容，作为兴趣社区，微信圈子为后续社交关系的变现提供了机会。

（2）物联网时代的微信营销。物联网的发展，意味着用户足不出户就可以通过手机订购商品、进行买卖活动。微信支付功能的实现，促进了人们生活的便捷发展，微信已成为人与物之间的互动工具。企业可以通过微信平台完成用户使用产品的调研、获知有价值的用户信息、改善或开发出用户更满意的产品。

（3）微信营销的国际化。微信的出现使得中国互联网产品知名度提高，因为互联网产品本土化的原因，中国产品难以适应国际市场，比如，中国制造的应用软件等。而近年来，中国社交媒体平台的快速发展,使其变得国际化,有望塑造全球社交媒体的未来。

4. 微信营销的案例综合分析

案例一:华为荣耀3X——30万人微信抢购

案例亮点:微信预约,活动引流带来粉丝,实现后续精准营销。

案例描述:华为通过微信做的荣耀3X的预约活动也称得上是微信营销的经典案例。首先,在活动前期华为通过微信内容推送和微博进行宣传预热,并联合易迅将活动信息大量曝光;其次,华为荣耀、华为商城、花粉俱乐部等官方微博都对此次活动进行了大量曝光并用图解的方式说明了具体操作流程,易迅也尝试在微信上做出精选商品的经典案例,当时的微信正想着怎样让更多的用户绑定银行卡,在此背景下三方达成合作关系,使本次活动得到大范围的持续曝光,粉丝们蠢蠢欲动准备开抢;再次,在预约界面加入奖品驱动,即预约用户关注华为荣耀公众账号后可参与抽奖活动,开放预约时用微信支付1分钱即可完成预约;最后,付款方式灵活便利,预约成功后进入原预约页面即可购买,支持微信支付和货到付款。本次活动也取得了良好的效果,荣耀3X的总预约量达到30万。

案例分析:华为荣耀3X之所以成功主要有四方面原因。第一,与易迅合作,通过微信和微博进行宣传预热,推送大量信息,聚集人气,进行产品宣传;第二,与微信合作,通过微信公众平台将活动再次大范围曝光,并用图解的方式说明具体操作流程,吸引消费者眼球,使其产生兴趣和购买欲望;第三,促销,在预约界面加入奖品驱动,即预约用户关注华为荣耀公众账号后可参与抽奖活动,开放预约时用微信支付1分钱即可完成预约,给出活动好处,吸引更多的消费者预约购买;第四是支付功能完善、方便快捷,支持微信支付和货到付款。

案例二:万达影院——微信渠道日均出票8 000张

案例亮点:快捷购票,实现多功能自助服务。

案例描述:作为传统行业的电影院,万达影院的做法也值得我们借鉴学习。首先要说的是万达影城的微信开发系统,万达影院最值得一提的是其便捷的票务服务,只要关注了万达影院微信公众号,就可以简单地实现在线预订,在线选座,查询热映影片、待上映影片等的信息,以及评价分享等。假设,你在影院附近吃饭突然想看电影,可以马上掏出手机订票,还能选择你想要的座位,不用排队,影院微信还会不定期针对会员做一些活动,增强粉丝黏性。虽说其微信开发系统的体验没有自身App好,但是作为会员管理、活动营销以及简单的在线订票选择已经基本够用。其次,对于二维码的推广,万达影院也有自己的一套做法,一是在出票的票面上印上二维码,使得观众可以随机扫其二维码,配合其强大的服务体系,能很好地抓住粉丝。同时,万达也会为了吸引粉丝开展一些活动,例如,关注微信可享受一分钱看电影(限场次)、送可乐爆米花等,对于影院而言,闲时会有很多空位,不如索性拿来回馈粉丝,这种回馈带来了非常可观的效果,现万达影城微信渠道日均出票8 000余张。

案例分析:万达影院成功的原因有以下几点。第一,万达影城的微信开发系统比较完善,用户关注万达影院微信公众号,可以简单地实现在线预订、在线选座、查询热映影片及待上映影片等的信息,以及评价分享等,足不出户即可轻松预订,更加方便快捷,不用像以前那样排队购票,节省了时间和精力;第二,定期做活动,巩固客户关系,吸引新客户;第三,二维码推广,在出票的票面上印上二维码,使用户可以随机扫其二维码,配合其强大的服务体系,更好地抓住粉丝,维护粉丝群;第四,针对粉丝开展一些促销活动,回馈粉丝,同时为企业带来可观效益。

案例三：海底捞火锅——每日微信预订 100 万

案例亮点：海底捞生意火爆，与其排队，不如提前微信预约，避免了商户和客人的不便。

案例描述：作为国内最具口碑的餐饮连锁服务机构之一，海底捞是较早试水 O2O 营销的餐饮连锁服务企业之一，凭借在微博、点评网站等互联网平台的口碑，海底捞迅速聚焦起大量忠实粉丝。加强客户关系管理一直是海底捞的追求，特别是在移动互联网时代，新技术手段层出不穷，如何选择更好的管理方式是经营者需要思考的问题。首先，开展创意活动，例如，消费者只要关注海底捞的微信，就会收到一条关于发送图片即可在海底捞门店等位区现场免费打印美图照片的消息，以此吸引消费者；其次，自助服务完善，通过微信可实现座位预订、送餐上门等服务，甚至可以去商城选购底料，如果想要外卖，简单输入送货信息，即可坐等美食。当然，其设计的菜品图案令人垂涎，加上线下优质服务的配合，同时享受"微信价"，这些紧紧抓住了消费者的心。据悉，海底捞每日微信预订量高达 100 万次。

案例分析：第一，海底捞是国内最具口碑的餐饮连锁服务机构，品牌营销效果显著；第二，凭借在微博、点评网站等互联网平台的口碑，海底捞迅速聚焦起大量忠实粉丝，为其营销聚集人气，更有利于企业推广；第三，通过创意活动吸引消费者，只要关注海底捞的微信，就会收到一条关于发送图片即可在海底捞门店等位区现场免费打印美图照片的消息，引起消费者的消费欲望和兴趣；第四，自助服务全面，通过微信可实现座位预订、送餐上门等服务，甚至可以去商城选购底料，如果想要外卖，简单输入送货信息，即可坐等美食，更加方便，节省了消费者时间和金钱；第五，设计的菜品图案美观，线下服务配合到位，给消费者提供更优质、高效的服务，有利于维护老客户、吸引新客户。这些都是其成功的原因。

3.5 短视频营销与直播电商

3.5.1 短视频营销

1. 短视频

短视频即短片视频，是一种互联网内容传播方式，一般指在互联网新媒体上传播时长在 5 分钟以内的视频。随着移动终端的普及和网络的提速，"短平快"的大流量传播内容逐渐获得各大平台、粉丝和资本的青睐。据中国互联网络信息中心发布的数据显示，截至 2020 年 3 月，我国短视频用户规模为 7.73 亿，占网民整体的 85.6%。在带动乡村旅游、推动农产品销售等方面，短视频发挥了重要的积极作用。

2. 短视频营销

短视频营销，从广义上讲，指以短视频媒体作为载体的所有营销活动的总称，根据玩法的探索和创新呈现出不同的越来越多的形式和特征，就目前而言主要包括硬广投放、内容植入、内容定制、网红活动、账号运营和跨平台整合等营销形式；从狭义上讲，主要指短视频媒体平台上进行的所有广告活动，包括硬广和软广，具体可以分为品牌图形广告、视频贴片广告、信息流广告和内容原生广告几大类别。

短视频的玩法包括硬广投放、内容植入、内容定制、网红合作、账号运营和跨平台整合

6种模式。硬广投放指在短视频媒体平台上投放传统硬广,如短视频信息流等。内容植入是短视频最早出现的营销形式,也是目前最常用的短视频营销形式之一,包括节目冠名、品牌/产品露出、口播植入等,表现形式丰富。内容定制指定制短视频内容进行营销传播,包括PGC 影视创作和 KOL 合作等短视频内容定制,在选择内容定制的方式进行短视频营销时,需重点考虑3个要素,即内容情节和故事性、话题热度、渠道兼容性。网红合作指联合网红和平台资源,策划互动类活动,如挑战赛等,选择合适的网红合作尤为重要,除了网红自身的粉丝数量和影响力外,网红领域和品牌调性的一致性、网红风格与活动内容的契合度、网红主要入驻的平台等都是需要重点考量的因素。账号运营指在短视频媒体平台开通品牌官方账号,持续输出营销内容。跨平台整合指有机结合多种媒体或营销形式,搭建营销矩阵实现联动效应,鉴于短视频兼具内容传播的覆盖度和社交爆发力两个维度的优势,因此,将其放在关注和分享环节可以最大化发挥短视频营销的价值。

3.5.2 直播电商

1. 直播

《广播电视词典》将直播界定为"广播电视节目的后期合成、播出同时进行的播出方式",按播出场合可分为现场直播、播音室或演播室直播等形式。目前直播多指网络直播。由此可见,直播不是移动互联网时代的产物,但是移动互联网的飞速发展,为直播提供了硬件保障,使得直播得到了迅猛发展。据中国互联网络信息中心发布的数据显示,截至2020年3月,我国网络直播用户规模达到5.60亿,较2018年底增长1.63亿,占网民整体的62%。

按照内容不同,直播平台可以划分为以下几类。娱乐直播,主要有娱乐类直播和生活类直播两类,常见平台主要有 YY LIVE、斗鱼 TV、美拍等。游戏直播,主要为电竞游戏类直播,常见的有斗鱼 TV、虎牙直播、战旗 TV、龙珠直播、火猫等平台。购物直播,主要通过各类网络达人在"电商＋直播"平台上和粉丝进行互动社交,以达到出售商品的目的,购物类直播平台有淘宝、京东、聚美优品、唯品会等。专业领域类直播针对的是有信息知识获取需求的用户,通过演讲、辩论等形式进行知识的传播,如疯牛、知牛直播等。体育直播,除了体育明星直播外,体育赛事也是直播的主要内容之一,受到大众的欢迎和认可,懂球帝、章鱼 TV 和企鹅直播是目前最受体育类直播用户欢迎的体育直播平台。

2. 直播电商

据艾瑞咨询公布的数据显示,直播电商于2016年出现,2019年至今正处于爆发期,2019年直播电商用户规模为2.65亿,占网民整体的29.3%,整体成交额达4512.9亿元,同比增长200.4%,占网购整体规模的4.5%。常见的直播电商平台有淘宝直播、京东直播、小红书、拼多多、快手、抖音等,依托这些平台开展的直播电商可以划分为以下3类。

第一类是电商平台直接镶嵌直播功能,如淘宝网推出的淘宝直播和京东推出的京东直播都是在原有的电商平台上增加直播功能,将直播作为电商的一个营销途径。由于原有平台在前期运营中已经积累了海量的用户,因此在初始阶段可以充分利用电商平台的流量带动直播流量,等直播平台拥有充足的固定流量之后,再利用直播流量反哺电商。采用这种模式的电商,多数偏向于利用网红、明星等推广一些性价比高、价格能够被大多数消费者所接受的"大众消费品",在短时间内达到促销的目的。如果直播营销的效果足够好,甚至可以让一些"平价"商品脱销。这种会在短时间达到"促销效果"的"直播＋电商"模式,可以被大多数喜欢网购的年轻人所接受,并且能让这些年轻人在观看直播的时候接受商品,并产生购买的想法。所以,这是目前大多数电商平台最喜欢用的模式。

第二类是直播平台通过商品链接与电商平台发生关系,比如一些专业的游戏直播平台,可能会在直播室中挂上游戏币、游戏点卡的购买链接,但是在相应的直播结束后,链接也会马上被拿下,并不会长期被摆放。虽然这种模式可以给直播平台带来利益,但是现在大部分专业直播平台的收入来源还是以吸引粉丝为主播打赏为主,而广告植入可能会影响粉丝对直播的体验,造成平台的流量损失。虽然在这种模式之下,营销的主动权掌握在直播平台的手中,但是对现在已经聚集了大量直播观众流量的大型直播平台来说,选择这种模式可能会造成得不偿失的后果,因此很少尝试。

第三类是主打直播的内容电商平台。这种"直播＋电商"的模式,让直播带有明显的营销色彩。观众在观看直播内容的时候,就已经有了会看广告的心理准备,因此在内容方面只要符合相应的产品推广价值,就不会让观众产生太大的排斥心理。并且,这种模式还打造了一个直播与电商互利共生的平台,使直播与电商处于相同的位置。目前数量也非常少。但是,这种模式才是真正的"直播＋电商"的营销模式。目前,主打直播的内容电商代表主要有波罗蜜、小红唇等。小红唇是针对国内年轻女孩的美妆直播电商平台。网红在小红唇上进行直播,分享护肤、化妆的知识,为观众提供可选择的相关产品。年轻的女孩可以在小红唇上看到自己想要的美妆内容,并且可以在站内进行直接购买。这种方式使流量的变现渠道变得更加广泛,强化了直播营销可执行的内容。

扩展阅读

李佳琦直播"带货"的策略解析

直播"带货"可以说是时下最热门的营销方式了,相信不少商家和个人都看到了这个行业的巨大红利。谈到直播"带货",自然不得不提"带货"一哥李佳琦,作为淘宝直播的传奇人物,他直播间的货品在几分钟内售罄不是什么难事。下面我们一起来解析李佳琦直播"带货"的策略。

营造轻松愉悦的直播氛围

几乎每场直播一开始,李佳琦都会先让狗狗们和粉丝们打招呼,比如,让狗狗给大家"拜一拜",感谢大家,营造一个轻松的直播间氛围。其中名为 Never 的狗狗是流量担当,被网友们戏称为"顶流 N 姓女明星"。值得一提的是,Never 代言的狗狗眼影盘,还曾经创下 10 秒内卖出 16 万份的记录。看了 Never 家族的狗狗们,网友们纷纷表示被治愈了,看直播的时候会感觉很放松、很解压。因此,在观看李佳琦直播"带货"的时候,许多人会觉得好像在看综艺一样,很有意思,整体的氛围特别轻松。

描述产品的使用场景

描述产品的使用场景的目的其实就是吸引用户,激发用户需求,提高转化率。这里举个李佳琦直播间的真实案例,在播某零食的时候,他会描绘一个吃的场景:"买回来放在冰箱里面冻一下,再拿出来吃,特别特别好吃。"李佳琦还会利用场景引导需求,帮助用户想象自己拥有产品的样子。比如,他在讲解太阳镜的时候,是这样说的:"想象你在海岛穿着白色的纱裙,戴着墨镜。"虽然没有什么"高大上"的广告词,但是因为真正抓住了用户的需求,所以打动了用户,从而推销成功。

让用户理解产品的价值

比起一些"高大上"的专业词汇,李佳琦在对一些产品进行成分解读的时候,会利用生动形象的比喻对产品做降维解读,向大家科普产品的成分以及功效,用通俗易懂的话让用户真正理解产品的价值。比如,在推销某美白产品的时候,李佳琦这么说:"XX成分是维生素的衍生物,它能够从根源把黑色素的妈妈解决掉,就不会有宝宝了,没有这个黑色素宝宝的话,你的皮肤就不会那么容易出现黑色素斑点"。所以,有时候消费者看直播,还能增长不少知识。

利用品牌背书增强信任感

在直播"带货"的时候,李佳琦还会用明星大牌做硬核背书,做到让用户心服口服。比如,他经常会说,"很多一线明星都有在用,包括我自己也在用""女明星同款""古力娜扎同款""王菲色""佳琦同款"等。除此之外,他在介绍某美妆品牌的时候,还会提道:"很多专业的化妆师都在用",在播生活类用品的时候,他又会说:"我送了超多明星这个"。三句话不离明星的李佳琦,正是用这种方式,无形中增强了用户的信任感,让消费者更愿意掏钱购买。

各种价格打折策略

对于产品的价格介绍,李佳琦在直播"带货"的时候也有他独特的方式。他会先报出产品的原价格,再加上所有赠品的价格,然后给出用户在直播间下单的价格,最终算一下相当于打多少折。这个时候,小助手会拿来一张写满算账过程的白纸,用醒目的字体写上相当于打多少折。除此之外,李佳琦还会用价格阶梯的方式,不断地给用户惊喜,引导下单。在引导消费者的时候,还会重复一些话术,营造紧迫感的同时,帮助用户降低下单时的阻碍。

及时解决用户反馈

在直播"带货"的全过程中,李佳琦都会关注用户的留言,保持和用户的互动。用户负责提出问题,李佳琦负责解决问题。比如,他在播"升降火锅"的时候,有用户提出了疑问:买个漏勺不就好了,用不着升降锅。李佳琦立马做出迅速的反应回复:"吃火锅的时候,当有人在用漏勺的时候,其他人就不能用了,用这个火锅方便大家可以一起吃到。"同时还能不一味地吹捧,时刻保持真实,比如,有人问孕妇能不能喝某某酒的时候,李佳琦会用霸道总裁式的语气回复说:"孕妇不能喝酒,孕妇喝什么酒?!"

打造极富魅力的个人特色

李佳琦的直播有着鲜明的个人特色,比如,他语速超快,自带1.5倍速播放效果;声音非常大,也因此被网友们称作"人间唢呐"。除了广为流传的"OMG"和"摇头杀"以及"买它"之外,他最大的特色就是给人的感觉很真实,对产品的评价好就是好,不好就是不好,更是毫不避讳吐槽大牌。另外,李佳琦不鼓励大家冲动消费,他曾经说过:"我不希望没有经济条件的女生也来买我的产品,你可以先认识下这个品牌为什么好。"专业过硬的"带货能力和为人正直,让许多消费者在看完直播后,就算不买东西也会喜欢上这个极富个人特色的主播。

当然,李佳琦的成功也是无法完全复制的,毕竟直播行业不需要第二个一模一样的李佳琦,但是如果能够灵活应用以上的"带货"技巧,那么你也能或多或少掌握一些"带货"窍门。

资料来源:博学谷.[2020-04-20]. https://www.boxuegu.com/news/2967.html.

思 考 题

1. 移动营销的概念是什么？
2. 移动营销的特点有哪些？
3. 移动营销模式的划分标准是什么？
4. App 营销有哪些模式？
5. 企业开展微博营销的流程是什么？
6. 微信营销有哪些优势？
7. 短视频营销有哪些方法？
8. 直播电商平台如何分类？

第4章 移动电子支付

4.1 移动支付概述

4.1.1 移动支付概念

移动支付是近几年发展起来的技术与业务,根据阐述角度的不同,相关行业、组织给予其的定义与解释也各有不同。

根据移动支付论坛(Mobile Payment Forum)的定义,移动支付就是交易双方使用移动设备转移货币价值以清偿获得商品和服务的债务。这是一种依靠短信、HTTP、WAP 或 NFC(近场通信技术)等无线方式完成支付的新型支付方式。移动支付所使用的移动终端可以是手机、PDA、移动 PC 等。

另外一种定义认为,移动支付是电子支付的一种方式,是指交易双方为了某种货物或者服务,以移动终端设备为载体,通过移动通信网络或者 NFC 实现的商业交易,它属于移动电子商务的范畴。移动支付是移动终端由通信工具变成信用支付工具的一种功能性的扩展,同时也是移动电子商务过程实现的一种价值体现。

4.1.2 移动支付分类

根据不同标准,移动支付分类方式也不相同,常见分类方式如下。

(1) 按照支付的交互流程,移动支付可以分成近场支付和远程支付。

近场支付是指移动终端通过非接触式受理终端在本地或接入收单网络完成支付过程的支付方式。按技术实现手段,近场支付技术方案主要包括基于 13.56 MHz 频段和基于 2.45 GHz 频段的技术方案。比如,现在国内推出的手机公交一卡通等就属于近场支付。

远程支付是指用户与商家非面对面接触,用户使用移动终端在支付应用平台选购商品或服务,确认付款时,通过无线通信网络,与后台服务器之间进行交互,由服务器端完成交易处理的支付方式。远程支付业务范围包括数字虚拟产品、电话/网络购物、公共事业缴费等。远程支付"任何地点、任何时间"的特性,使得用户可以随时随地进行购物及支付,尽享优质生活。比如,利用支付宝手机钱包线上购物付款就属于远程支付。远程支付技术方案主要包括短信支付、移动互联网(无卡)支付和基于智能卡的远程支付三种技术方案。

(2) 按照支付账户的性质,移动支付可以分成银行卡支付、第三方支付账户支付、通信代收费账户支付。

银行卡支付就是直接采用银行的借记卡或者贷记卡账户进行支付的方式。

第三方支付账户支付是指为用户提供与银行或金融机构支付结算系统的接口和通道服务，实现资金转移和支付结算功能的一种支付服务。第三方支付机构作为双方交易支付结算服务的中间商，需要提供支付服务通道，并通过第三方支付平台实现交易和资金转移结算的功能。

通信代收费账户是移动运营商为其用户提供的一种小额支付账户，用户在互联网上购买电子书、歌曲、视频、软件、游戏等虚拟产品时，通过手机发送短信等方式进行后台认证，并将账单记录在用户的通信费账单中，月底进行合单收取。

（3）按照用户支付的额度，移动支付可以分成小额支付和大额支付两种。

通常来讲，交易金额小于10美元的称为小额支付，主要应用于游戏、视频内容等互联网虚拟产品的购买；交易金额大于10美元的称为大额支付。两者之间最大的区别在于对安全要求的级别不同。对于大额支付来说，通过金融机构进行交易鉴权是非常必要的；而对于小额支付来说，使用移动网络本身的SIM卡鉴权机制就已足够。

（4）按照支付的结算模式，移动支付可以分成即时支付和担保支付。

即时支付是指支付服务提供商将交易资金从买家的账户即时划拨到卖家账户。一般应用于"一手交钱一手交货"的业务场景（如商场购物），或应用于信誉度很高的B2C以及B2B电子商务。

担保支付是指支付服务提供商先接收买家的货款，但并不马上支付给卖家，而是通知卖家货款已冻结，卖家发货；买家收到货物并确认后，支付服务提供商将货款划拨到卖家账户。支付服务提供商不仅负责资金的划拨，同时还要为互不信任的买卖双方提供信用担保。担保支付业务为开展基于互联网的电子商务提供了基础，特别是对于没有信誉度的C2C交易以及信誉度不高的B2C交易。目前做得比较成功的有支付宝。

（5）按照用户账户的存放模式，移动支付可以分成在线支付和离线支付。

在线支付是指用户账户存放在支付提供商的支付平台中，用户消费时，直接在支付平台的用户账户中扣款。如通过短信、WAP、IVR等方式完成的支付，交易发生在网络侧。

离线支付是指用户账户存放在智能卡中，用户消费时，直接通过POS机在用户智能卡的账户中扣款。如通过近距离非接触技术完成的支付，交易发生在手机端。

4.1.3 移动支付基本要素

移动支付的本质是支付服务提供商通过合适的支付渠道为买家购买服务或商品而将资金从买家的账户划拨到卖家账户。移动支付和电子支付同样主要包括了4个要素：买家和卖家的资金账户、资金安全、支付接入渠道、支付应用。因此，开展移动支付服务，首先必须回答以下4个问题。

（1）要服务于什么类别的支付应用？

（2）可以使用哪些支付账户？

（3）可以向用户提供哪种支付渠道？

（4）如何保障支付安全？

1. 支付账户

电子支付本质上就是资金在不同账户间的转移,资金从哪里来,到哪里去,是电子支付业务最关键的问题,因此支付账户是开展支付业务的核心。一般可用的支付账户包括银行账户、第三方支付账户、积分账户、离线钱包账户和运营商的通信账户。

(1) 银行账户。银行账户包括借记卡、信用卡、存折等账户,拥有庞大的资金,是支付业务最重要的资金来源,任何支付业务的服务商都难以绕开银行账户。

(2) 第三方支付账户。支付服务提供商为摆脱银行账户资金调度灵活性方面的制约,建立自己的电子货币账户体系(如支付宝等)。这类电子货币账户上的资金一般与人民币等值,具有全业务的支付能力,由于支付服务商可完全掌控自建的电子货币账户上的资金,有利于其提供灵活的支付业务模式。资金可通过银行转账到电子货币账户,有的电子货币账户甚至可以再转回银行,本质上类似于银行账户。

(3) 积分账户。运营商或各服务提供商(如航空公司、连锁超市等)为使用了其业务或购买了其商品的用户赠送积分,拥有积分的用户也同时拥有运营商或服务提供商的某种权益,如可获取某些类型的商品、换取礼品、联盟商家购物时抵扣一定的金额等。因此,积分从某种意义上来讲也可当成一种外部支付账户。其特点是不能直接当现金使用,只能在特定的应用范围内使用,通常需要配合适当的营销策略。

(4) 离线钱包账户。该账户不与后台账务系统实时交互,是直接记录在某种载体上(如集成 RFID 芯片的手机或其他移动终端)的电子货币。其特点是能充分利用庞大的移动终端用户群,以及移动终端随身携带的特性,快速发展支付用户;支付过程中不需要与后台系统实时交互,适用于公交、商店、影院、彩票等小额近距离支付场景。

(5) 运营商的通信账户(如固话、手机、宽带上网账户等)。通信账户代收费是电信运营商特有的电子支付模式,可充分运用运营商庞大的用户群以及已经建立的缴费渠道,为其他支付应用提供代收费服务,从中获取收益。

2. 支付应用

服务于特定的支付应用以获取收益是开展移动支付业务的目标,移动支付业务提供的资金转移一定是为某项商业活动服务的。移动支付服务必须建立支付业务管理平台,实现与商户(卖家)系统的交互,协助商户完成交易,并提供对账、结算等服务。根据支付应用的不同,移动支付服务提供的形式和模式都不尽相同。按应用类型分,移动支付业务可分为互联网虚拟服务购买、公共事业充值缴费、线上和线下实物购买、离线钱包支付。

(1) 互联网虚拟服务购买,为虚拟服务提供商的虚拟产品或服务(包括电信增值业务、互联网服务等)提供支付,不涉及实物交易。虚拟服务购买业务的支付商户一般是各类内容应用服务提供商(SP),典型的业务有虚拟点卡充值、影视下载、会员包月、软件许可购买等。

(2) 公共事业充值缴费,向某个特定账户中转移一笔资金,用于清缴由于使用某种业务或服务已经发生而产生的费用(缴费),或预存一笔资金,为以后使用某种业务或服务付费(充值)。充值缴费类业务通常资金的用途明确,支付商户一般是服务面广泛、用户需要定期缴费的大型企业或事业单位。典型业务有电信业务充值缴费、公共事业缴费(水、电、煤气等)。

(3) 线上和线下实物购买,为网上购物或者实体店购物提供非现金的电子支付,将资金从买家的账户划拨到卖家的账户。

(4) 离线钱包支付,主要用于公交等一些小额快速的支付场合。

3. 支付渠道

支付渠道指发送和接收支付指令的场所和方式,是开展移动支付业务的基础。支付渠道主要包括:互联网支付渠道、固定终端支付渠道、移动终端支付渠道、声讯支付渠道和RFID支付渠道。

(1) 互联网支付渠道。互联网支付渠道使用互联网的方式操作支付账户,为特定的业务完成支付,多服务于互联网虚拟服务购买类业务,是目前支付渠道的主流。

(2) 固定终端支付渠道(不包括归属银行业务的银行柜员机和传统 POS 机)。用户使用固定的支付终端通过刷卡的方式认证支付账户,为特定的业务完成支付,多服务于账单已形成(如公共事业缴费),或向固定账户充值的应用,服务对象多为拥有大量用户基础的大行业或应用。

(3) 移动终端支付渠道。用户使用手机终端,通过 WAP、短信等方式操作支付账户,为特定业务完成支付。

(4) 声讯支付渠道。用户拨打声讯电话,通过按键操作和语音提示操作支付账户,为特定业务完成支付。

(5) RFID支付渠道。用户通过近距离射频技术(如 RFID),使用卡片等载体与特殊的机具交互,为特定的应用实现方便快捷的支付,如北京的公交一卡通、广州的羊城通等。RFID渠道可以与移动终端支付渠道结合,如日本的 FeliCa 手机支付模式。

4. 支付安全

移动支付涉及用户和商家资金的转移,保障资金安全是开展移动支付业务的首要前提,用户可知的常用的安全手段主要有支付密码、数字证书、终端认证(如 USB-KEY、实体卡、手机终端)等。

4.2 移动支付的运营模式

4.2.1 产业链情况

移动支付业务的产业链由设备制造商、银行、移动运营商、移动支付服务提供商(或移动支付平台运营商)、商业机构、SIM 卡供应商、手机厂商、用户等多个环节组成,如图 4-1 所示。

相对于目前的网上支付而言,移动支付的产业链有自己的一些特点:一是移动支付业务是面向个人用户的或者是作为行业应用面向个人用户的,企业用户基本不使用该业务;二是产业链相对复杂,增加了新的产业环节——移动运营商,银行业除了要交纳相应的通道使用费外,还面临着移动运营商的资金吸储和资金沉淀,以及对既得佣金分食的挑战和压力;三是需要增加硬件设施的投入,尤其对提供实体物品的商户来说,投资成本的增加将会在很大程度上影响其投入的积极性。

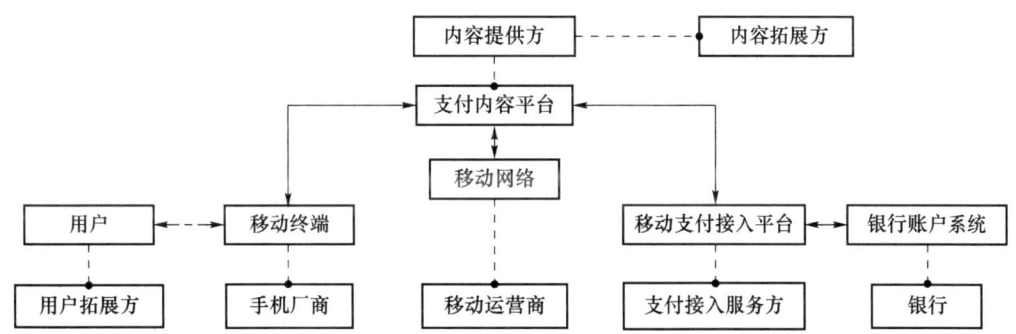

图 4-1 移动支付业务模型

1. 移动运营商

移动运营商的主要任务是搭建移动支付平台,为移动支付提供安全的通信渠道。可以说,移动运营商是连接用户、金融机构和服务提供商的重要桥梁,在推动移动支付业务的发展中起着关键性的作用。目前,移动运营商能提供语音、SMS、WAP 等多种通信手段,并能为不同级别的支付业务提供不同等级的安全服务。在移动支付业务中,移动运营商主要从以下 4 个方面获得收益:

(1) 来自服务提供商的佣金,比例一般在 3% 至 20% 之间;

(2) 基于语音、SMS、WAP 的移动支付业务可以给运营商带来数据流量收益;

(3) 移动支付业务可以刺激用户产生更多的数据业务需求,促进其他移动互联网业务的发展;

(4) 有利于移动运营商稳定现有客户并吸纳新的客户,提高企业竞争力。

2. 银行

作为与用户手机号码关联的银行账户的管理者,银行需要为移动支付平台建立一套完整、灵活的安全体系,保证用户支付过程的安全通畅。显然,与移动运营商相比,银行不仅拥有以现金、信用卡及支票为基础的支付系统,还拥有个人用户、商家资源。银行获得的收益来自 5 个方面:

(1) 手机银行账户上的预存金额,其增加的储蓄额无疑能让银行受益;

(2) 每笔移动支付业务的利润分成;

(3) 通过移动支付业务,能够激活银行卡的使用;

(4) 能有效减少营业网点的建设,降低经营成本;

(5) 有助于巩固和拓展用户群,提高银行的市场竞争力。

3. 移动支付服务提供商

移动支付服务提供商通过整合产业链的所有资源,最终面对商家和消费用户提供移动支付服务。移动支付服务提供商是移动支付平台的拥有者,移动支付平台的主要功能是用户账户管理、安全与认证管理、费用清算管理以及支持各种移动支付的通信手段的管理。移动支付服务提供商既可以是独立的新兴企业,也可以是移动运营商、银行或信用卡组织建立的分支机构,还可以是移动运营商、银行或信用卡组织本身。

如果移动支付业务没有独立的业务提供者,就没办法很好地开展移动支付业务,这句话在某种程度上是对的。作为银行和运营商之间的衔接环节,独立的第三方移动支付服务提供商在移动支付业务的发展进程中发挥着十分重要的作用。独立的第三方移动支付服务提供商具有整合移动运营商和银行等各方面资源并协调各方面关系的能力,能为手机用户提供丰富的移动支付业务,吸引用户为应用支付各种费用。例如,在欧洲,最早出面推广和提供移动支付服务的并不是那些主流的移动运营商,而是像瑞典 Paybox 这样的第三方门户网站。不管用户使用的是哪家移动运营商的服务,也不管其个人金融账号属于哪家银行,只要在这家公司登记注册后,就可以在该公司的平台上享受丰富的移动支付服务。

移动支付服务提供商的收益来源有两块:一是向移动运营商、银行和商户收取的设备和技术使用许可费;二是从移动运营商处提取签约用户使用移动支付业务的佣金。

4. 设备终端提供商

移动设备厂商在向运营商提供移动通信系统设备的同时,还推出了包括移动支付业务在内的数据业务平台和业务解决方案,这为运营商提供移动支付业务奠定了基础。从终端的角度来看,如今,具有 STK 功能的 SIM 卡日益普及,而支持各种移动数据业务的手机也被终端厂商不断推向市场,这为移动支付业务的不断发展创造了条件。

4.2.2 以移动运营商为运营主体的模式

当移动运营商作为移动支付平台的运营主体时,移动运营商以用户的手机话费账户或专门的小额账户作为移动支付账户,用户所发生的移动支付交易费用全部从用户的话费账户或小额账户中扣除。因此,用户每月的手机话费和移动支付费用很难区分,而且通过这种方式进行的交易也仅限于小额的交易。以移动运营商为运营主体的移动支付模式如图 4-2 所示。

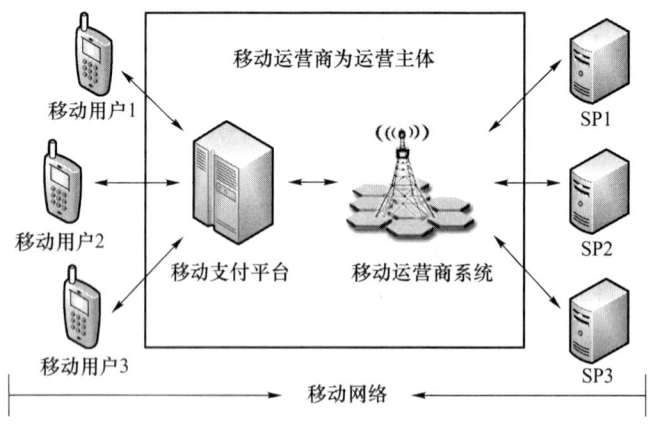

图 4-2 以移动运营商为运营主体的移动支付业务示意图

该模式典型的例子是日本移动运营商 NTT DoCoMo 推广的 I-Mode FeliCa 手机电子钱包服务,用户将 IC 卡插入手机就可以进行购物。I-Mode FeliCa 使用的 IC 卡中安装了电子货币交易软件,用户拥有一个电子账户,可以购买电子货币进行充值。进行交易时费用直接从用户的电子账户中扣除,整个支付过程无须金融机构参与。

以移动运营商为运营主体的移动支付业务具有如下特点:

(1) 直接与用户发生关系，不需要银行参与，技术实现简便；
(2) 运营商需要承担部分金融机构的责任，如果发生大额交易将与国家金融政策发生抵触；
(3) 无法对非话费类业务出具发票，税务处理复杂。

由于运营商掌握了大量的手机用户资源，因此发展移动支付业务具有很大的优势。此外，运营商掌控通信网络和手机终端、智能卡等资源，并具有遍布全国各地的实体营业厅和大客户营销队伍。这些资源都极大地支撑了运营商发展移动支付业务。但是，运营商发展移动支付业务也面临着缺乏商户规模和受理环境，缺乏电子支付行业经验及金融运营专业人才等困难。

4.2.3 以银行为运营主体的模式

以银行为主体的运营模式主要是银行通过移动运营商进行系统接入，用户通过银行卡账户进行移动支付，或者将银行账户与手机账户绑定。银行为用户提供交易平台和付款途径，移动运营商只为银行和用户提供信息通道，不参与支付过程。以银行为运营主体的移动支付模式如图4-3所示。

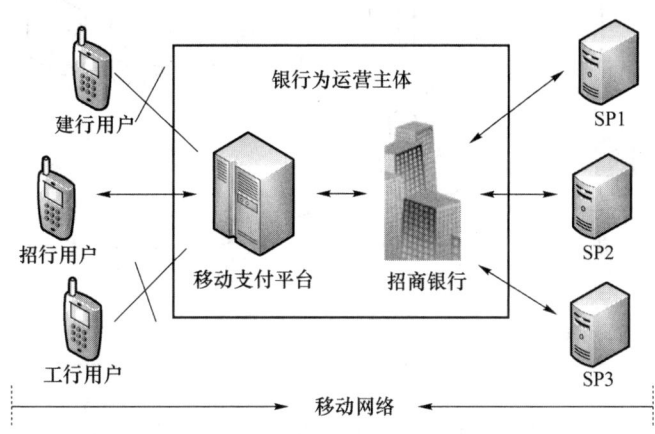

图4-3 以银行为运营主体的移动支付业务示意图

当前我国大部分提供手机银行业务的银行（如招商银行、广发银行、工商银行等）都有自己运营的移动支付平台。

以银行为运营主体的移动支付业务具有如下特点：
(1) 各银行只能为本行用户提供本行的手机银行服务，移动支付在银行之间不能互联互通，很大程度上限制了移动支付业务在行业间的推广；
(2) 各银行都要购置自己的设备并开发自己的系统，造成资源的极大浪费；
(3) 对终端设备的安全要求很高，用户需要更换手机或STK卡；
(4) 给内容应用服务提供商（SP）带来很大不便，SP要与多家银行进行连接；
(5) 银行，尤其是银联，作为金融秩序的规范者如果参与到平台运营当中就会形成一种"既当裁判又当球员"的不公平竞争局面，引起其他参与方的不满。

由于行业的性质，金融机构在电子支付领域具有天然的优势，主要表现在4个方面。一是作为电子支付行业的主导者,其在政策和行业经验上有很大的优势;二是金融机构具有比较健全的金融运营体系,有很丰富的运营经验,进入移动支付的门槛比较低;三是金融机构具有广泛的商户资源和受理环境,拓展移动应用较为容易;四是金融机构有丰富的资金运营经验,商业模式比较明确。当然金融机构进入移动支付领域也有一些需要克服的问题,主要有两点:一是用户资源,手机用户资源主要归属于运营商;二是网络、手机终端、智能卡等方面的技术门槛。

4.2.4 以独立的第三方为运营主体的模式

在以独立的第三方为运营主体的模式中,移动支付服务提供商(或移动支付平台运营商)是独立于银行和移动运营商之外的第三方支付企业,具有独立的经营权。平台运营商作为桥梁和纽带,连接用户、银行及 SP,并负责用户银行账户与服务提供商银行账户之间的资金划拨和计算。通过其支付平台,用户可以轻松实现跨银行的移动支付服务。例如,支付宝、财付通等就是由独立的平台运营商运营的电子支付平台。以独立的第三方为运营主体的移动支付模式如图 4-4 所示。

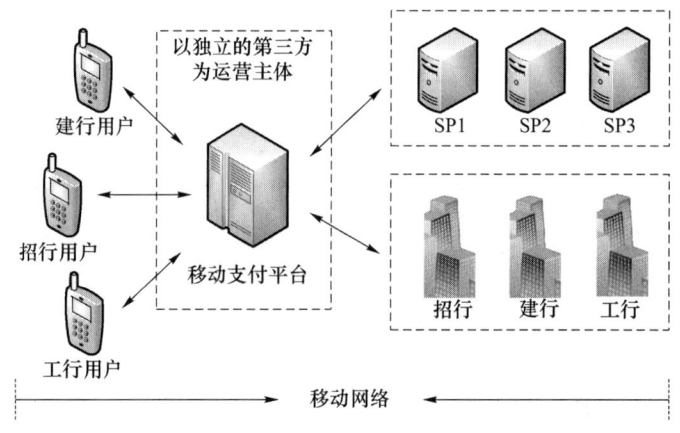

图 4-4 以独立的第三方为运营主体的移动支付业务示意图

独立第三方支付企业提供移动支付业务具有如下特点:

(1) 银行、移动运营商、平台运营商以及内容应用服务提供商(SP)之间分工明确、责任到位;

(2) 平台运营商发挥着"插转器"的作用,将移动运营商、银行、内容应用服务提供商、用户等各利益群体之间错综复杂的关系简单化,将多对多的关系变为多对一的关系,大大提高了商务运作的效率;

(3) 有利于银行和内容应用服务提供商之间交叉推广各自的服务;

(4) 用户有了多种选择,只要加入平台中即可实现跨行之间的支付交易,但是对于银联的干预必须做好充分的思想准备;

(5) 平台运营商虽然简化了其他群体之间的关系,但必须同时协调好多方的利益关系,无形中为自己增加了处理各种关系的负担,因此大大增加了运作的复杂程度,尤其在商务运作上工作量和难度比较大;

(6) 对于平台运营商的要求很高，包括市场推广能力、技术研发能力、资金运作能力等方面，同时也要求平台运营商有比较高的行业号召力和认知度。

第三方支付企业一般是从互联网电子商务做起的，在电子商务领域占领了主导优势，并聚集了大量商家和用户，形成了使用习惯，它的运营体制灵活，支撑系统功能完备。同时，我们也要看到，第三方支付企业发展移动支付也存在一些困难，比如，对于现场支付缺乏技术基础，也缺乏用户。

4.3 移动支付系统架构及典型交易流程

4.3.1 移动支付系统架构

移动支付从本质上讲就是买方为了获取卖方的某种商品或者服务，通过电子化的渠道，将买方的资金安全地转移给卖方的商业行为。移动支付系统的核心是账户间资金的安全转移，因此，移动支付系统架构应该围绕账户体系，结合移动支付的基本特点进行构建，如图4-5所示。

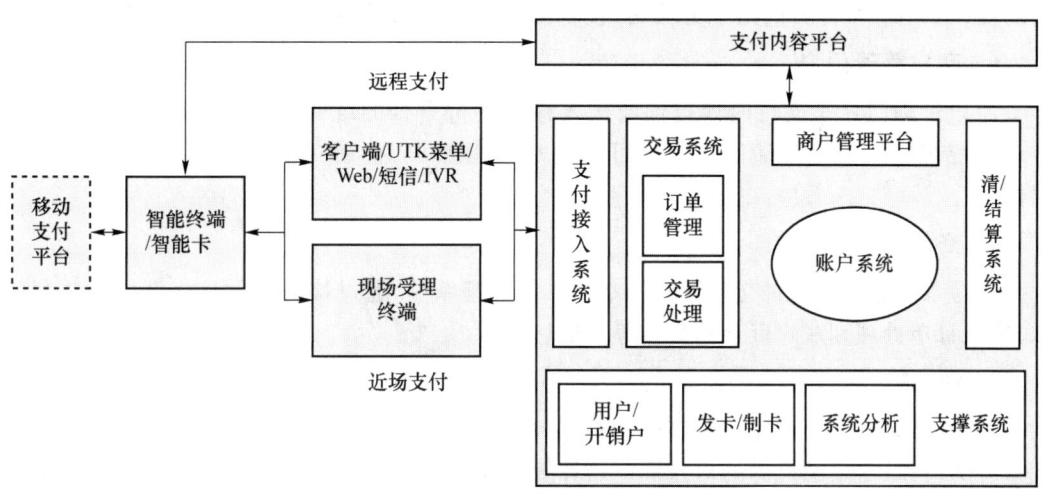

图4-5 移动支付系统架构

移动支付系统架构以账户系统为核心，由移动终端/智能卡、远程支付的客户端/UTK菜单/Web/短信/IVR、近场支付的现场受理终端、支付接入系统、交易系统、账户系统、清/结算系统、支付内容平台、商户管理平台、支撑系统等部分组成。

1. 移动终端/智能卡

移动终端/智能卡特指移动支付用户持有的设备，主要包括手机、PDA、移动PC、RFID智能卡等设备，用户使用移动终端/智能卡完成支付业务。移动支付与其他支付方式的不同之处在于其生成及获取支付信息的源头是移动终端。

2. 客户端/UTK 菜单/Web/短信/IVR

在远程支付中,用户通过手机上的支付客户端、智能卡上的 UTK 菜单、Web、短信、IVR 等方式实现商品选购、订单支付等功能。

3. 现场受理终端

在近场支付模式下,用户在商户的经营场所(超市、商场等)内选定商品后,或者在乘坐公交、观看电影时,持带有 RFID 功能的移动终端/智能卡,通过现场受理终端进行刷卡,完成支付和认证功能。

4. 支付接入系统

用户通过移动终端或者智能卡接入移动支付平台的统一入口,完成支付环节的处理。支付接入系统作为用户设备和平台的一道安全屏障,保障了移动支付平台和账户资金的安全。支付接入系统主要包括近场支付的 POSP 接入平台,远程支付的 Web 门户服务器、短信接入服务器、IVR 语音接入服务器。

5. 支付内容平台

支付内容平台是在支付过程中提供内容或服务的系统,不局限于无线通信渠道,例如,用户通过 PC、互联网渠道也可以使用支付内容平台的服务。提供支付内容平台的机构可以是商城、B2C 商户、专营的第三方公司、校企服务公司、便民服务公司、公交公司等。

6. 商户管理门户

商户管理门户是支付内容提供商接入移动支付平台的统一入口,也是商户访问支付平台的统一门户,通过该门户,商户可以完成管理账户、查询交易订单、申请支付接入等功能。

7. 交易系统

交易系统是完成支付交易流程的基本事务处理系统,通过接收支付接入系统的支付请求,完成订单处理和账户资金的流转等功能。

8. 清/结算系统

清/结算系统主要完成交易订单的对账和资金清/结算功能。其中,对账包括与商户应用系统的对账、与金融机构的对账等。结算管理模块根据指定的分成方案和结算规则对交易日志进行结算,产生相应的结算数据。结算数据包括与商户的结算数据、与银行结算数据,根据这些结算数据运营商完成与各个部分之间的资金划拨。

9. 支撑系统

支撑系统主要包括用户的开/销户管理、发卡/制卡、系统分析等功能。

4.3.2 移动支付的典型交易流程

1. 远程支付流程

在远程支付模式中,由于用户与商家非面对面接触,用户需要使用移动终端的客户端等接入方式在支付内容平台选购商品或服务,确认付款时,通过无线通信网络,与支付平台进行交互,由支付系统完成交易处理。其交易流程如图 4-6 所示。

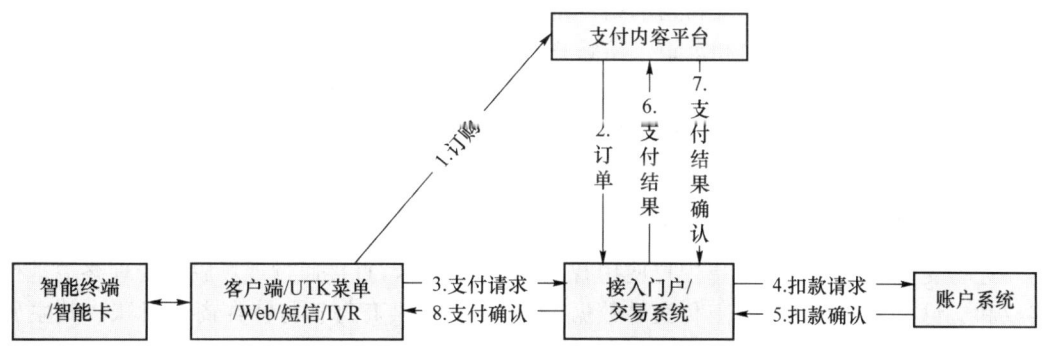

图 4-6 远程支付流程

远程支付交易流程如下：
(1) 用户通过移动终端的客户端在支付内容平台订购商品或服务；
(2) 支付内容平台向交易系统提交订单；
(3) 用户通过移动终端向交易系统发起支付请求；
(4) 交易系统接收用户的支付请求，检查用户的订单信息，向账户系统发起扣款请求；
(5) 账户系统接收扣款请求，并对用户账户信息进行鉴权，鉴权通过后，完成转账付款，并发送扣款确认信息给交易系统；
(6) 交易系统将支付结果通知支付内容平台；
(7) 支付内容平台向交易系统返回支付结果确认的应答；
(8) 交易系统为支付客户端返回支付成功确认，完成交易流程。

2. 近场支付（联机消费）流程

近场支付（联机消费）是用户使用移动终端/智能卡，通过现场受理终端接入移动支付平台，在本地或接入收单网络完成支付过程的支付方式。其主要的流程如图 4-7 所示。

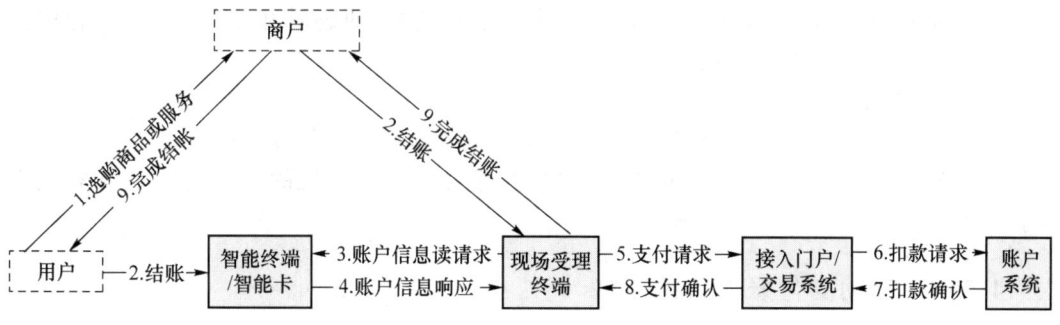

图 4-7 近场支付（联机消费）流程

近场支付（联机消费）流程如下：
(1) 用户在商户店内选择商品和服务；
(2) 用户到商户收银台结账；
(3) 商户在现场受理终端（POS）上输入消费金额，通过近场通信技术，向智能终端/智能卡发起账户信息读取请求；
(4) 智能终端/智能卡将账户信息发送给现场受理终端；

(5)现场受理终端发送支付请求指令给交易系统;
(6)交易系统发送账户扣款请求给账户系统;
(7)账户系统收到扣款请求后,进行用户账户鉴权,返回扣款确认信息;
(8)交易系统返回支付确认信息给受理终端;
(9)完成结账过程。

3.近场支付(脱机消费)流程

近场支付(脱机消费)是指用户使用智能终端/智能卡,直接通过现场脱机受理终端进行鉴权和支付。受理终端定期上传交易数据,支付服务提供商每日与特约商户对账。其主要的流程如图4-8所示。

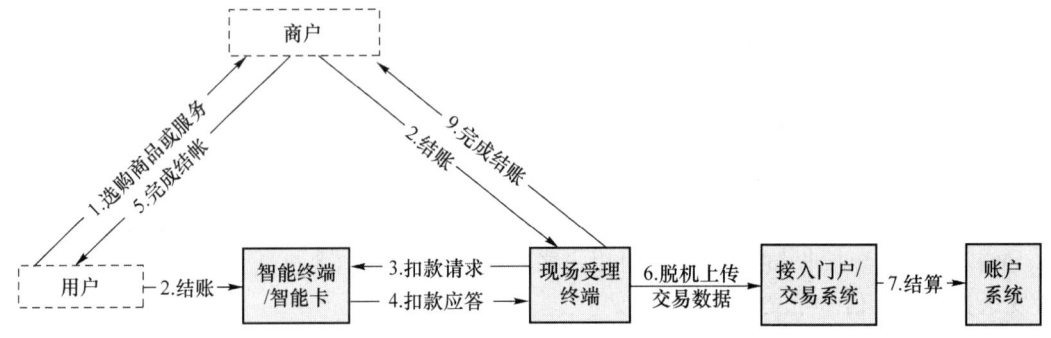

图4-8 近场支付(脱机消费)流程

近场支付(脱机消费)流程如下:
(1)用户在商户店内选择商品和服务;
(2)用户到商户收银台结账;
(3)商户在现场脱机受理终端(POS)上输入消费金额,通过近场通信技术,向移动终端/智能卡发起账户扣款请求;
(4)移动终端/智能卡收到扣款请求,进行扣款的鉴权,通过后直接在其离线钱包中扣款,并返回扣款应答给受理终端;
(5)用户完成支付过程;
(6)脱机现场受理终端定时上传交易数据,支付服务提供商每日与特约商户对账;
(7)支付服务提供商的结算部门按商户的结算周期,根据系统的结算数据,向银行发送付款请求。

4.3.3 移动支付账户体系架构

1.账户体系架构

移动支付的本质是买家和卖家账户资金的转移,因此账户系统是移动支付的核心。移动支付是金融行业、通信行业融合发展的产物,具有很强的跨行业合作运营的特点。因此,其账户系统也比较复杂。目前,其账户类型主要包括银行账户、第三方支付账户、通信代收费账户、离线钱包账户、积分账户等,账户体系架构如图4-9所示。

(1)银行账户主要包括借记卡、信用卡、存折等账户,它是移动支付非常重要的支付账户之一,同时也是其他支付账户资金的重要来源。

第4章 移动电子支付

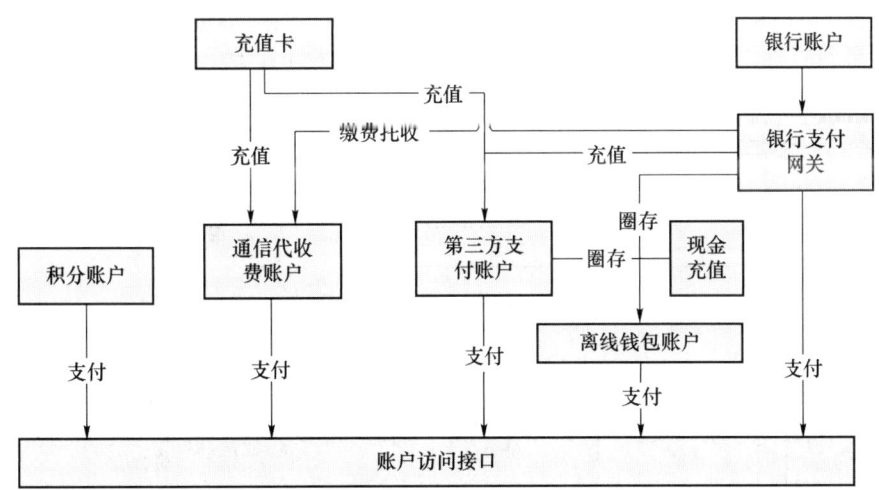

图4-9 账户体系架构

(2) 第三方支付账户是支付服务提供商为了提高支付业务的便利性和灵活性,建立起的电子货币账户体系。第三方支付账户可以通过银行转账、充值卡充值等方式充值。此外,有些第三方支付账户的资金可以再转回银行。

(3) 离线钱包账户不与后台账务系统实时交互,是直接记录在某种载体上(如集成RFID芯片的手机或小灵通终端)的电子货币,其支付过程中不需要与后台系统实时交互,适用于公交、商店、影院、彩票等小额近距离支付场景。该账户的资金来源包括银行账户圈存、第三方支付账户圈存、现金充值等。

(4) 运营商的通信代收费账户(如固话、手机、宽带上网账户等)是电信运营商特有的电子支付模式,可充分利用运营商庞大的用户群以及已经建立的缴费渠道,为其他支付应用提供代收费服务,从中获取收益。其资金来源包括充值卡充值、银行托收等。

(5) 积分账户是运营商或各服务提供商(如航空公司、连锁超市等)为使用了自己业务或购买了自己商品的用户赠送的积分,拥有积分的用户也同时拥有运营商或服务提供商的某种权益,如可获取某些类型的商品、换取礼品、联盟商家购物时抵扣一定的金额等。因此,积分从某种意义上来讲也可当成一种外部支付账户。

2. 第三方支付账户

第三方支付账户是第三支付机构为客户建立的电子货币账户体系,其资金的流转必须依托银行完成。为了加强对资金的管理,有效地控制和监督资金的运行,第三方支付机构需要在银行建立存管账户,分为存款账户和支出账户。收到的客户充值资金全额存入存款账户,存款账户不能直接对外支付,只能向支出账户划款;支出账户只能根据第三方支付机构与特约商户的协议,向特约商户账户结算。第三方支付机构根据协议向商户收取应得的手续费。第三方支付的资金流转如图4-10所示。

对第三方支付账户的资金流转说明如下:

(1) 用户通过银行账户向第三方支付账户充值,第三方支付平台将增加用户账户余额,同时,将用户银行账户中的资金转移到第三方支付公司的银行存款账户;

(2) 用户在使用第三方支付账户支付时,第三方支付平台减少用户账户余额,同时将结

算数据给银行,由银行完成从第三方支付公司银行支出账户和商户银行账户的资金结算;

(3) 第三方支付公司根据业务结算的需要,定期或者不定期地由其银行存款账户向其支付账户进行划款。

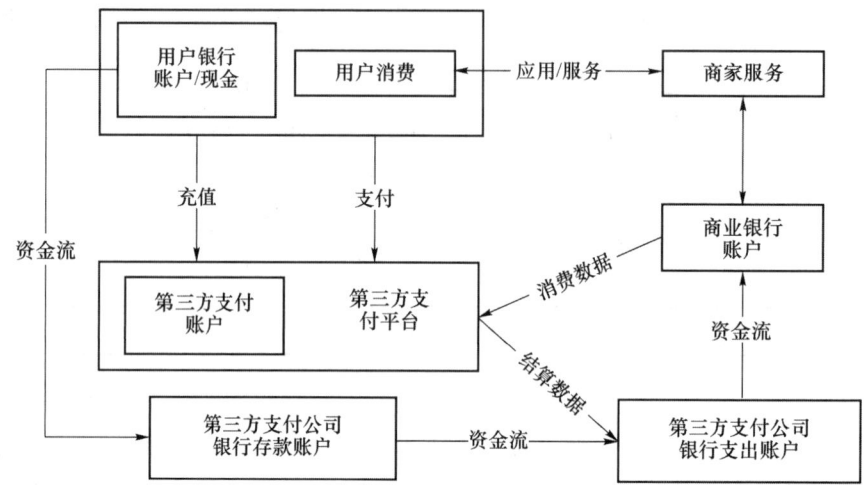

图 4-10 第三方支付资金流转图

4.4 第三方移动支付

4.4.1 第三方支付概述

第三方支付指的是独立于商户和银行并且具有一定实力和信誉保障的机构,为商户和消费者提供交易支付平台的网络支付模式。按照第三方支付机构的服务对象,可以将第三方支付机构分为面向企业用户提供服务(收单业务)及面向个人用户提供服务(支付业务)两类。第三方支付机构作为收款方及付款方之间的支付桥梁,主要通过搭建支付平台,为收付款双方提供资金划转、资金清结算以及技术、安全保障服务。根据中国人民银行颁布的《非金融机构支付服务管理办法》,第三方支付业务包括网络支付、银行卡收单、预付卡发行及受理以及其他。前三者是第三方支付机构的基本业务,在该业务中第三方支付机构以向收付款双方收取手续费营利。随着第三方支付机构服务丰富度的增加,第三方支付机构逐渐探索出其他业务模式,如利用数据资源开发大数据产品,提供精准营销等增值服务,以实现多样、灵活的营利模式。

2013 年以前,网络购物的快速发展逐渐培养了人们线上支付的习惯,第三方网络支付市场兴起。2013 年开始,第三方支付机构上线金融、航旅等领域的在线支付功能,网络支付交易规模大幅提升,2013 年至 2016 年间,第三方综合支付交易规模复合增长率达 110.9%。在这一阶段,面向 C 端用户的第三方支付机构品牌渗透率占绝对优势,并顺势推出信用消费产品;其他支付机构大多针对行业内大客户提供支付解决方案,并建立个人账户体系发展自有的"电子钱包"。到 2017 年止,网络支付已经渗入生活的各个环节,民生领域线上支付环节也逐步打通。随着监管趋严，第三方支付市场交易规模的快速增长告一段落，市场将进入有序发展阶段。

第三方支付业务主要包括：银行卡收单、网络支付（包含互联网支付和移动支付）、预付卡发行及受理。以往在非现金支付中，线下POS机刷卡是人们常用的支付手段，银行卡收单业务规模占比较高（2015年前均超过50%）。随着电商、O2O等领域的发展，互联网支付形成规模，至2013年，其市场规模占比将近40%。2013年开始，智能手机以及4G网络的快速普及大大推动了移动支付市场的发展，一方面，部分互联网端的支付规模转移至移动端，另一方面，人们在线下扫码支付、NFC支付的习惯养成推动了移动支付的规模大幅增长。到2017年，银行卡收单业务在第三方支付业务规模中的占比为32%，网络支付业务总规模占比为68%，其中移动支付的部分超过80%。

4.4.2 第三方移动支付发展现状

从我国第三方移动支付市场的发展历程来看，根据不同时期的主要增长点不同，大致可以分为三个阶段。第一个阶段是2013年至2017年的线上场景驱动阶段，电商、互联网金融、转账的先后爆发持续推动了移动支付的快速增长。第二个阶段是2017年至2019年的线下场景驱动阶段，2017年开始线下扫码支付规模全面爆发增长，线下场景的支付增速远高于线上场景支付的增速，引领移动支付经历了由线上驱动阶段到线下驱动阶段的转变。第三个阶段是从2019年开始的产业支付驱动阶段，以C端驱动的线上线下支付因C端流量都进入了平稳增长期，而产业支付伴随产业互联网的快速崛起正逐渐成为我国移动支付新的增长点。

目前，第三方支付市场已形成支付宝、财付通两大巨头垄断的市场格局，2019年，中国第三方移动支付市场两者的份额共计为93.8%。在C端支付市场中，支付宝、财付通两大巨头已占据绝对优势，转向产业端寻求新的增量市场成为其他支付机构的关键突破点。

支付宝、财付通等C端支付巨头依靠自身App的流量优势，在前期通过补贴的形式逐渐培养起C端扫码支付的习惯，二维码支付的普及也帮助C端支付巨头链接到了数千万的"码商"。而C端支付巨头产业支付之路的核心点就是围绕"码商"，以支付服务为切入点进行服务升级和服务细化，打造开放平台为不同行业的商户提供"支付+"的定制解决方案，从而实现从商户支付服务商到商户数字化升级服务商的转型。

C端支付巨头的入局将加剧B端商户数字化升级服务市场的竞争。C端支付巨头依托自身的流量优势和生态优势将快速地在B端商户数字化升级服务市场打开局面，但是B端服务市场的客观复杂性使其很难像C端支付服务市场一样快速进入巨头垄断的阶段。因此在C端支付巨头依托优势强势入局和B端服务市场的客观复杂性的共同作用下，B端商户服务市场将迎来更加激烈的市场竞争，未来很长一段时间其他头部支付公司如平安壹钱包、翼支付、苏宁支付、随行付、快钱、宝付、和包支付、拉卡拉等企业将与支付宝、财付通共同形成"两超多强"的产业支付竞争格局。

4.4.3 第三方移动支付工具

1. 支付宝

2003年10月，淘宝网首次推出支付宝服务。2004年，支付宝从淘宝网分拆独立，逐渐向更多的合作方提供支付服务,发展成为中国最大的第三方支付平台。2013年3月,支付宝的母公司宣布将以其为主体筹建小微金融服务集团(以下称"小微金服"),小微金服成为蚂蚁金服的前身。2014年10月,蚂蚁金服正式成立。蚂蚁金服旗下有支付宝、余额宝、招财宝、蚂蚁聚宝、网商银行、蚂蚁花呗、芝麻信用等子业务板块。

2020年8月,蚂蚁集团递交的上市招股文件显示,支付宝App服务于超过10亿人的用户和超过8 000万户的商家,其合作金融机构超过2 000家,为全球最大的生活服务类、商业类App。按规模计,蚂蚁集团是中国最大的数字支付提供商和领先的数字金融平台,截至2020年6月30日的12个月内,蚂蚁集团在国内的总支付交易规模达到118万亿元,微贷科技平台促成的贷款余额与理财科技平台促成的资产管理规模分别达到2.1万亿元和4.1万亿元。蚂蚁集团支付宝的月度活跃用户由2017年12月的4.99亿名增加至2020年6月的7.11亿名,年度活跃用户达10亿多名,月度活跃商家达8 000万户,截至2020年6月30日,支付宝数字支付交易规模高达118万亿元。

支付宝依托蚂蚁金服的强大生态资源主要提供以下7个方面的服务,如图4-11所示。

图4-11 支付宝提供的主要服务

(1) 金融,包括花呗、借呗、保险、芝麻信用、余额宝、基金等。

(2) 资金往来,包括收付款、转账、红包、AA收款、信用卡还款、亲密付等功能。

(3) 购物娱乐,包括口碑、彩票、游戏中心、淘票票等。

(4) 教育公益,包括校园生活、教育缴费、捐赠、蚂蚁森林、运动等。

(5) 旅游出行,包括共享单车、滴滴出行、酒店、飞猪旅行等。

(6) 充值缴费,包括城市服务、生活缴费、手机充值等。

(7) 其他,包括外卖、车主服务、医疗服务、快递服务等。

2. 微信支付

微信支付是腾讯集团旗下中国领先的第三方支付平台,一直致力为用户和企业提供安全、便捷、专业的在线支付服务。以"微信支付,不止支付"为核心理念,为个人用户创造多种便民服务和应用场景,为各类企业以及小微商户提供专业的收款能力、运营能力、资金结算解决方案,以及安全保障。企业、商品、门店、用户已经通过微信连在了一起,让智慧生活变成了现实。

微信支付自2013年8月正式上线以来,从支付开始,逐步深入生活,成为新商业价值的牵引器。2018年8月15日,腾讯发布的第二季度及中期综合业绩报告显示,微信和WeChat的合并月活跃账户数达10.58亿。以微信支付为核心的"智慧生活解决方案"至今已覆盖数百万门店、30多个行业,用户可以使用微信支付来看病、购物、吃饭、旅游、交水电费等,微信支付已深入生活的方方面面。

微信支付依托社交围绕用户基本需求进行生态布局。微信支付一直以来持续打造"智慧生活",将企业责任与更多行业及用户的需求关联,提供更多的商业和用户价值。

(1) 带来便捷的交易与沟通。创新的产品功能(转账、红包、找零、支付+会员等)不仅方便了用户的交易,提高了效率,还能让很多传统的生意和习俗更有新意,在交易同时,带来更多的乐趣,社交支付甚至成为交流情感、传达爱意的新方式。

(2) 智慧高效的生活体验。线上线下场景的覆盖,给用户提供零售、餐饮、出行、民生等方方面面高效智慧的体验,让用户更加自在,更有安全感地生活和出行,用户从此告别钱包、告别排队。

(3) 帮助产业升级,实现商业价值输送。微信支付携手各行各业的商户共筑智慧生活,为传统行业带来智慧解决方案,帮助传统行业转型,让传统行业搭上"互联网+"的直通车,推动传统行业产业升级,带来新的机会和转变,使更多商业化价值输出,引领行业共建智慧生活圈。

(4) 生态链延伸,价值共享。微信支付创新的技术支撑和开放的平台原则,与行业一起共享微信支付带来的价值,引领行业共同构建完善的智慧生活生态链。基于智慧生态链的延伸孵化出很多新兴的产业,微信支付的服务商遍布全球各地,他们携手微信支付一起为商户和用户带来智慧生活的体验,扶持帮助服务商共同成长,携手推进智慧化生活进程。

扩展阅读

数字人民币真的来了

2020年8月14日,商务部印发《全面深化服务贸易创新发展试点总体方案》,其中公布了数字人民币试点地区。

在"全面深化服务贸易创新发展试点任务、具体举措及责任分工"部分提出:在京津冀、长三角、粤港澳大湾区及中西部具备条件的试点地区开展数字人民币试点。人民银行制定政策保障措施;先由深圳、成都、苏州、雄安新区等地及未来冬奥场景相关部门协助推进,后续视情扩大到其他地区。

数字货币是什么?

简单来说,央行数字货币是纸钞的数字化替代。它有一个英文名:DC/EP(Digital Currency/Electronic Payment),即数字货币和电子支付工具。"数字货币的功能和属性跟纸钞完全一样,只不过它的形态是数字化的",央行数字货币研究所所长穆长春说。换句话说,把央行发行的数字货币看作数字化的人民币现金,就很好理解数字货币的概念了。

国家金融与发展实验室特聘研究员董希淼介绍:"可以不开立银行账户或者支付账户,用户只需装有数字货币钱包,就可以使用央行数字货币。它在没有网络的情况下也可以方便地使用,只要装有数字货币钱包的手机拿在一起碰一碰,就可以方便地完成转账或者支付。"

数字货币会完全取代纸币吗?

有关专家认为,数字货币不可能完全取代现金。至少从目前来看,还存在一些技术上的限制。另外,由于用户习惯不同,不是所有人都习惯这种支付方式。比如,一些年纪大的人可能就不接受数字货币。但数字货币如果正式推出,对银行或商户来说,就不能拒绝用户使用。

专家表示,数字货币取代纸币面临两个约束:一是使用者是否愿意用;二是技术条件能否满足。因为交易支付的速度受制于技术,当交易数量突破一定限制时,可能会引起故障、宕机、软件崩溃。

数字货币会冲击支付宝和微信支付吗?

"用支付宝还是微信支付?"

"我用数字货币!"

未来这种场景可能会成为现实。

有关专家指出,央行数字货币是法定货币,而微信支付和支付宝只是一种支付方式,数字货币的效力完全不是微信支付和支付宝能够相提并论的。从用户视角看,央行数字货币使用范围更广,具有无限法偿性、强制性,而其他支付手段并没有这些功能。

专家表示,数字货币推出后,其可以离线支付,安全性更高、使用范围更广,而且不用绑定银行账户,实现可控匿名,预计双方的使用规模可能会此消彼长。

资料来源:澎湃新闻网。[2020-8-15]https://www.thepaper.cn/newsDetail_forward_8738904.

思 考 题

1. 什么是移动支付?移动支付的基本要素是什么?
2. 移动支付的主要分类方式有哪些?
3. 移动支付的运营模式有哪些?
4. 移动支付的系统架构由哪几部分组成?
5. 移动支付的主要账户类型有哪些?
6. 试了解近年来我国移动支付的发展状况及移动支付新技术。

第5章 移动电子商务应用

根据中国互联网络信息中心发布的《第 45 次中国互联网络发展状况统计报告》显示,移动电商市场的各类应用占比如表 5-1 所示。

表 5-1　2018.12—2020.3 中国手机网民对各类手机应用的使用率

应用	2020.3		2018.12		增长率
	用户规模/万	手机网民使用率	用户规模/万	手机网民使用率	
手机即时通信	89 012	99.2%	78 029	95.5%	14.1%
手机搜索	74 535	83.1%	65 396	80.0%	14.0%
手机网络新闻	72 642	81.0%	65 286	79.9%	11.3%
手机网络支付	76 508	85.3%	58 339	71.4%	31.1%
手机网络购物	70 749	78.9%	59 191	72.5%	19.5%
手机网上外卖	39 653	44.2%	39 708	48.6%	−0.1%
手机在线教育课程	42 023	46.9%	19 416	23.8%	116.4%
手机网络音乐	63 274	70.5%	55 296	67.7%	14.4%
手机网络文学	45 255	50.5%	41 017	50.2%	10.3%
手机网络游戏	52 893	59.0%	45 879	56.2%	15.3%

5.1　即时通信

5.1.1　即时通信概念

即时通信(instant message,IM)是一种基于互联网应用的实时交互方式。通过网络,用户可以利用 IM 软件实现文字、音频和视频等信息的即时传送、点对点的数据交换。

1996 年 11 月,4 位以色列籍年轻人开发出世界上第一个即时通信软件 ICQ,开创了即时通信的先河。随后出现了各种各样的 IM 软件,如雅虎公司的 Yahoo! Messenger、微软公司的 MSN Messenger。最初的 IM 软件仅支持发送及时文本信息等简单功能,此后又陆续增加文件传输、音频视频聊天及网络游戏等更高级的功能。经历十多年,IM 正在向新一代的综合即时通信演进,即时通信已经发展成集交流、资讯、娱乐、搜索、电子商务、办公协作和企业客户服务等为一体的综合化信息平台。特别是近几年的迅速发展,即时通信的功能日益丰富,逐渐集成了电子邮件、博客、音乐、电视、游戏和搜索等多种功能。即时通信不再是一个单纯的聊天工具,它已经发展成集交流、资讯、娱乐、搜索、电子商务、办公协作和企业客户服务等为一体的综合化信息平台。据中国互联网络信息中心发布的数据显示,截至2020年3月,我国即时通信用户规模达8.96亿,较2018年增长1.04亿,占网民整体的99.2%;手机即时通信用户规模达8.90亿,较2018年底增长1.10亿,占手机网民的99.2%。

5.1.2 即时通信应用

随着移动互联网技术的发展,微软、腾讯、AOL、Yahoo!等重要即时通信提供商都提供了通过手机接入互联网的即时通信业务,用户可以通过手机与其他已经安装了相应客户端软件的手机或电脑收发消息。即时通信工具取代了移动电话的部分功能,成为人们生活、工作必不可少的一种交流沟通方式。

(1) 个人即时通信

个人即时通信,主要是面向个人(自然)用户,支持聊天、交友、娱乐等功能的即时通信工具。个人即时通信一般通过在网络开放会员资料来实现用户的集聚。面向个人的即时通信软件如微信、Anychat、YY语音、IS、QQ等,一般以软件为主,网站为辅,通过免费使用与增值收费的形式实现营利。目前即时通信平台为小程序开发者提供了丰富的云端开发工具,开发者可以直接利用应用端口进行核心业务开发,也使得即时通信工具成了很多服务的入口,打通了许多线上线下服务通道,提升了用户规模和活跃度,搭建了个人数字化生活。

(2) 商务即时通信

商务即时通信指依托阿里巴巴平台、慧聪网等企业平台的即时通信工具,如阿里旺旺贸易通、阿里旺旺淘宝版、MSN、Anychat、阳光互联 Lync 等。

商务即时通信的使用主要是帮助用户寻找客户资源,加强商务联系,因其低成本的优势深受中小企业、个人卖家等用户的欢迎。此外,外资企业由于跨地域工作交流的需求,对商务即时通信工具的使用也较为广泛。商务即时通信工具的会议模式,与传统会议相比,具有会议安排迅速,无时间、地域限制,费用低廉等特点,并且与传统点对点的电话业务相比,从功能上打破了传统电话业务局限于两方通话的限制,可以满足多方同时通话,沟通更加顺畅,信息更加真实,范围更加广泛。

(3) 企业即时通信

企业即时通信是一种面向企业用户的网络沟通工具,用户安装了即时通信客户端后,可进行两人或多人之间的实时沟通,交流内容可包括文字、界面、语音、视频及文件等。

企业即时通信工具可以看作个人即时通信工具的应用延伸,但相对于个人即时通信工具而言,企业即时通信工具更加强调安全性、实用性、稳定性和扩展性,同时可根据企业实际情况按需定制。随着企业信息化进程的不断演进,企业即时通信在企业中的应用将越来越广泛。截至目前,企业通信软件如企业微信、钉钉、信鸽、Anychat 即时通信、Active Messenger 等,已经在许多大型企业中实现大规模应用。钉钉是阿里巴巴企业的即时通信工具,提供 PC 版、Web 版、Mac 版和手机版,支持企业通讯录、企业群、钉消息等基本功能,还支持钉邮、钉 OA、钉盘等协同功能,同时支持手机和电脑间文件互传。此外,由于其采用云端架构,协同应用较为简单,深受中小型企业的喜爱。企业微信是腾讯微信团队打造的企业通信与办公工具,具有与微信一致的沟通体验、丰富的 OA 应用和连接微信生态的能力,可帮助企业连接内部、连接生态伙伴、连接消费者。目前企业微信已覆盖零售、教育、金融、制造、互联网、医疗等50多个行业,正持续向各行各业输出智慧解决方案。

(4) 网页即时通信

网页即时通信就是在社区、论坛和普通网页中加入即时聊天的功能,用户进入网站后一般可以通过右下角的聊天窗口跟同时访问网站的用户进行即时的交流,从而可以提升网站用户的活跃度、访问时间以及用户黏度。把即时通信的功能整合到网站页面上是一种新兴的趋势,已逐渐引起各方关注。

5.1.3 即时通信市场格局

以微信和QQ为代表的第一阵营即时通信工具的商业化尝试主要表现在营销模式和服务模式两方面。营销模式上,朋友圈的广告推送业务成为其商业化的首次尝试,不久之后推出的行业解决方案和"摇一摇·周边"功能,则旨在将超市、酒店等传统行业的线下商业模式通过微信支付转移到线上,并利用其在移动和社交领域的优势,使传统企业的信息化水平大幅提升,实时为潜在客户推送优惠信息并对用户群进行分析,实现精准营销。在服务模式上,第一阵营的即时通信工具不断尝试连接用户生活中的各方面需求,为用户提供出行、购物、理财、信贷、娱乐等多样化服务,京东商城、微信理财、大众点评、微粒贷、滴滴打车等应用相继接入了其服务平台。

而对于微信、手机QQ以外的即时通信工具,则主要通过寻找差异化的用户需求,以及为垂直用户群体提供更加专业的服务作为突破口,来不断提升自己的市场份额。差异化主要表现在内容、用户关系、场景三方面。比如,在用户关系方面主打陌生人社交和兴趣圈子的陌陌,内容方面主打匿名社交的无秘,以及用于不同生活场景的阿里旺旺和钉钉,都由于满足了用户的垂直需求而在各自的细分领域获得了相当规模的用户青睐。因此,在目前国内的即时通信领域,明确自己产品的竞争优势与用户定位,通过寻求差异化与创新来更好地服务于目标用户群是未来发展的核心方向。

扩展阅读

钉钉人治,飞书法治,微信无为而治

对于互联网行业,疫情的残酷却也带来了些许机遇,例如,远程办公和在线教育。

令人诧异的数据

据App Annie的统计数据显示,远程办公应用在节后复工期间都有爆发性增长,见表5-2。钉钉的下载环比增速比企业微信高,飞书的下载环比增速比钉钉高。钉钉相当多的增量来源于网课的场景。飞书比钉钉增速更快,比较合理的解释是飞书原本的基数小,疫情成了催化剂,让原本低调的飞书乘着风口起飞快速爬升。

钉钉能够在教育市场大显身手,主要源于其办公室协同产品的调性。

表5-2 远程办公应用的使用情况

远程办公应用	下载环比增长率	下载同比增长率
钉钉	356%	223%
企业微信	171%	219%

续表

远程办公应用	下载环比增长率	下载同比增长率
飞书	650%	4 186%
ZOOM	711%	1 204%

注:下载环比增长率统计日期为 2020/2/2-2/29 对比 2020/1/5-2/1;同比增长率统计日期为 2020/2/2-2/29 对比 2019/2/11-3/10。数据由 App Annie 综合中国大陆 iPhone 和 Android 手机数据得出。

人治的钉钉

教育场景下包含老师、学生、家长 3 个主要角色,其目标高度一致,即"提高学生成绩"。上网课的学生不是在听课就是在签到,隔离在家时刻被家长和老师监督。不可否认的是教育对学生的未来大有裨益,但这个场景和角色体系下,就是简化版的"人治"。

回到社会场景中,企业的运作大致可以分为两类:一类是领导的绝对威权,另一类是扁平团队的互利共生互相成就。前者大多是劳动密集型企业,比如制造业工厂;后者大多是智力密集型企业,比如互联网公司。从数据可以看出,钉钉目前覆盖企业的运作方式大多是前者,也就是重领导权威,要求员工服从。钉钉的 CEO"无招"曾有 11 年的日企工作经历,熟悉日企职业观念和管理风格,也直接影响到了钉钉的产品基因,深深地打上了"人治"的烙印。"Ding 一下",这曾是钉钉早期推广的核心卖点,它覆盖了诸多场景,有着各种形态,但是其目的非常明确:使命必达。员工可以随时服从老板。

法治的飞书

飞书为效率而生。提高效率相比钉钉的"使命必达"提升了一个层次,这是因为当使命必达成为每个企业的基本要求时,更高的效率会促使企业达成更高的使命和目标,让企业更强大。

此前飞书在国内十分低调极少推广,大多数人对名不见经传的飞书不甚了解,也缺乏公开数据,因此先从飞书的表象即产品设计层面入手分析。首先是飞书的官网,第一眼见到的内容无不散发着高效的气息,官网首页重点着墨于介绍飞书的高效设计,看似与竞品雷同的聊天、在线文档等功能,融入了无数研发团队对效率的理解和思考。比如,在线文档中除了基础的协同编辑外,成员可以插入如 PPT、Word 等其他类型文档、视频等产出物,还可以基于文档的部分内容进行 IM 沟通讨论,如果团队善加利用,在线文档其实可以作为轻量级的,帮助团队更好地沉淀知识。

飞书的产品设计理念中,可以看到无数为团队提供"信息透明"的亮点,旨在消除团队成员之间的信息差,从而形成更好的决策和产出。这也印证了国内非常多自媒体团队选用飞书的理由,创意工作者通过开放的头脑接纳处理足够大量的信息,催生出了无数优异的内容。相信飞书在创意工作者市场中也会越走越远。

飞书的产品设计还有一个重要特点,组织架构这种企业最常见的管理体系反而被淡化。决定企业或团队协同效率更根本的因素是整体风气和做事方式,飞书通过"淡化职级"做到了扁平化,让人们的精力聚焦在事情本身,这正是张一鸣所提倡的字节跳动公司整体"效率至上"风气的具体体现,这个风气贯穿了字节跳动的发展历程。作为中国出海最成功的内容公司,其对内容相关的算法精益求精,节省了大量运营人力,尤其是懂各国风土人情的本土化的运营人力。单凭算法,不仅能节省大量的人力成本,更能保持这个面向全球的企业内部极高的沟通协作效率。

总之,飞书正在尝试通过工具集实现"信息透明",满足不同类型的团队高效协同;同时飞书团队也在不断探索前所未有的产品形态,不断尝试消除信息孤岛,持续突破效率上限。这些优秀的工具集的本质是高效协同的方法论,即飞书的"法治"。

无为而治的微信

腾讯系的远程办公,要先从人人都有的微信说起。作为目前腾讯的"核",微信充当了腾讯内部各种IM的引领者,或者说是"精神导师",大家都渴望复制其成功,无论是企业微信、QQ、专注客服的企点,还是TIM和RTX。

微信为什么要无为而治?根本原因很简单:大而全的关系链。我国作为产业齐全的大国,微信又覆盖了我国几乎全部的劳动人口,意味着微信的关系链中充满了一般人无法理解的各种角色和复杂关系,而且这部分人群的绝对数量不会小。大而全的关系链其实是微信的包袱,注定了微信无法满足所有人群的喜好和需求,只能选择"无为而治",利用庞大的关系链做好"连接",充分发挥民间力量满足各种角色的需求。微信是个无为而治的连接器,在这个理念下催生了账号体系、公众号、小程序、视频号、搜一搜等产品能力,进而形成了壁垒高筑的微信生态。

企业微信,作为目前腾讯力推的协同办公"正牌",同样出自张小龙旗下的WXG,并和微信打通了部分关系链。微信无为而治深耕连接,企业微信继承了无为而治的风格,仅凭传统toB的"打法",从企业主自上而下推进,但是没有独立关系链的它,无非是让一个微信用户在企业微信中换个身份而已。现在的企业微信更像是微信的附庸,走不出独立行情,也就没有什么产品调性可言。因此,腾讯系的远程办公产品,目前的中坚力量还是微信,而微信的调性就是"无为而治"。

产品的未来

钉钉最大的靠山是阿里生态,意味着能够和实体产业链深度结合。如果钉钉能够满足各个产业链上下游各家企业的高效协同,相信能够捆绑更多的企业入驻。就像蚂蚁金服为供应链提供金融血液,钉钉应当为供应链提供高效协同的神经系统。实体经济关系到阿里的基本盘,更是国家的基本盘。

飞书目前是3者中最缺乏关系链的产品,此前的增量更多来自"自下而上",从个人效率到团队效率,最后到企业效率,因此相当多的客户都是小团队、小企业。若飞书想在国内市场走得更远,则需要补齐另一条"腿",也就是"自上而下",以沉淀更多企业关系链。这意味着要用传统的toB商务"打法"进行推广,树立大客户标杆,影响更多的企业决策者。相信字节跳动已经意识到这一点,据说其近期开始为飞书搭建toB方向的团队。

目前微信的小程序更多聚焦于提供服务而非生产工具,而办公协同需要多种专业工具组合使用,小程序无法快速切换,更无法互相联动,用小程序产生的信息反而是一座座孤岛。况且羸弱的微信PC端,只是个IM,没有一点连接器的样子,根本无法满足重度的生产需求。但微信毕竟不能只讨好办公用户,这个事情还是应当由企业微信来做。企业微信需要树立起自己的调性,比现在更加开放,像飞书那样提供高效的协同工具,像Slack那样将工具和连接器彻底融入产品的消息、联系人等方方面面,最终帮助人们实现将工作和生活分开的终极理想。

资料来源:简书.钉钉人治.[2020-07-01]. http://www.cniteyes.com/archives/36722.

5.2 移动娱乐

娱乐类应用作为网络应用中最早出现的类型,经过多年发展,其用户规模和使用率已经逐渐稳定,对于新型商业模式的探索成为其发展的主要方向。移动娱乐主要包括网络音乐、手机游戏、手机文学、视频和直播,前面已提到视频和直播,所以下面重点介绍网络音乐、手机游戏、手机文学。

5.2.1 网络音乐

网络音乐是指通过互联网、移动通信网等各种有线和无线方式传播的音乐作品,其主要特点是形成了数字化的音乐产品制作、传播和消费模式。网络音乐的特点在于音乐资源丰富、用户数量庞大、用户在线时间长以及选择音乐的自由度大。网络音乐兼顾在线收听、随身终端设备下载两种方式,不受地域场合限制,音乐压缩文件小,在传输速度上优于视频点播,便于使用。据中国互联网络信息中心公布的数据显示,截至2020年3月,我国网络音乐用户规模达6.33亿,较2018年底增长7 978万,占网民整体的70.5%。

网络音乐平台中知名度较高的是创建于2013年的网易云音乐。网易云音乐以打造音乐社区为目标,引入了古风、民歌、戏曲等多种音乐形式,通过算法推荐和运营来引导优质内容的产生、发酵和沉淀,注重评论区内容的管理和优化,并引导用户创建新的歌单,进而通过首页推荐形成歌单社群。在线音乐平台对民歌、戏曲、同人歌曲等音乐形式的重视,鼓舞了许多小众音乐爱好者,也给创作者提供了生存和发展的空间,对于鼓励个性自由、构建行业多元化生态都有积极作用。而音乐社区模式则给听众提供了一个用音乐进行自我表达的机会,让他们能够通过音乐找到直击心灵的观点和志趣相投的伙伴。

5.2.2 手机游戏

手机游戏是指运行于手机上的游戏软件,简称手游。按照是否联网,分为单机游戏和网络游戏。随着科技的发展,现在手机的功能也越来越多、越来越强大,手机游戏的场景也更加复杂,娱乐性和交互性也越来越强。

手机游戏平台可以分为手机游戏资讯平台和手机游戏运营平台两类。其中手机游戏资讯平台可以为玩家提供游戏的新闻、攻略、评测等相关信息;手机游戏运营平台则提供旗下相关的手机游戏,玩家可以根据自身的喜好选择不同的手机游戏。

从整体行业来看,中国手机游戏行业处于快速发展期,近两年来,在电信运营商和手机游戏开发商的联合推动下,中国的手机游戏行业取得了较快的发展。据中国互联网络信息中心的数据显示,截至2020年3月,我国手机网络游戏用户规模达5.29亿,较2018年底增长7 014万,占手机网民的59.0%。2019年,网络游戏产业发展有了较大回升,全年共有1 570款游戏通过审核并上线运营。

随着科技的进一步发展和5G在我国实现商用,"云游戏"从概念向落地迈出了坚实的一步。"云游戏"旨在通过云端集中运算,减少游戏对客户硬件的需求,从而使更多用户可以享受高质量的游戏体验。腾讯、完美世界、网易等网络游戏企业先后推出了多个云游戏平台,并加强与中国联通、华为等通信企业在相关领域的研发合作,意图在"云游戏"领域抢占先机。

5.2.3 手机文学

手机文学也成为拇指文学,是在手机上发表,并被用户阅读的信息社会文学,是继网络文学之后的一种新文学形式,也是技术时代的产物,是进入21世纪以来人类技术革新与精神需求的结果。手机文学的崛起正在挽救出版业面临的巨大危机。一些小说作者将其在手机上发表的作品,又通过传统方式印刷成册并出版,有的小说故事还被搬上了银幕。

与传统的文学作品创作和发行方式相比,手机文学平台具有无可比拟的优势。作为一种"新兴的媒体",手机比电脑互联网普及更广,比平面媒体互动更强,比纸质书籍更便于携带,在生活中发挥着越来越重要的作用。

2000年初,一位日本教师用手机连载的方式发布他的小说《深爱》,开创了手机文学的先河。2006年以来,随着手机3G技术和智能掌上阅读系统的日益整合与普及,手机文学逐渐突破了短信体裁的制约,其在线浏览方式和互动效果已显著增强。它不仅成为文字的"阅读"平台,而且通过电子书、博客、播客、微博、社交网络等新兴媒介在手机上的移植,手机文学正发展成一种集文学创作与发布、转载与传播、阅读与评论、反馈与回应、娱乐与监督等多种功能于一体的大众文学形式。

扩展阅读

《梦幻西游》携手百事为"热爱"而生,跨界营销又有了新玩法

不同品牌之间合作共生是互联网大浪之中的重要标志,在瞬息万变的市场环境中开始,品牌建设与营销思路的转变往往能够给予品牌更加丰沃的成长土壤,不仅如此,在求变的过程中往往能够看到自家品牌更深层次的内核,这种新趋势已经在生活中有了凸显,这就是我们常说的"跨界"。

娱乐产业是随着互联网兴起之后最早进行跨界融合的行业,尤其是当数字娱乐逐渐被人们接受之后,游戏更是成为大众娱乐和社交的重要手段之一。实际上,游戏品牌在跨界合作方面经过多年的探索,已经形成了一套相当成熟的合作生态。近几年我们看到游戏品牌呈现出更多样化的跨界形式、更精准的跨界思路以及更个性化的内容服务,这些特点在很多经典游戏IP上表现得更为明显。

跨界共生,两大品牌挖掘深度合作

国民游戏《梦幻西游》和全球超级品牌百事正式开启联名定制合作,共计8 000万的梦幻西游定制版百事可乐在3月20日至10月31日期间投放至广东、广西、海南三省的喜士多、全家便利店以及中专院校周边的便利店和超市中,玩家通过扫描瓶盖内的二维码即可获得抽奖机会。《梦幻西游》电脑版不仅作为网易旗下头部产品代表之一,在不断变化的国内游戏市场环境中始终保持活力,被玩家喜爱,而百事可乐更是时下流行快消品的代表,两大标杆品牌的跨界合作无疑是游戏行业在2019年的重量级联动。

不同品牌之间的跨界合作其实是一个复杂的命题,其中所蕴含的逻辑在于需要在不同行业、不同产品、不同偏好的消费者之间寻找品牌的共性和联系,进而相互渗透。优质的跨界合作必然会满足3个条件:用户重合度、文化契合度以及品牌认可度。从《梦幻西游》和百事可乐的合作中,我们可以窥见端倪。

1) 内核用户高度重合

作为国产网游的"金字招牌",《梦幻西游》一贯保持高品质的内容运营。对于任何一个企业而言,高度黏合的用户属性都是制胜的关键,《梦幻西游》在完成用户积累的同时,同步在游戏中不断创新融合年轻人喜欢的元素,这也是为什么《梦幻西游》无论在端游还是手游市场都能吸收并留住大量新玩家的关键。另一方面,百事可乐的受众群体主要涵盖80后、90后和00后用户,从年龄结构上和《梦幻西游》完美契合,这也是品牌跨界可以制造用户共情的先决条件。更为可贵的是,百事品牌在把握潮流方面也有自己的态度,在潮品、时装、音乐、游戏等领域中保持着积极的渗透,通过及时把握流行风向和别具一格的创新设计,吸引着大量的年轻人。

2) 高度重视年轻文化

在品牌宣传上,《梦幻西游》一直保持着"年轻化"的品牌形象,二次元、同人、电竞、社交等年轻人钟爱的元素都在《梦幻西游》品牌上得以体现。个性化的追求是这个时代玩家的特有标签。《梦幻西游》通过挖掘不同的用户习惯,将更多形式的内容传递给用户。倾听年轻玩家的心声,抓紧年轻玩家的关注点,对于永不褪色的青春旋律,《梦幻西游》始终保持极大的热忱。而对于拥有百年历史的百事可乐,年轻化更是其发展历程中具有里程碑式意义的标签。正是因为在20世纪60年代,百事可乐改变战略,以年轻人为卖点,才让其逐渐成长为可以和可口可乐比肩的经典品牌。百事品牌的理念是"渴望无限",倡导年轻人积极进取的生活态度。为了推广这一理念,百事大多选择足球和音乐等年轻人居多的兴趣圈子作为品牌合作的文化载体。比如,百事曾赞助了现象级街舞IP节目《热血街舞团》,还曾赞助布鲁诺·马尔斯(Bruno Mars)24K魔法2018世界巡演。显然,百事希望和年轻人建立更深层的情感链接,而说到时下年轻群体最为普及的生活娱乐形式,非游戏莫属。换言之,《梦幻西游》和百事可乐的"牵手",就是一次以"年轻"为契机的约会,不同领域的交汇可以进一步激发年轻群体的共鸣,从而实现双向赋能,进一步提升各自品牌的活力。

3) 顶级IP相互借力

国民级游戏IP和国民级快消品的强强联合,线上资源和线下渠道进行双向强推,再次加深双方品牌维度,两大坐拥行业优势资源的标杆品牌之间的合作,所产生的能量无疑是值得期待的。

2018年,百事可乐开启"热爱全开LOVE. IT. LIVE. IT."主题沟通,鼓励年轻人做自己喜欢的事情,将"热爱"活成生活方式,这一点与网易游戏"游戏热爱者"口号不谋而合。"热爱全开"其实是一种年轻的态度,倡导尽情体验当下每一刻,全力释放每一分热度。对于《梦幻西游》的玩家来说,这并不难理解,热血的青春拥有一切未知的可能,他们可以尽情在梦幻世界畅想遨游;而作为专属于年轻人的可乐,百事可乐一直致力于鼓励年轻人追求梦想,敢于为热爱发声的理念,也深受年轻人的青睐。无论是百事可乐,还是网易《梦幻西游》,它们都拥有着一颗"热爱"的心,也正是因为这样的"热爱"才促使双方走到一起。从更深层次的角度来看,双方不仅仅在各自的品牌领域拥有极大的认可度,更是由于相互认可对方的品牌文化,才能够达到如此高度的契合。

积跬步乃至千里 《梦幻西游》布局长线品牌建设

随着游戏行业竞争日趋激烈,人口红利消耗殆尽,跨界营销成为厂商向用户传递品牌价值的重要手段。对于游戏厂商而言,线上线下的联动往往能够开辟更广阔的流量渠道,对此,《梦幻西游》在游戏发展的过程中不断进行着布局。

《梦幻西游》的跨界合作十分多样化且富有想象力,它与畅销食品品牌娃哈哈的深度合作,成为游戏行业最为成功的跨界案例之一;它与中国移动"动感地带"深度合作,开启了中国游戏行业和移动运营商携手提供优质服务的新思路。此外,它还与华为、OPPO、VIVO等电子品牌,与著名运动品牌李宁以及年轻时尚生活品牌roseonly等开展过合作。《梦幻西游》在打通不同领域品牌进行跨界合作的背后,除了能够给游戏带来巨大的流量入口之外,也依靠这些与自己有更多契合点的合作伙伴,加速推动了游戏品牌化的进程。在这个漫长的过程中,《梦幻西游》不断寻找优质伙伴,通过持续的品牌建设,为自己打下坚实的品牌基础。在跨界合作方面,《梦幻西游》也不仅仅只考虑了如何拓展品牌影响力,它还考虑了品牌的契合度和对应市场。我们可以看出,这几年《梦幻西游》在品牌建设过程中,并没有把精力全都用在品牌的跨界合作这一点上,布局漫画、同名动画、电竞赛事等更多元化的品牌体系生态成为《梦幻西游》未来品牌规划的主要方向。

随着在时间、空间和想象力方面的逐步突破,《梦幻西游》已经完成了从网易头部游戏产品到头部文化品牌的转变,大量衍生内容的出现甚至打破了游戏寿命周期的桎梏,《梦幻西游》优质内容的输入进入良性循环阶段,独具一格的梦幻文化开始形成。

文化无界限 《梦幻西游》玩出新花样

在自身生态体系逐步完善的条件下,《梦幻西游》开始跳脱品牌局限,开启了游戏文化跨界的高维度思考。2018年,《梦幻西游》正式启动了"梦幻国风年",不断拓宽文化外延,尝试用更多新的形式演绎传统文化,比如,将潮流街舞融合到传统墨韵当中,与《舌尖上的中国第一季》原班制作团队合作打造游戏纪录片《指尖上的梦幻》系列,邀请国画大师李津打造专属新作《梦幻西游绘食卷》,用国画呈现游戏美食。游戏文化和传统文化的跨界,是新时代游戏产品赋能的重要体现。

此次和百事可乐的跨界联动其本质也同样是文化跨界的体现,《梦幻西游》通过深挖品牌基因,重组品牌内核,再次将"梦幻文化"引入非垂直领域,通过与百事品牌之间的文化交流,找到双方的契合点,而且这次《梦幻西游》的跨界不仅仅只是品牌功能互补或者资源流量的置换,它是一种年轻化的交流方式,能渗透消费者的内心。

在互联网时代的高速推动下,我们相信,未来任何产业将以极度细分和融合的形式而存在,跨界不只是资源整合,更是艺术与文化的交融与传承。《梦幻西游》突破游戏次元,着眼于文化交流,再次将游戏品牌营销推向了新的高度。

资料来源:百家号.[2019-5-15]. https://www.sohu.com/a/314188725_430858.

5.3 移动学习

5.3.1 移动学习概述

移动学习(mobile learning)是一种在移动设备帮助下的能够在任何时间、任何地点发生的学习,移动学习所使用的移动计算设备必须能够有效地呈现学习内容并且提供教师与学习者之间的双向交流。截至2020年3月,我国手机在线教育用户规模达4.20亿,较

2018年底增长2.26亿,占手机网民的46.9%。受新冠疫情的影响,全国大中小学开学推迟,教学活动改至线上,推动了在线教育用户规模的快速增长。

移动学习在数字化学习的基础上通过有效结合移动计算技术带给学习者随时随地学习的全新感受。移动学习被认为是一种未来的学习模式,或者说是未来学习不可缺少的一种学习模式。正确理解移动学习的内涵应该从以下几个方面来把握:首先,移动学习是在数字化学习的基础上发展起来的,是数字化学习的扩展,它有别于一般学习;其次,移动学习的特性使学习者不再被限制在电脑桌前,可以自由自在、随时随地进行不同目的、不同方式的学习,移动学习的学习环境是移动的,教师、研究人员、技术人员和学生都是移动的;最后,移动学习实现的技术基础是移动计算技术和互联网技术,即移动互联技术,实现的工具是小型化的移动计算设备,具有可携带性和移动性。

5.3.2 移动学习平台

移动学习平台即依托移动网络实现在线教育的平台。根据面向对象的不同,又可划分为面向C端的平台和面向B端的平台。在此基础上,根据平台提供的教学内容又可细分。

面向C端的移动学习可细分为早幼教、少儿英语、在线综合网校、K12在线一对一、K12在线班课、K12作业题库、素质教育、高等教育、成人英语、职业教育、留学咨询等。早教类移动学习平台有宝宝树、悟空识字、宝宝巴士等。其中,悟空识字是一款针对3~6岁儿童打造的识字软件。让小朋友在快乐中学习汉字。悟空识字包括1 200个最常用汉字、1 200个句子和5 000个词语,结合儿童熟悉的《西游记》经典场景,让儿童在游戏中快乐地认识汉字。面向K12的在线班课有猿辅导、一起教育科技、作业帮、跟谁学等,(K12是kindergarten through twelfth grade 的简写,是国际上对基础教育的统称,主要指从幼儿园到十二年级)。其中猿辅导在线教育是国内K12在线教育领域首个独角兽公司,旗下拥有猿辅导、小猿搜题、猿题库、小猿口算、斑马AI课等多款在线教育产品,为用户提供网课、智能练习、难题解析等多元化的智能教育服务。

面向B端的移动学习内容平台可细分为企业E-learning、教学运营管理、教学系统、智慧教育服务、评卷与阅卷、在线教学技术提供等。面向企业E-learning的有邢帅企训、时代光华、魔学院等,其中时代光华是一家在线职业培训平台,业务包括网络平台、课件软件定制、移动学习、多媒体产品、教材、公开课、内训、直播、学习解决方案、组织学习与发展咨询服务等领域。面向教学运营管理的在线教育平台有方直科技、极客大数据、易知鸟、立思辰等。面向智慧教育服务的有三盛教育、明博教育、晓黑板等。

随着人工智能、大数据等技术的不断发展,未来移动学习的趋势可能更偏向于快速、直播和AI。教育的本质是服务,直播服务更接近线下培训体验,将是未来最重要的产业风口。AI分别以"教师"和"学生"为核心,未来基于大数据对学生进行精准画像,以"效果和效率"标准为学生提供个性化的服务,有望真正做到因材施教。

扩展阅读

作业帮、猿辅导的独角兽之争

成立于2012年的猿辅导和创立于2014年的作业帮,两家在线教育独角兽的创始人分别来自互联网大厂网易和百度。或许正是因为两者均出身互联网大厂的缘故,两者利用互联网改造教育培训行业的做法,表现了出惊人的一致性。例如,猿辅导与作业帮创立之初,都通过搜题工具打开市场,而后又逐步拓展到在线题库、在线批改工具、在线问答到在线网课的整个在线教育产业生态里面。由于切入领域类似、实力相当,两者之间你来我往,斗得不可开交,之前一度相互指责对方恶意竞争,大打"口水仗",甚至相互通过媒体喊话号称要对簿公堂,两者竞争之激烈可见一斑。两者之间的融资角力,可以看作是两者"赛跑"的另一种体现。毕竟,如今在线教育行业格局突变,作为行业内未上市的最优秀的两家企业,两者谁也不愿意掉队,这时候补充"弹药"加速跑,就成了取得胜利的关键。而在实际执行中,两者的路线策略则略有不同。

猿辅导稳扎稳打

猿辅导成立于2012年,涉足在线教育时间较早。成立多年,猿辅导的发展概括起来就是一个字:稳。无论是做产品还是开拓业务,猿辅导做在线教育始终保持着稳健的风格。猿辅导没有一上来就立马去做在线教育,而是凭着优秀的产品力先做教育工具。在发展早期,猿辅导从小猿搜题、猿题库等优秀工具类产品切入,逐渐聚集起了相当规模的早期用户,这为后来的发展奠定了坚实基础。不过,由于拍照搜题这个"赛道"门槛不高,行业内竞品公司迭出。如当时较为有名的学霸君、作业帮等优秀竞品企业纷纷出现,让已经做到行业领先水平的猿辅导觉察到危机,开始寻求切入在线教育"赛道"的其他路径。随后,猿辅导将目光聚焦到K12教育领域,利用之前做学习工具类产品时积累起来的海量用户,切入K12领域,并在随后赶超该领域的各路对手,成为该领域内的前几名。通过循序渐进地逐步拓展边界,猿辅导形成了以猿题库为辅助,以小猿口算为批改工具,以斑马AI课等网课为主要变现产品的完整在线教育生态闭环。目前猿辅导旗下包括猿题库等在内的产品构成的猿辅导"全家桶",已经成为其旗下学员的标配,而这也构成了猿辅导的"品牌护城河"。根据猿辅导公布的相关数据来看,目前猿辅导全平台的注册用户已经突破4亿,规模在诸多在线教育平台中已经遥遥领先,凭借强大的用户基础,其网课收入节节攀升。迅猛发展的猿辅导已经成为行业内不可忽视的明星企业,这也让它成为资本竞相追逐的首要投资目标。

作业帮步步紧逼

作业帮从成立起,步伐就一直很是迅猛。2014年作业帮于百度内部孵化,2015年分拆独立运营。发展至今,作业帮在线上教育领域的步伐基本上借鉴了猿辅导的思路。从前做拍照搜题工具的作业帮,开始与猿辅导、学霸君等主流学习工具类对手竞争,逐步进入风光无限的K12教育领域。先通过教育工具吸纳海量流量,而后通过在线网课完成后端变现,模式与猿辅导等机构如出一辙。背靠百度这个大的流量池,作业帮大有后来居上之势。据作业帮公开数据显示,作业帮全平台的累计注册用户已经突破8亿人,月活用户数达到了1.7亿,日活跃用户突破5 000万人,已经成为在线教育领域的第一大应用,它在用户数量上已经超越了猿辅导。

在线教育下半程,谁更胜一筹?

新冠肺炎疫情来临后,在线教育再度火爆,从现实表现来看,在线教育格局突变。首先,中小机构大批垮掉,在线教育市场向大机构集聚的情况明显,大品牌加速融资开始收割"果实",借机加快自己市场渗透的步伐,这种变化在资本角度上也有所体现。在资本的角度上,下半场只有大品牌才能够拿到融资,拿到融资的小机构越来越少。从当前国内参与在线教育行业玩家的量级来看,超级独角兽公司中占据佼佼者地位的除了猿辅导,另一个必是作业帮,这也是此次作业帮能够拿到大额融资的原因。

从获客成本这个比较维度来看,两者也在伯仲之间。此前,猿辅导没有自己的流量渠道,主要是靠品牌营销、卫视投放广告以及明星代言等方式获客,获客成本高昂,而作业帮紧紧依靠百度这个大型流量池,则发展比较顺遂,没有太大的获客压力。不过,在最近的几次融资中,猿辅导的投资名单中出现了腾讯的身影,而且腾讯还是最新一轮领投猿辅导的投资公司。众所周知,腾讯根本不缺流量,有了腾讯的加持,其获客成本高的问题未来有望得到解决。如果腾讯愿意开放微信等流量渠道,猿辅导甚至还会表现得更好一些,当然这需要过程,大概率在未来一段时间内保持你追我赶的态势还将是常态。

除了以上两个维度的比较,接下来就看谁的服务更受用户欢迎了。通过安卓应用商店的后台反馈来看,目前猿辅导在高年级用户当中深受欢迎,其相应的产品、老师、服务等比较受这部分用户认可;而在初中学生群体中,作业帮的口碑和品牌则更响亮一些。

综合比较来看,两家在获客、服务、产品、融资能力上均各有优势,且几乎不分伯仲。因此,未来两者长期共存的可能性会比较大。后期谁能够胜出,还需要回归到本质上去看,即看谁的用户口碑更好,品牌认可度更强,哪个平台的服务更优质等。

资料来源:艾瑞网。[2020-07-01]. http://column.iresearch.cn/b/202007/892550.shtml.

5.4 移动生活服务

5.4.1 移动生活服务概述

现阶段,人们越来越习惯和依赖移动互联网带来的便利,根据CNNIC 2020年4月发布的《第45次中国互联网络发展状况统计报告》显示,截至2019年12月,生活服务类App高达31.7万款,占全部App的比重达8.6%,仅次于游戏类、日常工具类和电子商务类App,排名第四(见图5-1)。

移动生活服务指的是将当地线下具有实体店铺的餐饮类、生活服务类、休闲娱乐类等商家的服务信息,以一种"网店"的方式呈现给网民。通过移动生活服务平台,帮助用户看到所在地的商户,给用户提供便捷、全面的商户信息,给线下商户提供免费的推广渠道。

例如,手机网上外卖行业作为移动生活服务的典型代表,正在实现数量和质量的双层飞跃。一方面,各大外卖平台不断加大对上游供货商的服务支撑力度,优化服务流程,提升外卖产品的服务质量;另一方面,手机外卖需求市场不再局限于一二线城市,三线及三线以下城市的市场需求日益突出,且外卖需求场景呈现多元化,除了传统的一日三餐外,下午茶、夜宵、社区生鲜、药品及时配送等的需求也进一步提高。根据CNNIC的数据显示,截至2020年3月,美团、饿了么和口碑等平台的手机网上外卖用户规模达3.97亿,占手机网民的44.2%。

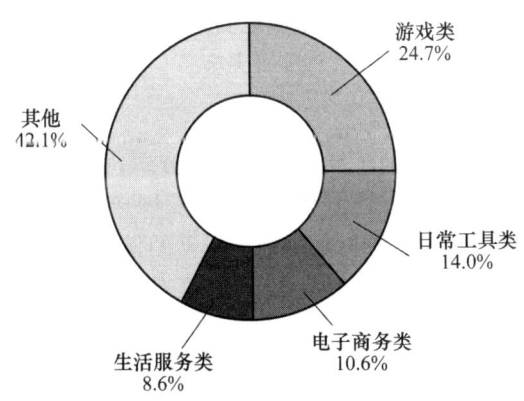

资料来源：工业和信息化部

图 5-1　生活服务类 App 占比

5.4.2　O2O 移动生活服务模式

1. O2O 的概念

O2O,全称 online to offline,又被称为线上线下电子商务,区别于传统的 B2C、B2B、C2C 等电子商务模式。O2O 就是把线上的消费者带到现实的商店中去,在线购买（或预订）商品、服务,再到线下去享受服务。通过打折（团购,如 Groupon）、提供信息和服务（预定,如 OpenTable）等方式,把线下商店的消息推送给互联网用户,从而将他们转换为自己的线下客户。这样线下服务就可以从线上揽客,消费者可以在线上筛选服务,成交可以在线结算,能很快形成规模。

O2O 商业模式的关键是:在网上寻找消费者,然后将他们带到现实的商店中。它是支付模式和为店主创造客流量的一种结合（对消费者来说,也是一种"发现"机制）,实现了线上的购买和线下的服务。它本质上是可计量的,因为每一笔交易（或者是预约）都发生在网上。这种模式应该说更偏向于线下,更利于消费者,让消费者感觉到踏实。

2. O2O 的布局

与传统的消费者在商家直接消费的模式不同,在 O2O 平台商业模式中,整个消费过程由线上和线下两部分构成。线上平台为消费者提供消费指南、优惠信息、便利服务（预订、在线支付、地图等）和平台分享,而线下商户则专注于提供服务。在 O2O 模式中,消费者的消费流程可以分解为以下 5 个阶段。

第一阶段:引流。线上平台作为线下消费决策的入口,可以汇聚大量有消费需求的消费者,或者引发消费者的线下消费需求。常见的 O2O 平台引流入口包括:消费点评类网站,如大众点评;电子地图,如百度地图、高德地图;社交类网站或应用,如微信、人人网。

第二阶段:转化。线上平台向消费者提供商铺的详细信息、优惠（如团购、优惠券）、便利服务,方便消费者搜索、对比商铺,并最终帮助消费者选择线下商户,完成消费决策。

第三阶段:消费。消费者利用线上获得的信息到线下商户接受服务,完成消费。

第四阶段:反馈。消费者将自己的消费体验反馈到线上平台,有助于其他消费者做出消费决策。线上平台通过梳理和分析消费者的反馈,形成更加完整的本地商铺信息库,可以吸引更多的消费者使用在线平台。

第五阶段:存留。线上平台为消费者和本地商户建立沟通渠道,可以帮助本地商户维护消费者关系,使消费者重复消费,成为商家的回头客。

3. O2O 的发展趋势

目前更多的 O2O 模式采取的是从线上到线下的方式,将用户吸引至线下店铺,带动线上、线下销量的激增。随着网络的飞速发展,O2O 也发展成另一种方式,反向 O2O,即线下到线上(offine to online)的方式,主要核心是利用线下的信息展示渠道(包括二维码等)及各种线下推广活动等,将用户引导至线上。随后可能再有线上到线下的反向转移,促进线下销售。

O2O 模式作为线下商务与互联网结合的新模式,解决了传统行业的电子商务化问题。但是,O2O 模式并非简单的互联网模式,此模式的实施对企业的线下能力是一个不小的挑战。可以说,线下能力的高低很大程度上决定了这个模式能否成功。而线下能力的高低又是由线上的用户黏度决定的,拥有大量优质用户资源、本地化程度较高的垂直网站将借助 O2O 模式,成为角逐未来电子商务市场的主力军。

O2O 模式的关键点就在于,平台通过在线的方式吸引消费者,但真正消费的服务或者产品必须由消费者去线下体验,这就对线下服务提出了更高的要求。而这些线上迅速崛起的创业型公司能否掌控稳定的服务体系也是一个很大的问题。大多数 O2O 模式的企业并不能掌握线下服务的质量,只相当于一个第三方中介,在中间起到协调作用。

此外,在线支付、线下体验,很容易造成"付款前是上帝,付款后什么都不是"的窘境。比如,定制类实体商品与消费者的预定不符,一旦质量低于预期,甚至极为低劣,消费者会处于非常被动的境地,而体验式服务没有好的口碑和信誉也很难获得规模化的发展。对于 O2O 模式而言,线下的主体多半是服务类型的企业,而国内服务行业存在各种不规范的运营,虽然团购已经进行了先期教育,但是距离稳定完善的服务仍相去甚远,因此,如何保障线上信息与线下商家服务对称,将会成为 O2O 模式能否真正发展起来的一个关键节点。

5.4.3 O2O 移动生活服务应用

由于居民生活的需求多元化,O2O 移动生活服务应用涉及餐饮外卖、旅游住宿、交通出行、家政、在线医疗、在线教育、在线票务和互联网家装等多个领域,不仅改变了人们的消费习惯,也帮助了更多商家吸引客户、提升效率。

根据网经社电子商务研究中心的数据显示,2020 年生活服务电商涵盖的具体行业及主流平台如表 5-3 所示,2020 年 7 月本地生活 App 用户活跃 Top 20 榜如表 5-4 所示。

表 5-3 生活服务电商涵盖的具体行业及主流平台

行业	主流平台			
餐饮外卖	美团外卖	饿了么	口碑	点我吧
旅游住宿	同程艺龙	携程	去哪儿网	飞猪
交通出行	滴滴出行	神州专车	一嗨租车	首汽约车
家政	好慷在家	58 到家	e 家洁	荣昌 e 袋洗
在线医疗	阿里健康	春雨医生	平安好医生	腾讯微医

续表

行业	主流平台			
在线教育	无忧英语	阿卡索外教网	朴新教育	掌门1对1
在线票务	猫眼微影	大麦网	淘票票	格瓦拉
互联网家装	齐家网	土巴兔	乐居	酷家乐
美业	波波网	河狸家	唯美会	新氧
婚恋交友	世纪佳缘	百合网	珍爱网	网易花田
汽车服务	途虎养车网	麦轮胎	摩卡爱车	携车网

表 5-4 2020 年 7 月本地生活 App 用户活跃 Top 20 榜

排名	logo	应用名	行业	活跃人数/万	环比增幅(%)
1		美团	本地生活	15 639.33	−3.39%
2		大众点评	本地生活	14 756.83	−2.77%
3		58同城	本地生活	6 371.16	−3.99%
4		口碑	本地生活	816.47	−4.09%
5		赶集网	本地生活	734	−3%
6		途虎养车	本地生活	356.8	−2.05%
7		百姓网	本地生活	156.71	−4.86%
8		我的南京	本地生活	89.58	−4.49%
9		天翼生活	本地生活	74.89	−2.7%
10		互动吧	本地生活	49.61	−2.89%
11		土巴兔装修	本地生活	46.11	−2.95%
12		户外助手	本地生活	36.19	−2.53%
13		车e族	本地生活	35.69	−2.25%
14		韵达业务员	本地生活	31	−3.75%
15		齐家	本地生活	27.36	−2.55%
16		车点点	本地生活	26.25	−3.59%
17		丰巢管家	本地生活	20.16	−1.94%

续表

排名	logo	应用名	行业	活跃人数/万	环比增幅/%
18		最美装修	本地生活	12.82	−4.47%
19		海尔洗衣	本地生活	11.94	−2.17%
20		快递员助手	本地生活	11.46	−3.64%

图表来源：网经社

在众多O2O移动生活服务应用中，跨界服务使得很多企业在激烈的市场竞争中立于不败之地。通过移动互联网，单个移动生活服务应用跨越了地域边界、产业边界、线上线下边界，将被主流市场排斥的需求碎片加以整合，将多样化的零散平台整合为一个综合性平台，提供的产品和服务越来越多元化，让用户参与企业业务革新，在原有的商业模式上进行了进一步的革新，同时也创造出了新的战略方向和价值网络，提高了企业的市场竞争力。

O2O移动生活服务应用的跨界服务是"互联网＋"的集中体现，将很多实体经济与虚拟经济相统一，降低了企业的运行成本，提升了众多行业市场活动的效率和便捷性，几乎涵盖了人们衣食住行的方方面面，规模庞大的用户群体在此平台模式下各取所需，实现了互联网资源配置的最优化，促进了跨界融合发展，推动了平台升级完善。例如，滴滴出行App推出的"互联网＋出行"使得顾客打车更加经济实惠，"车服务"让"互联网＋就业"成为可能，金融服务功能也使得有"互联网＋理财"需求的顾客操作更加方便快捷。

值得注意的是，O2O移动生活服务应用的跨界服务是平台经济的精彩呈现，互联网平台正在逐步利用分享和共享使得人们的连接方式和角色不断改变，利用了许多闲置资源并汇集了许多新的资源以此供人们进行线上的信息筛选，如滴滴出行平台对于闲置私家车的利用，美团、携程等平台对于饭店、住宿等资源的汇集，共享单车平台对于单车资源的创新等，最终取代了许多传统企业的服务功能。多样化的移动生活服务应用吸引了更多的用户群体，对平台方而言，其规模经济成本和边际成本均实现递减，从互联网平台经济中获得的红利越来越高；而对用户而言，用户规模的数量越多，平台的功能越完善，该平台对用户个人的价值越高，用户个人使用该平台的意愿越强烈，新用户和留存用户也就越多。具体来说，平台经济具有双边性、共赢性、普惠性、开放性、颠覆性和生态性等特点。

（1）双边性：互联网平台利用双边性的原理，在需求侧和供给侧分别构筑市场力。

（2）共赢性：平台经济是"利他"的思维，而"互联网＋"则是"利己"的，传统企业将业务放到线上进行，主要是为了加速业务速度并提升自己的业绩，而平台经济不仅利己，也通过优质的服务体验使消费者获得便利。

（3）普惠性：互联网平台利用规模经济、交叉补贴等，对需求侧的网民实现普惠服务。

（4）开放性：互联网平台通过开放性积累企业数据资产。

（5）颠覆性：互联网平台利用网络效应、长尾效应等颠覆了"二八法则"、围墙模式和传统规则。

（6）生态性：互联网平台利用范围经济性实现了跨行业的横向生长，平台的特点改变了人们的连接方式和角色，通过分享、共享使互联网企业完成了传统企业的事情，即跨行业的跨界服务,改变了原有的生态型。

目前,跨界的 O2O 移动生活服务应用已被很多企业成功践行,以三款典型的 O2O 移动生活服务 App 为例:美团 App 作为 2020 年 7 月用户最为活跃的一款本地生活 App,不仅提供了受大众欢迎的餐饮外卖服务,同时还提供共享单车、定点城市公交刷卡、在线酒店/机票预订和在线打车等其他移动生活服务;口碑 App 是阿里巴巴集团与蚂蚁金服集团整合双方资源,联手打造的一款移动本地生活服务平台,不仅提供了美食和外卖的服务,还提供了生鲜水果、休闲娱乐、丽人、在线教育、电影票预订、医疗健康服务和爱车服务等其他移动生活服务;天翼生活 App 是中国电信集团江苏省电信公司发布的一款网上营业厅 App,不仅提供了在线账户服务和天翼服务,还提供了宽带管家、便民生活、积分兑换等其他热门移动服务。

当然,O2O 移动生活服务应用的跨界服务带来经济便利的同时也凸显了一些问题,主要体现在三个方面:一,外部性问题,大量"互联网+共享经济"的企业占用了社会公共资源,如各类共享单车对城市道路资源造成了庞大的压力;二,假冒伪劣与信息质量问题,平台监管不力造成虚假伪劣产品、网络欺诈事件频繁出现;三,反垄断问题,平台要求用户签订的排他性协议,影响自然的市场机制的运行。

5.4.4 移动生活服务案例分析

1. 美团变更品牌颜色为黄色,共享单车等线下线上场景将统一

6 月 13 日,美团官方微信订阅号发文称,美团 App 内页主题色更新后将变成黄色。不仅仅是美团 App,美团线下场景都将统一成黄色,共享单车也要被刷黄。美团称,黄色代表着热情、温暖。此次变颜色,"是想将所有线上线下曝光进行视觉化统一,从流量到品牌一体化"。

分析:品牌要想在消费者心里形成鲜明的形象,必须重视图像和文字的呈现效果。利用标识的固定化将品牌形象扎根于客户头脑中,是一件看似微小却举足轻重的大事。

资料来源:硅谷动力.[2019-6-14]. http://www.enet.com.cn/article/2019/0614/A20190614707290.html.

2. 58 同城发布 2019 年 Q4 及全年业绩:全年营收 155.8 亿元 表现强劲

北京时间 3 月 12 日,国内最大分类信息生活服务平台 58 同城公布了截至 2019 年 12 月 31 日,第四季度及 2019 全年未经审计的财务报告。财报显示,58 同城第四季度实现营收 41.6 亿元(6.0 亿美元),人民币同比增长 15.1%,超过公司 41.5 亿元的指引上限;同时,58 同城仍维持了 86.4% 的毛利率水平。

2019 年,58 同城以"全力以服"深化客户及用户服务,在招聘、房产、汽车及本地生活服务等主营业务上,提升临感 VR、微聊、视频、直播等技术产品的创新,提供商家线上推广、内容营销等一体化解决方案,深化客户和用户赋能。

分析:58 同城在本地生活服务、58 汽车等商家服务上也卓有成效。58 同城本地生活服务提供一体化、系统化的"企服卡",精准赋能商家线上推广需求。在汽车业务上,58 汽车提供定制整合营销方案,实现品牌传播到销售的链路,并推出神奇车展、焕新商城等活动,为消费者打造一站式购车服务,促成供需双方的高效链接。

资料来源:环球网.[2020-03-12]. https://smart.huanqiu.com/article/3xO4tX80Yk6.

3. 阿里本地生活服务双十二战果:口碑成交额同比翻番

12月13日,双十二刚刚过去,阿里本地生活服务发布了最新的战果。"双十二还在继续,从现有情况看,饿了么订单量在双十一创历史新高的基础上,在双十二期间再次连创新高,而口碑平台成交额同比于去年双十二实现翻番已成定局。"阿里本地生活相关负责人表示。

双十二期间,阿里本地生活平台上的"CoCo都可"30分钟成交额较双十一增长200%;"煌上煌"订单量为平日的200多倍;"反斗乐园"10分钟GMV超过"双十一"全天;"汤连得"上线本地生活聚划算活动,1小时GMV同比增长100%。

双十二期间,北京首条"2.0版数字化口碑街"在国贸建成。口碑饿了么将向这条街上的商户提供包括预订、支付、配送、评价等在内的全面数字化产品和服务,助推区域服务业升级。未来还将继续在全国200个重点城市打造口碑街2.0版。

分析:此次"双十二",饿了么口碑进一步深化和阿里商业生态体系的融通,与支付宝、淘宝、天猫等密切联动,并首次登陆聚划算。越来越多的本地生活商户尝鲜直播,更多的市井小店通过口碑饿了么融入数字化浪潮。

资料来源:亿邦动力网.[2019-12-13]. https://www.ebrun.com/20191213/364574.shtml.

4. 本地生活服务,快手直播电商的新蓝海

快手"本地生活"板块目前尚处于内测阶段,位于首页入口更多之下,只有部分一二线城市用户能看见。快手"本地生活"目前包含美食、周边游、购物丽人、休闲娱乐四大板块。板块之下,快手还设置了专属福利(优惠券发放)、吃货大集合、美景大比拼三部分。进入专属福利,可看到提供优惠券的本地商家列表,用户可以"先领券,再消费"。

当前,快手"本地生活"正在举行"发作品加定位,瓜分10亿曝光"的主题活动,探店达人、商家、老铁只要发布作品+定位,推荐本地的店或景点,就有机会瓜分10亿曝光。

分析:对快手电商来说,社会消费中巨大的本地生活服务市场就是一片大大的蓝海市场。事实上,巨大的本地生活服务市场不仅是快手的蓝海市场,也是国内众多电商平台的蓝海市场。快手"本地生活服务"带来的更多想象在于,短视频+本地生活,以及直播+本地生活的场景不仅能拓宽快手新零售的服务范围,还能助力快手形成完整的业务、数据架构,很有可能成长为比美团更具想象力的本地生活服务平台。

资料来源:艾瑞网.[2020-08-10]. http://column.iresearch.cn/b/202008/895109.shtml.

思 考 题

1. 即时通信的含义是什么?
2. 移动娱乐的种类有哪些?
3. 移动学习的发展趋势是什么?
4. 在O2O模式中,消费者的消费流程可以分解为哪5个阶段?

第6章 移动电子商务安全

　　移动电子商务是在互联网产业和电信产业融合这个背景下而产生和发展的。随着移动设备与互联网的密切结合,移动设备给我们的生活带来了巨大的便利,而移动设备也正逐渐成为个人生活的中枢,通过手机等设备,可以非常便捷地完成许多日常事项,甚至可以完成转账汇款等功能。但是,正因为移动设备与个人隐私的紧密关联性以及互联网的开放性,使得移动互联网成了当前黑客的攻击重点。随着人们对移动网络的需求越来越高,以及第5代移动通信技术的日益成熟,移动电子商务已经渐渐走进了人们的生活,并且造就了人们全新的生活方式。移动用户数量的快速增长凸显了移动电子商务的广阔发展前景。而移动电子商务也愈加体现了其在国家经济信息化建设中的重要作用和地位。

　　移动电子商务是电子商务的新型模式,其对安全性的需求主要表现在以下几个方面。

　　(1) 数据完整性需求

　　数据完整性是指在数据在输入和传输的过程中,不被非法授权修改、重放和删除,保证数据的一致性。数据的完整性被破坏可能导致交易双方信息的不一致,影响交易的顺利完成,甚至造成纠纷。可以通过消息摘要技术和加密技术(Hash 函数)来保证数据信息的完整性。

　　(2) 数据机密性需求

　　数据机密性要保证数据在传输过程中不被泄露,不能以明文形式出现,并不能被非授权访问,且不能被修改。一般通过安全信道和加密技术来保证数据信息的机密性。

　　(3) 防抵赖需求

　　不可抵赖性是指交易各方在传输数据时必须携带含有自身特质、别人无法复制的信息,防止交易发生后双方对行为的否认,不可抵赖包括交易双方对自己行为的不可抵赖和对自己行为发生时间的不可抵赖。前者通过身份认证技术和数字签名技术来保证,后者通过时间戳来保证。

　　(4) 身份认证需求

　　系统要确保使用者是经过登记注册的合法用户,并且具有授权权限,要确定信息传送方和接收方的真实身份,防止身份被伪造。可采用一些认证技术来实现,包括公钥技术、数字签名技术和口令等,常用的是口令技术。

　　(5) 重传攻击检测需求

　　系统应该具有保证信息接收方可以识别出信息传送状态的功能,确定重传的信息是来自信息发送方还是来自外界非法的攻击。

　　(6) 容错需求

　　由于自然环境的不确定性,如果遇到恶劣的环境气候因素(如火灾、地震等),网络中的线路和设备容易发生故障甚至损坏,这时信息在网络中的传输会保持暂时停滞状态,这时候要有备用方案去处理,并且还要保证在系统更新升级时具有对原有软硬件兼容的能力。

6.1 移动电子商务的安全问题

移动电子商务的发展基石是安全问题,相对于传统的电子商务模式,移动电子商务的安全性更加薄弱。有线网络的安全技术不能直接应用于无线网络设备,无线设备的内存和计算能力有限而不能承载大部分病毒扫描和入侵检测的程序,且无线网络本身的开放性降低了安全性,等等,这些原因导致移动电子商务应用过程中存在诸多安全威胁。

6.1.1 移动电子商务的主要安全问题

(1) 移动通信终端威胁

移动电子商务与传统电子商务的主要区别是利用移动通信终端上网进行商务活动。因此,移动通信终端的安全问题是整个移动电子商务安全问题中的首要问题,只有解决了移动通信终端的安全问题,才可以进一步讨论其他安全问题的解决方法。移动通信终端的移动特性,使移动通信终端很容易损坏或者丢失,而丢失的移动通信终端上的数据资源可能被用来进行非法商务活动,导致用户利益受损。移动通信终端所受安全威胁具体表现为以下几个主要方面:移动通信终端设备的物理安全、移动通信终端被攻击、通信数据被破坏、电子标签(RFID)被破解等。

(2) 无线网络威胁

无线数据通信技术为移动电子商务的进行提供了通信技术保障,使用户可以自由地通信和进行商务活动。与有线网络依靠信道的安全来保护信息不同,无线网络是通过一个开放的信道进行通信,这就给通信安全带来了隐患。在通信过程中,通信内容都是通过开放的信道发送,只要拥有对应频率的接收设备,就可以窃听该通信内容,甚至篡改通信内容、假冒通信双方的身份等,严重威胁移动电子商务的安全。

(3) 软件病毒威胁

自从 2004 年第一个针对 NOKIA 手机系统的"CABIR"蠕虫病毒出现以后,手机病毒和恶意软件种类越来越多,恶意程序亦是层出不穷,移动设备的安全性受到了严重威胁,这些病毒往往导致用户手机死机、个人资料被删、向外发送垃圾邮件、泄露用户信息、自动拨打电话进行恶意扣费,甚至损毁 SIM 卡、芯片等硬件。而移动设备的安全软件才刚刚起步,无法保证移动设备不受软件病毒的威胁。

(4) 移动商务平台运营商管理漏洞造成的安全威胁

移动通信技术的快速发展,移动商务也随之高速发展,大量的移动商务平台也应运而生。移动商务平台的出现扩展了移动通信的功能,使移动通信的功能从提供简单的通话扩展到了以专网和无线通信技术为依托,为电子商务人员提供了一种安全、快速的现代化移动商务办公机制。大量移动商务平台普遍缺少移动商务平台管理、安全等级设计和安全运营的经验,急需在运营实践中完善移动商务平台的技术控制和安全控制。

(5) 法律不完善造成的安全威胁

目前,还没有一部针对移动电子商务的法律法规,在处理移动电子商务纠纷的时候,很难找到相应的法律法规依据,致使移动电子商务使用者的利益无法得到安全保障。

6.1.2 移动电子商务安全问题解决方案

移动电子商务安全关系着移动电子商务使用者的利益,所以只有提升移动电子商务的安全防范能力才能更好地保障移动电子商务使用者的利益。一般采用的安全解决方案为依据传统的电子商务安全防范措施,结合移动电子商务的特点,制定高效的技术解决方案。

1. 移动终端的安全

保护移动电子商务中每个连接的移动终端,确保数据在传输过程中的安全性,避免数据丢失或者被监听。移动电子商务涵盖了多种多样的终端设备,它们具有不同的操作系统和各自的标准,因此设计合适的安全规范更加复杂和难以实现。这就需要对终端设备进行相应的规范,制定相应的安全标准、安全性要求。

2. 无线网络的安全措施

采用无线公开密钥体系(WPKI)建立安全的无线网络环境,保证信息的机密性和不可抵赖性。在移动商务的交易过程中对用户的身份认证和移动设备的识别加强管理,使用户身份与移动设备一一对应,保障用户访问与授权的准确性和移动设备的唯一性。

3. 软件安全防范措施

开发和使用移动设备病毒防护软件,并经常查看最新病毒信息及更新病毒防护软件的病毒库,定期查杀移动设备中的病毒,使移动设备处于一个相对安全的使用环境。在使用移动设备进行电子商务的过程中,养成良好的使用习惯,不轻易下载或执行可疑程序,避免感染病毒,导致危害电子商务活动的情况发生。

4. 规范移动电子商务平台管理

建立移动电子商务平台的行业管理规范,明确在移动电子商务中各个交易主体的责任,提升安全认识,加强移动电子商务行业诚信意识、安全交易意识的培养。整合技术性安全和运营管理两方面的安全措施以及在交易中进行安全警示,形成一个可靠的移动电子商务安全策略,确保交易双方不受威胁。

5. 完善相关法律

移动电子商务由于是新兴的商业活动,在法律上存在法律空白,这就依赖于国家逐步建立移动电子商务的相关法律和制度,明确行业的发展策略和政策导向,保障移动电子商务健康发展。只有依据相应的法律,开展相关的移动电子商务安全体系研究工作,才能保障移动电子商务的安全。

6.2 移动安全通信技术

在电子商务的时代,任何一种崭新的商务模式都必须有先进的网络技术支撑。无线网络是移动电子商务的最底层。目前主要有几种不同类型的移动无线网络,即无线 ATM 网、无线令牌环网、无线广域网和无线局域网等,其网络技术与对应的有线网络技术在线路与设备特性等方面的差异是比较大的,现简介如下。

(1) GPRS 安全通信技术

通用分组无线业务 GPRS(general packed radio service)是一种基于全球移动通信 GSM(global system for mobile communications)制式下的无线广域网技术,是 2.5 代移动通信系统。GPRS 是基于分组交换的网络,其速率可达 115 kbit/s。在 GPRS 网络数据传输过程中,数据和信令是受加密算法保护的,并且这种 GPRS 加密算法(GEA)是保密的,处于逻辑链路控制(LLC)层。在 GPRS 网络中,数据和信令受到加密算法保护的范围是从 SGSN 到用户终端,比 GSM 中从基站到用户终端的范围要大。

(2) 第 4 代及第 5 代移动安全通信系统

4G 是第 4 代移动通信技术,是宽带接入和分布网络系统,包括宽带无线固定接入、宽带无线局域网(WLAN)、移动宽带系统和互操作的广播网络,可以在不同的固定、无线平台和跨越不同频带的网络中提供无线服务,可以在任何地方宽带接入互联网包括卫星通信和平流层通信,能够提供定时定位、数据采集、远程控制等综合功能。此外,4G 基于宽带 IP,以无缝接入融合方式,完全利用分组交换方式传输,集 3G 网络技术和无线 LAN 系统为一体,是多种无线技术的综合系统。相较于 3G 通信技术,4G 系统具有视频通信质量高、信息传播速度快,并且可以直播论坛以及视频通话信号更加稳定等优点。4G 技术从身份认证、安全接入、安全传输、控制访问 4 个方面提升了安全策略。

5G 是第 5 代移动通信技术,第 5 代移动网络通信系统是面向 2020 年及以后移动网络数据信息爆炸式增长的需求而发展的新一代移动通信网络系统。根据现阶段移动网络通信系统的实际发展规律可知,5G 系统将具有超高的谱频利用效率和能效,相较于 4G 移动网络通信系统,能大幅度提升资源实际利用效率和传输速率,能不断增强其无线覆盖性能、传输延时性能、系统安全性能和用户体验等。目前,第 5 代移动网络通信系统已成为国内外移动通信领域的重要研究方向。

(3) 生物识别技术

随着移动端的硬件发展和软件进步,有些手机或平板电脑已经实现了生物识别,如 iphone5S/C 基于摄像头的指纹识别技术、微软的基于摄像头的人脸识别技术,以及常用的手势加密技术等,以最简单快捷的方式完成身份识别。在移动端计算能力不断提升、摄像头快速普及的前提下,已经有很多 iOS 和 Android 的应用软件能够在不增加硬件设施的情况下实现指纹识别,这类技术的使用能够极大地提高移动设备的私密性和抗破解能力,即使丢失也很难被破解。

(4) WEP2 协议

在 RSA 公钥加密技术上发展而来的有线等效保密(wired equivalent privacy,WEP)是第一代移动安全技术,而后针对 WEP 的缺陷发明了 WPA 技术,在 WPA 技术的基础上进一步优化算法做出了 WPA2 技术,目前 WPA2 技术是无线网络加密的最高等级,采用计数器模式密码块链消息完整码协议(counter CBC-MAC protocol,CCMP)算法和高级加密标准(advanced encryption standard,AES)算法,近年来日本学者破解了该套算法的较简单密码,不过随着硬件技术的提升,完全可以采用设置更复杂密码加关闭 WPS/QSS 的方式来提高安全性,至少在目前来说 WPA2 是无限无线的最高安全技术。

(5) WPKI 管理系统

无线公开密钥体系(wireless public key infrastructure，WPKI)是公钥基础设施(public key infrastructure，PKI)技术的升级，是 PKI 技术的无线版，它针对无线连接的特点重新设置了算法。PKI 系统利用非对称加密理论提供的公钥管理系统，是一种信息安全服务的基础第三方机构。具体来说是集中管理和认证交易双方的公钥，与交易双方取得联系后，交换双方的公钥系统，然后交易双方再用公钥对信息加密，再以自己的私钥解密对方发来的信息。

WPKI 是 PKI 的无线版，针对 PKI 系统进行了优化，其最大的进步是采用椭圆曲线加密(elliptic curves cryptography，ECC)和压缩的 X.509 数字证书，这种改进非常重要。因为移动端设备的计算能力参差不齐，总体来看比计算机的运算能力差很多。PKI 系统采用的 RSA 算法计算量很大，而 WPKI 的 ECC 技术在同等密码强度下，密码长度是前者的十分之一，这样移动端的解密计算量会小很多，能够在保证安全性的同时大幅度降低计算时间。

(6) CA 认证

证书管理机构(certificate authoring，CA)系统是结合 WPKI 系统的第三方证书管理系统，CA 总体来说是一种公钥及 CA 签名的管理机构，为交易的双方提供证书认证，这种证书中含有交易双方的基本资料、加密的数字签名、公钥信息以及 CA 自身的数字签名，它为交易双方提供身份验证的同时赋予移动电子商务交易的不可否认性。

6.3 移动终端安全

移动智能终端主要指智能手机、平板电脑等具有无线通信功能的智能设备。随着 5G 时代的到来、移动终端用户规模的扩大和人们对移动终端技术的不断了解，移动终端正面临日益严重的安全威胁。

6.3.1 移动终端的发展模式

当前，移动智能终端正加速迈向普及。产业界各方都将移动智能终端当作自己进军移动互联网领域的入口，但由于自身优势和经营理念的差异，其发展模式也各不相同。按照操作系统的授权方式和应用商店的运营方式，主要可分为封闭端到端模式、半封闭模式和开放开源模式。

封闭端到端模式是指终端厂商完全控制终端产品的生产，基于封闭的操作系统平台构建端到端闭合的应用生态系统，在终端中深度内置自营业务，并对第三方应用的开发、测试、上架和使用全程控制，不允许第三方应用商店存在，如苹果、黑莓等。

半封闭模式是指操作系统厂商授权给 OEM 厂商或者终端设备厂商生产终端产品，但不向其开放源代码。同时，操作系统厂商构建端到端闭合的应用生态系统，在操作系统中深度内置自营业务，对第三方应用的开发、测试、上架和使用全程控制，不允许未经审核认证的应用在操作系统上使用，如微软 Windows Phone 操作系统。

开放开源模式是操作系统厂商对源代码开放开源，任何终端厂商均可针对操作系统进行定制和修改，任何硬件开发商均可为操作系统开发驱动程序，从而组成范围更大的产业联盟。同时，操作系统厂商对第三方应用的开发、传播一般不做任何限制，允许任何应用在操作系统上运行。开放开源模式以谷歌安卓(Android)为代表,由于其开源性、丰富的硬件选择性以及其拥有百万级别应用市场等优点,已经迅速成了目前最流行的移动操作系统。

不同移动智能终端的发展模式也使得终端面临的安全威胁程度不同。在封闭端到端模式和半封闭模式下,终端厂商在封闭的生态系统中占据绝对主导地位,承担一定的第三方应用的管理责任,因此,针对恶意代码和违反其经营理念的数字内容较少。但是,终端厂商自身的各种行为难以得到有效的监管和制约,例如,苹果公司能够对其出售的所有终端上的应用程序进行远程安装和卸载。而在开放开源模式下,操作系统厂商基本不对应用程序进行任何控制,导致针对开源操作系统的恶意代码和不良信息呈现泛滥趋势。

6.3.2 移动终端的主要安全威胁

移动智能终端面临的安全威胁来源多样、途径复杂。原有移动通信网中的手机安全问题依然存在,例如,手机用户标识卡(SIM)克隆、空中窃听、垃圾短信等。互联网中泛滥的安全问题也同样威胁着移动智能终端的安全,例如,软件漏洞/后门、病毒、不良信息等。具体分析,移动智能终端不同层面均存在一定的安全威胁。

(1) 终端硬件层面的安全威胁

智能终端硬件层面的安全威胁主要包括终端丢失、器件损坏、SIM卡克隆、电磁辐射、监控窃听、芯片安全等。目前最受关注的安全威胁是智能终端丢失或被盗而可能造成的用户信息被窃取,这主要是由于目前大部分移动智能终端不具备或者用户没有使用数据授权访问、远程保护、加密存储、远程删除以及机卡互锁等终端硬件安全机制。此外,短距离手机窃听器可通过窃听手机接收和发送的电波来获取信息,SIM卡克隆通过复制手机卡直接获取该手机卡号的相关信息,智能化程度越来越高的芯片可能被植入恶意程序从而窃取用户信息或者恶意吸费等。

(2) 系统软件层面的安全威胁

操作系统是移动智能终端的灵魂。掌控操作系统,可以轻而易举地收集用户数据,控制和更改终端中的软件,甚至在极端情况下,可以遥控所有联网的智能终端,威胁国家安全。移动智能终端操作系统目前存在的主要安全威胁包括操作系统漏洞、操作系统API滥用、操作系统后门等。

移动智能终端的操作系统作为一类软件,不可避免地存在大量已知或未知的系统安全漏洞,其提供的API接口和开发工具包也存在被滥用的风险。攻击者利用这些安全漏洞或者滥用API可对终端用户发起远程攻击,导致用户终端功能被破坏,从而恶意吸费、窃取终端信息、获得用户终端控制权限等,甚至可以将用户终端组成僵尸网络对移动互联网发起攻击。近年来,操作系统安全隐患导致的安全事件频发,例如,黑客利用苹果手机操作系统软件漏洞,攻破隔离"沙箱"并且得到设备"根"控制权,能够使苹果手机执行任意代码。

智能终端操作系统厂商凭借其技术优势,还存在留存系统后门、收集用户信息等不良行为。目前,苹果、谷歌、微软均承认其操作系统中设有隐藏后门应急程序,可远程删除用户的手机应用。某研究机构发现,iPhone、Android等智能终端操作系统均存在收集用户位置信息及Wi-Fi位置信息的问题,这些信息中详细记录了用户位置GPS坐标、运营商信息、Wi-Fi接入点的MAC地址及相应时间戳信息等。同时,随着可穿戴设备的发展,操作系统厂商将用户账号系统与感知信息相结合,将空前挖掘和利用用户的数据信息,终端各种传感器所感知到的一切信息都有可能被泄露。

(3) 应用软件层面的安全威胁

应用软件带来的各种安全威胁主要是由各种恶意程序引发的,可能会导致用户信息泄露、恶意订购业务、恶意消耗资费、通话被窃听、病毒入侵、僵尸网络等各种安全风险。此外,部分应用软件可能包含涉及黄赌毒的内容,甚至会出现不法分子通过开发应用软件来散播反动言论、政治谣言等危害国家安全的事件。

同时,移动应用商店作为各种终端应用和内容的传播推广渠道,也存在一些潜在的安全隐患。移动应用商店的内容、应用审核策略都是各公司根据本自身特点、业务发展策略而制定的,审核标准宽严不一,缺乏普遍适用的统一标准,同时一些应用商店经营者并不具备应用安全检测能力。在这种情况下,"木桶"效应将充分显现,即存在安全威胁的内容和应用将通过安全审核不严格的移动应用商店进行传播和泛滥。例如,苹果的 App Store 对应用软件的审核较为严格,每个应用都要进行为期两周的审核才能上架,而一些 Android 应用商店则对应用基本不做任何审核,开发者上传应用后立即可在应用商店中上架销售。

6.3.3 移动智能终端安全管理的现状与问题

面对移动智能终端的各种安全威胁,大多从互联网和通信网移植过来的防护手段都存在着适应性缺陷。例如:手机防病毒软件的可扩展性受到终端物理能力的限制;智能手机操作系统的漏洞补丁程序,一般用户根本不会自行装载。因此,急需研究适用于移动智能终端的安全措施。近两年移动智能终端产业链上的各环节都已高度重视移动智能终端安全,从技术研究、标准规范、管理制度等多方面加强对智能终端的安全保护。

(1) 技术研究

终端及操作系统厂商、安全服务厂商、应用商店经营者、研究机构等均重视移动智能终端的安全问题并积极研究相关技术。

在终端及操作系统厂商方面,各主流操作系统均已引入一系列安全策略,具体如表 6-1 所示。但是,智能终端及操作系统由于设计原因仍然存在各种安全问题及漏洞。首先,移动智能终端采用开放的操作系统架构,向开发者提供 API 接口和开发工具包,但却往往缺乏完善的 API 授权机制和代码签名机制,这为各种恶意代码滥用操作系统 API 进行违法操作提供了条件。其次,移动终端硬件层数据安全机制欠缺也是导致安全威胁的根源之一。移动智能终端用户数据的授权访问、远程保护、加密存储、远程删除以及机卡互锁等安全机制对终端厂商的要求较高,会增加终端研发成本,大部分终端厂商还未实现以上的安全机制。此外,智能终端及操作系统必然存在各种安全漏洞,并难以被全部检测和修补,需要对其进行不间断的动态安全评估和检测,目前还未形成行业内发掘、统计、发布操作系统安全漏洞的机制。

表 6-1 主流操作系统的安全机制

操作系统	安全机制
iOS	数字签名
Android	证书;沙箱;用户标识;权限控制
Windows Mobile	证书;权限控制,CAB 包签名
BlackBerry	数字签名

在安全服务厂商方面,奇虎360、网秦、金山、卡巴斯基等安全公司研发针对Android、iOS等操作系统平台的安全检测和认证技术,用户可以免费下载安全防护软件查杀手机病毒,移动应用商店一般也会提供可免费下载的查杀病毒软件。目前,针对移动应用软件的安全管理手段主要包括静态代码扫描、动态运行分析以及代码签名认证等。静态代码扫描是对应用软件包实施逆向工程后进行静态分析,并与恶意代码样本库进行比对,检测代码中是否含有病毒、木马等恶意代码;动态运行分析是通过对应用软件运行状态的动态监控,分析其是否包含恶意代码的行为特征来进行识别;代码签名认证是在应用软件审核检测后由应用软件商店或委托第三方对应用软件进行代码签名,以保证应用软件的完整性,表明应用软件的来源可信。但总体而言,当前移动应用安全管理的相关技术及工具仍比较滞后,尤其是移动应用上线数量多、安全测试难度大、自动检测效率低,在工具的更新、升级、维护上也存在着一定的困难。

在研究与检测机构方面,工信部电信研究院等多个研究机构深入研究分析智能终端及应用软件的安全问题,通过实验获取操作系统厂商收集用户信息,以及其应用软件包含恶意程序的证据,研究智能终端及应用软件的安全评估技术及测试方法、签名认证体系。CNCERT监测分析移动互联网病毒木马特征,ITSEC收集建立智能终端安全漏洞库。

(2)标准规范

目前,中国通信标准化协会(CCSA)已发布、在研的移动智能终端安全标准和研究报告超过10余项,涉及移动智能终端各个层面,包括移动智能终端安全能力技术要求和测试方法、移动智能终端操作系统安全要求和测试方法、移动智能终端芯片安全技术要求等。此外,移动互联网应用商店安全防护要求和检测方法、移动互联网应用商店信息安全技术要求和管理要求等标准已经制定完成,对统一移动应用商店的安全审核尺度大有益处。已经发布的《联网软件安全行为规范》是我国第一部关于联网软件安全的行业标准,主要规定联网软件运行机制要求、联网要求、恶意行为防范、运行安全等4个方面的技术要求。

(3)管理制度

2010年,最高人民法院、最高人民检察院出台《关于办理利用互联网、移动通讯终端、声讯台制作、复制、出版、贩卖、传播淫秽电子信息刑事案件具体应用法律若干问题的解释(二)》,为惩治利用手机制作和传播淫秽色情信息的行为提供法律依据。2011年,工信部、国家工商行政管理总局联合印发《关于进一步整治手机"吸费"问题的通知》;工信部通信保障局联合公安部、安全部、国家保密局等多个国家部门,研究如何共同加强移动智能终端安全管理。工信部于2011年12月印发《移动互联网恶意程序监测与处置机制》,出台对恶意程序的认定、监测及惩治等措施,指导移动通信运营企业、安全企业、科研机构等相关方合力净化网络环境,保护移动用户利益。工信部电信管理局于2013年11月1日正式实施《关于加强移动智能终端管理的通知》,将对移动智能终端及预置应用软件的安全评估和备案正式纳入终端进网管理中,对促进移动智能终端安全能力的提升起到重要作用。2019年6月30日,《国家网络安全产业发展规划》正式发布,工信部与北京市政府决定建设国家网络安全产业园区。2020年1月1日起,《中华人民共和国密码法》正式施行,该文件的发布是构建国家安全法律制度体系、维护国家网络空间主权安全、推动密码事业高质量发展的重要举措。2020年4月,12部门联合发布《网络安全审查办法》,2020年6月1日起实施。网络安全审查重点评估采购网络产品和服务可能带来的国家安全风险。

6.3.4 移动智能终端安全应对策略

由于移动智能终端事实上就是一台微型计算机,所以移动智能终端面临的信息安全问题和计算机安全问题类似。不同的是,对于计算机来讲,只有接入互联网才可能受到病毒攻击,这可以通过重装操作系统的方式来进行处理;而移动智能终端时刻与移动网络相连(这就是我们常说的永远在线),并且其操作系统不像计算机那样易于随时安装,一旦安全事件爆发,其危害性将远远大于计算机。

由于移动智能终端的安全威胁可归结为移动智能终端(信宿)、移动应用商店(渠道)和第三方应用服务器(信源)3个方面,因此应对相关安全威胁的措施手段应主要针对移动智能终端自身安全能力、提供应用软件下载和销售的应用商店以及向应用软件提供升级和内容服务的第三方服务器3个环节。在这几个关键环节把安全控制住,就能极大地提高移动智能终端的安全,如图6-1所示。

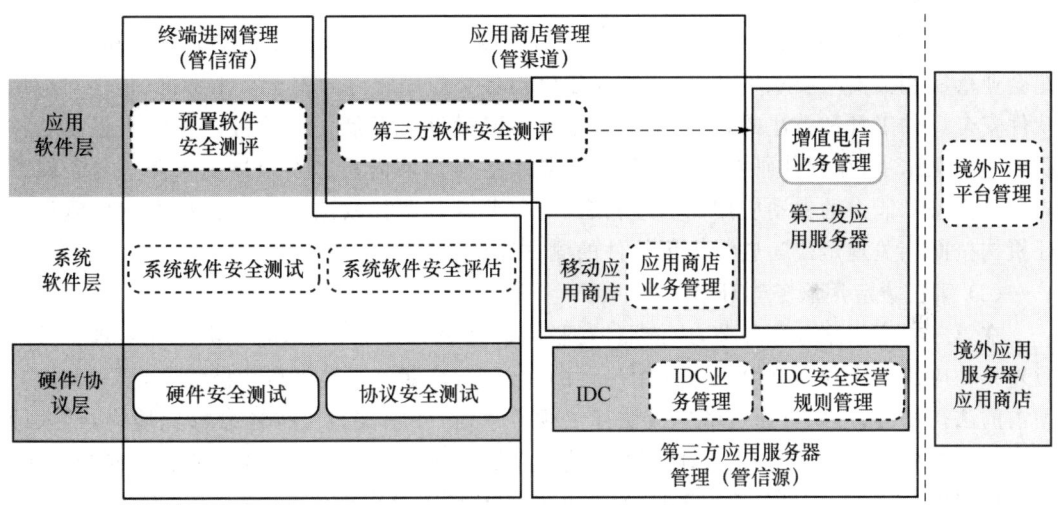

图 6-1 移动智能终端安全监管体系

(1) 移动智能终端环节

在移动智能终端环节,通过终端安全技术攻关、安全标准引导以及进网管理规范提升终端安全能力。

在终端安全技术攻关方面,扶持国内操作系统、芯片等核心技术的研发和产业发展,争取对移动智能终端安全管理的主动权和控制力,加大国家项目中对于移动智能终端的软硬件技术、安全技术、系统软件和应用软件安全漏洞后门分析及处置技术等专项研究的力度,扶持国内企业构建自主可控的移动智能终端安全技术能力与产品方案。

比如,2014年是我国移动终端操作系统大力发展的一年,2014年1月中旬中国科学院软件研究所与上海联彤网络通讯技术有限公司在北京联合发布了具有自主知识产权的操作系统 COS(China Operating System,简称 COS)。此次发布的 COS,意在打破其他国家在基础软件领域的垄断地位,引领并且开发具有中国自主知识产权和中国特色的操作系统。该系统采用成熟且安全增强过的 Linux 内核,提供用户态硬件抽象、数据与媒体层,支持多种运行环境。外界评价称,中科院此举意在打破微软、苹果和谷歌的垄断地位。该系统覆盖了个人电脑、智能终端等平台,目前已拥有超过 10 万个应用。COS 系统不开源,主打安全,有且只有一个应用入口,类似于苹果的 App Store。目前苹果和谷歌的操作系统都存在一些问题,比如,苹果操作系统过于封闭,只支持苹果产品,而谷歌的操作系统又过于开放,恶意软件泛滥,COS 系统正好解决了这个问题。

在安全标准引导方面,系统梳理并不断完善移动智能终端的安全标准体系,推动相关安全标准的制定和贯彻实施,并根据实施情况及时完善标准;在终端进网管理环节,加强对智能终端进网安全检测内容及测试方法的研究,补充对硬件芯片及外围接口、用户数据保护、操作系统漏洞、操作系统 API 调用、预置应用等方面的安全保障技术和管理措施要求,同时持续跟踪新出现的移动智能终端,如可穿戴设备等,将新型终端及时纳入进网检测。

(2)移动应用商店环节

移动应用商店的主体包括手机厂商(如苹果的 App Store)、运营商(如中国移动的 MM)、系统开发商(如谷歌的电子市场),甚至一些 SP 也推出了自己的应用商店(如机锋网针对 Android 系统推出的机锋市场)。在移动应用商店环节,积极推进第三方权威认证实验室的建设,开展对应用软件、应用商店和第三方服务器的第三方权威的安全监测和评估,督促企业落实相关安全要求。此外,还需制定针对各类应用软件的安全技术标准,加强对应用软件安全评估工具和方法的研究,保障安全评估高效客观开展。从软件研发源头提高软件质量和安全水平,在软件研发、上线、运行的整个生命周期内实施安全措施保障。对于缺乏应用软件检测能力的移动应用商店经营者,可以要求其委托权威的第三方终端软件测评认证机构按照相关规定代为进行应用软件的测试和认证。

(3)第三方应用服务器环节

在第三方应用服务器环节,应依照《互联网信息服务管理办法》进一步加强管理。针对境外移动应用商店和新型第三方应用平台的运营者,近期可与其进行积极沟通,要求其遵守国内的法律法规,远期可通过谈判或法律法规等手段,要求其将服务器搬移到境内,纳入国内法律法规管理体系。同时,要求基础电信运营企业加强业务拨测、内容过滤等安全机制,并要求 IDC/ISP 加强业务接入管理,研究并实施 IDC/ISP 层面的恶意代码和不良内容过滤的技术手段。

终端信息安全最主要的还是在于用户自身,培养用户的安全使用意识也是目前智能终端安全的一个重点。用户应有如下安全防范意识:启动必要的用户认证、定期备份机密重要的数据,尽量避免把敏感信息存到智能终端中、避免随意安装应用软件、避免使用未知无线接口、安装必要的安全防护软件。

6.4 手机病毒

随着智能手机应用的丰富,以智能手机为目标的病毒攻击也日益增多,由于手机和资费紧密相连,在经济利益的驱动下,大量出现利用手机病毒或恶意程序发送垃圾短信、窃取用户隐私、恶意扣费、诈骗用户等现象,给手机用户带来很大的困扰和损失,也对维护国家安全,稳定社会秩序,保护公民权利带来新的挑战。

6.4.1 手机病毒定义

手机病毒是以智能手机为感染对象,以手机网络和计算机网络为传播平台,利用发送短信、彩信、电子邮件,以及浏览网站、下载铃声和蓝牙等方式传播,导致用户手机死机、关机、个人资料被删、个人信息泄露,以及向外发送垃圾邮件、自动拨打电话或发送短(彩)信等恶意行为,甚至会损毁 SIM 卡、芯片等硬件,导致使用者无法正常使用手机,从而造成手机或手机网络异常的一种新型病毒。

6.4.2 手机病毒的特点

(1) 传染性

当一段手机代码或程序具备自我传播感染性则为手机病毒。传染性手机病毒的传播途径有网络下载、存储卡、恶意链接、彩信、蓝牙等。例如,"短信海盗"病毒通过彩信自传播,被感染的手机会不断向通讯录中的号码发送彩信,彩信内容通常是本人的短信内容和病毒链接,当用户点击链接并安装后手机就会被感染并向下一用户传播。

(2) 非授权性

当一段手机代码或程序在未明确提示用户或未经用户许可的情况下发生恶意行为,均为手机病毒。未经授权的恶意行为包括恶意扣费、消耗资费、劫持浏览器、破坏系统(包括破坏系统功能、消耗系统资源、制造系统垃圾、破坏常用软件功能等)、内置后门软件等。例如,恶意扣费软件、卧底软件等。

(3) 控制性

若一段手机代码或程序具备外部主控端,则为手机病毒。外部主控端对被感染手机的控制命令有删除、升级、发送短信等。例如,毒媒、垃圾短信发送者等。

(4) 针对性

一种手机病毒并不能感染所有的系统软件或者应用程序,其攻击方式具有较强的针对性。

(5) 隐蔽性和可触发性

有些手机病毒在感染用户手机后并不立即发作,而是隐匿于系统中,经过伪装的病毒程序可能被用户当作正常的程序而运行,只有在满足其特定条件时才能够被激活,并且具有传染性和破坏能力。

6.4.3 手机病毒的危害

人们在日常生活中对手机的依赖日益严重,而又缺乏对手机病毒的重视和相应的防范措施,手机病毒的影响范围日益扩大,给用户和运营商都造成了极大的危害。

对用户而言,危害主要表现在个人信息泄漏、造成经济损失和影响手机正常使用等方面,具体如下:

(1) 某些手机病毒感染用户手机后可能会窃取通讯录、短信、邮件、日常安排、各种网络账号、银行账户密码等,这些信息如果被别有用心者窃取,将会对用户造成不可估量的损失。例如,短信海盗、X 卧底病毒都会窃取短信记录。

（2）某些手机病毒感染手机后，通过短信、彩信进行传播，消耗大量通信费用。例如，"手机骷髅"病毒大量发送彩信，一般造成的资费损失都在 200 元以上。更有甚者，某些手机病毒可以在用户对手机没有任何操作的情况下，悄悄拨打国际长途或高额的付费电话，让用户承受较大的经济损失。

（3）某些手机病毒会直接损害用户手机软硬件，造成手机不能正常工作，影响人们的日常生活。例如：某些手机病毒可能侵占手机内存或者修改手机系统设置；某些病毒通过带有病毒程序的短信传播，只要用户查看带有病毒的短信，手机就立刻自动关机。

如果手机病毒感染手机后，强制手机不断地向其所在通信网络发送垃圾信息，大量受感染的手机发送的垃圾信息就会形成大量的数据，势必导致通信网络信息堵塞和局部的手机无线分组网络资源受损。对运营商而言，手机病毒使网络资源被大量浪费，将导致业务质量下降，造成用户网络感知差，影响企业品牌。

目前手机病毒的黑色产业链正在逐步形成，不法的服务提供商与部分山寨机厂商合作，内置后门，强制用户订购业务或者盗取用户信息，垃圾广告商与手机病毒编写者勾结，利用被控终端传播广告，而手机病毒编写者又为不法的服务提供商、部分山寨机厂商提供软件工具，因此手机病毒防治工作势在必行。

6.4.4 手机病毒的发展现状及趋势

随着智能手机的功能越来越强大，手机应用体系日益完善，用户使用手机联通网络的行为日益增多，新兴手机病毒紧随移动互联网的发展而演进，并开始出现程序"自我保护"机制，多个威胁进程互相守护，用户安装后，无法利用系统自带的卸载功能进行手工清除。

手机病毒形式更为灵活多变，从最早的诱骗用户回复短信的方式，发展为假借官方名义，进行信息通知，再到当前的直接将恶意软件添加到应用下载平台，手机病毒的传播途径愈发广泛。而传播的方式也从传统的短信、彩信，发展为蓝牙、Wi-Fi，以及 PC 互传等，不仅增加了用户手机感染病毒的概率，还增加了安全防护的难度。

手机病毒将继续向多元化、层次化方向倾斜，扣费类病毒中以破坏手机运行为目的的手机病毒，对用户的威胁最大。盗号类病毒也开始呈现迅猛发展的势头。同时，手机病毒在此前主要针对塞班平台，今后将对更多手机系统平台构成威胁。Android 平台目前在智能机市场的占有率疯狂增长，而该系统平台自身开源性较强，签名验证机制较为薄弱，系统自身存在漏洞等，因此，Android 手机将成为黑客的重点攻击目标。尽管 iPhone 和黑莓的操作系统由于对外接口有限、开放性不够，在牺牲了手机功能的情况下，安全性得到了一定保障，但是，国内一些用户的 iPhone"越狱"版并没有任何安全性可言，也极易遭遇手机病毒的威胁。

目前，很多用户通过手机运行 QQ、微信、网银、炒股软件等。因此，账户密码的安全，将成为未来用户关注的重点。盗号类病毒感染用户手机后，会自动启动后台进程，通过拦截键盘记录和拆解数据包等方式盗取用户手机应用程序的密码。同时，通过自动联网上传或直接通过外发短信的方式进行传播，对用户造成极大威胁。

利用软件存在的漏洞开启"后门"进行攻击的现象，也将对用户的手机造成严重威胁。"后门"程序在后台强行添加恶意代码后，利用软件漏洞上传隐私数据，并远程控制实行扣费操作，通过开通 GPS 的手机窃取用户地域位置，有针对性地推广恶意广告内容等。同时弹出伪装提示,诱骗用户消费。

6.4.5 手机病毒的分类

根据手机病毒的作用范围,将手机病毒分成如下类型。

(1) 窃听型病毒

窃听型病毒可以窃听用户通话、盗取用户短信。如 Android. Hack. SWMsgspy. a 病毒,它是一款间谍病毒,一旦进入用户手机,就会将用户的通信记录、短信信息、地理位置等重要的数据传递给控制者,就像电脑的"肉鸡"一样,手机的秘密全部泄露无遗。

(2) 传播病毒型

有一款称为 LanPackage(又名"手机骷髅")的病毒,主要针对塞班 S60 系列。这款病毒采用诱骗的方式,让用户下载一些信息,诸如明星照片、中文语言包等。当用户下载以后,就开始向其他的智能手机传播病毒,从而造成大量的手机被感染。

(3) 吸金型病毒

大多数手机病毒都属于吸金型病毒,即便是仅仅增大通信流量的病毒,其结果也是造成用户资金的流失。还有些病毒,是专为吸金而设计的,如"食人鱼"病毒、"同花顺大盗"病毒等。"同花顺大盗"病毒主要针对用"同花顺"炒股的用户,它可以获取这些用户的交易帐号和密码等信息;"QQ 盗号手"病毒专盗 QQ 帐号和密码,造成用户损失;InSpirit. A(又名"钓鱼王")病毒伪装成银行的口吻,向手机用户发送短信,引诱用户登录钓鱼网站,从而盗走用户的银行账号和密码;等等。

(4) 信息型病毒

信息型病毒有"X 卧底""短信海盗"等。"短信海盗"病毒是"手机骷髅"病毒的变种,通过不断地向外发送信息的方式消耗用户的手机话费,并且还将用户邮箱中的邮件发送给他人,造成个人信息的泄漏。"老千大富翁"病毒也属于这一类,在不停地消耗用户流量的同时,还将用户的国际移动设备身份码 IMEI(International Mobile Equipment Identity)盗走,而用户即使发现该病毒的存在,也很难清除。

(5) 刷机型病毒

所谓"刷机",相当于重装系统,是指手机病毒更改或替换手机中原本存在的一些语言、图片、铃声、软件或者操作系统。在 2011 年,通过金山公司安全监测中心监测,刷机型病毒已占据病毒总量的 10%。这种病毒可能在手机中设置"后门",使得手机长期受控于病毒操纵者。

(6) 广告型病毒

广告型病毒也很常见,经常弹出各种广告,或者引诱用户进入不良网站,制造一些子虚乌有的信息,骗取或强制用户订购各种收费服务等。

(7) 破坏软硬件型病毒

破坏软硬件型病毒也包括很多成员,诸如 FmtDev(又名"格式化杀手")病毒、熊猫烧香手机病毒、Skulls(又名"骷髅")病毒等。刷机型病毒也属于这一类。该类病毒一旦发作,可以格式化手机的信息,造成手机的死锁。例如,SYMBOS_LOCKNUT 木马病毒发作时,手机的按键功能会失去作用。

(8) 恶作剧型病毒及表现型病毒

恶作剧型病毒及表现型病毒只是制造恶作剧，引起用户的恐慌。例如，EPOC_FAKE.A 病毒发作时，在手机屏幕上显示格式化手机硬盘的信息，而实际上并未真正格式化，只是一场恶作剧。还有些手机病毒只是单纯为显示其存在，并不对手机造成实质性伤害。例如，EPOC_GHOST.A 病毒发作时，在屏幕上显示"Every one hates you"。这些手机病毒不会对用户造成多大损失，但却会影响用户的心理，占据 CPU 的时间。

(9) 其他类型病毒

其他类型病毒，如情人节病毒，在情人节骚扰手机用户。还有输入法病毒，伪装成输入法，给用户造成损失。

6.4.6 主流系统的安全机制和隐患

(1) Android 系统

Android 操作系统是由 Google 公司开发，建立于 Linux 系统的开源系统，近几年发展极为迅速。

Android 系统是一种权限分离的操作系统，系统内的每个应用以唯一的身份标识（Linux 用户 ID 和 ID）运行在一个封闭的环境（沙箱）中，除非特别授权，否则无法影响其他应用。应用在安装时必须申明其运行需获得的权限。当某个权限与操作和系统资源对象绑定在一起时，应用必须获得这个权限才能在对象上执行操作。在应用被执行安装时，其请求获得的权限必须通过 manifest 文件交用户审查，用户同意授权后，该应用才能完成安装。所以，Android 系统实施的安全准则是应用程序得到权限许可后，才能执行可能会影响系统其他部分的操作。

Android 系统的特色安全机制是数字证书机制。Android 系统通过数字证书来确认不同应用是否来自同一开发者，规定只有通过签名认证的应用才可被安装。一个应用在正式发布时必须签名，这要利用开发者的私匙生成数字证书来实现。数字证书是有有效期限的，过期的证书会导致应用无法安装。sharedUserId 机制和权限机制都用签名方法来执行 signature 和 signatureOrSystem 权限。

不过数字证书机制无法完全限制恶意程序的开发。目前 Android 的应用数量大、品种多，而用户往往无法区分恶意程序和正常程序，在安装时会给予程序申明的所有权限，这使安全隐患大大增加。现在流行的针对浏览器 webkit 的攻击、MITM 攻击等，都是基于应用程序的攻击，由于攻击成功率高，它们正逐渐成为攻击者频繁利用的手段。

(2) iOS 系统

iOS 操作系统是苹果公司开发的以 Darwin 为基础的操作系统。相对于 Android 系统，iOS 系统的安全性能更高。

iPhone 的处理器集成有一段名为 Boot Room 的代码，系统启动时，Boot Room 通过苹果的 Apple Root CA Public 证书对 Low-Level BootLoader 进行验证，若通过验证，Low-Level BootLoader 将运行 iBoot 和高层次的 Bootloader，如果通过，iBoot 将运行系统。Boot Room 保证了 iOS 设备无法运行 iOS 系统以外的其他系统。

iOS 系统也采用沙箱安全机制，而且苹果公司对运行在 iPhone 上的应用进行严格限制。运行的应用只能是由 App Store 提供且经过审核的，所有第三方应用都需要使用应用开发者的账号进行签名，而该账号是通过苹果官方实名审核的账号，来源透明可靠，从源头上保障了程序的安全性。另外，开发者在开发应用时只能使用苹果公司提供的 SDK，与 Android 开源的做法不同，SDK 中很多函数都经过加密处理，限制了开发者开发危害手机安全的应用，遏制了基于应用程序的恶意攻击行为。

不少用户想尝试安装 App Store 以外的应用程序，因此想方设法破解 iPhone 的安装权限限制，利用 iOS 系统的漏洞实现"越狱"。越狱能够给用户带来全新的体验，但也存在安全隐患。比如：实现越狱之后，用户获取了系统的 root 修改权限，如果未及时更改最高权限的密码，很可能被侵入；成功越狱的用户能下载各种非苹果官方的应用，但这些应用由于未经审核可能暗藏木马和病毒，使安全风险大增；为了使越狱不失效，用户往往不选择升级系统，而陈旧的系统可能存在漏洞，容易被攻击。因此，虽然 iOS 系统的安全性较好，但越狱过的 iOS 系统会暴露很多安全问题。

6.4.7 手机反病毒技术的发展趋势

手机病毒当前已经实现通过代码混淆等方式，给专业安全厂商的病毒分析增加难度，并极大拖慢了响应速度。传统简单的分析方式已无法实现对手机病毒的有效查杀。针对手机病毒的发展趋势，专业安全厂商也在不断促进技术革新。

一是病毒家族聚类。未来的病毒分析技术，也将向更为自动化和智能化的方向发展。例如，应用病毒自动化分析技术、病毒样本养殖与分析技术，并根据分析的结果将病毒家族化、聚类化，从而通过共性特征进行识别，并采取相应的查杀措施进行病毒清除。

二是行为分析技术。由于手机病毒通过代码混淆等手段提升分析难度、隐蔽其威胁行为，传统的分析手段较难准确定位恶意行为，需要模拟程序在实际运行中的状态，通过捕捉和分析程序的行为来对程序安全性进行判定。

三是全生态系协同防护。随着移动互联网的发展，手机病毒除了会给手机终端带来威胁，也会给运营商网络带来较大压力。同时，手机软件来源的渠道日益丰富，开放的下载网站以及各种应用商场等都会成为重要的病毒传播源。因此，需要打造一个针对病毒传播源（包括应用程序开发者、网站等）、病毒传播渠道（网络），以及病毒最终目标对象（智能终端）的全生态系的全方位防护，从而更有效地应对手机病毒的威胁。

伴随手机病毒数量的高速增长，传统手机杀毒软件的病毒库升级方式已难以满足用户实际的反病毒需求。通过用户分享和样本集成，构筑"云安全"系统来快速识别、分析和对手机病毒进行响应。在用户授权的前提下，及时收集用户上传的安全威胁，并对病毒行为智能分析方式做出反应，快速同步返回到手机安全端与手机用户实现共享。这种立体化的防护方式成为手机安全技术新的发展趋势。

6.4.8 手机病毒防范措施

1. 政府相关部门制订法律法规

政府相关部门应针对移动互联网技术发展和业务管理建立并完善相应的法律法规和技术规范，规范个人和机构的行为，完善安全监管机制，在行政和法律层面上维护手机的安全性，加大执法力度，严厉打击各类手机违法犯罪行为。同时，相关部门还应加大评估方面的研究工作，针对新技术、新业务建立相应的移动智能终端安全标准和评估机制，使安全隐患在业务推广普及前得到及时有效的解决。

2. 运营商加强手段建设

运营商需要从多层次、多角度来保障移动网络的安全，充分挖掘整合并形成综合、强大的业务管理平台，从而构建健康网络。首先，运营商需要组建一支由手机病毒分析人员、网络维护人员、客户服务人员、法律事务人员等组成的专业病毒防护团队；其次，建立起一套手机病毒处置工作体系，搭建手机病毒监测系统，根据移动互联网恶意代码处置工作流程，开展病毒监测、病毒研判、病毒预警、病毒控制应急响应等各项工作，确保网络安全，提升网络质量。

3. 设备制造商提升终端安全性

对于智能手机厂商而言，必须加强与运营商、安全软件厂商的合作，着力完善手机操作系统的内部程序结构，提高硬件的安全性，堵塞安全漏洞。在完善软件签名制，提高软件可信度的同时，让程序以完成其拥有许可任务的最小特权级运行，减少由意外、错误或恶意代码造成的风险。通过平台安全策略阻止用户调用比较危险的 API 函数或私自安装的程序运行，提高产品应对各种安全攻击的防御能力。

4. 安全厂商注重技术创新

为应对手机病毒的安全威胁，安全厂商也应在技术领域不断进行创新，及时提供相关的解决方案，对于影响较大的安全事件应及时上报相关政府职能部门。在技术层面，将"云安全"技术引入移动互联网将进一步加快对安全威胁的快速响应。通过"云安全"技术的系统融合，将从渠道、终端等多个层面实现对手机恶意软件的全面排查。在产品层面，大力提高技术研发水平，通过变换产品设计思路，由传统单一功能的产品防护向集中统一管理的产品类型转移，对恶意软件的下载、安装、启动后可能实现的恶意攻击进行全面防范，不断提高自身产品抵御安全威胁的能力。

5. 用户提高防范意识

用户作为手机使用者来说，自身积极的防范是最重要的。建议用户在购买新手机时尽量选择从正规渠道购买；在选择应用下载网站时，选择大型可信站点；在安装软件时，注意观察软件权限，不要下载安装功能不清的软件；慎重查看来历不明的短信和彩信；及时安装有效的手机防护软件并定期升级；及时备份手机数据并定期检测手机系统是否正常；等等。

随着智能手机上网功能的日益强大，手机用户也将越来越频繁地面对种类繁多且不断变化的手机病毒。但是用户只要掌握必要的手机病毒防治策略和相应手段，即便是手机中了毒，也能实现有力的应对，最大限度地保护用户手机的安全，避免遭受不必要的财产和人身损失。

扩展阅读

半夜收到白条验证短信的"GSM 劫持＋短信嗅探"

在多年以前，病毒（程序）还只属于桌面版系统，而现在它已经开始渗透到我们每一个人的智能手机当中。用户反馈出现了一种新的诈骗行为，一觉醒来后发现手机收到数条验证码和银行扣款短信，甚至有的还因此莫名"被网贷"，蒙受了极为严重的经济损失。李女士

(化名)便是此类诈骗案件中的一名受害者,她在凌晨接收到来自银行、京东和支付宝平台的100多条验证码后,发现自己钱款全部被转走,京东平台还开通了金条、白条功能,被借走一万多元。

上述案件中,不法分子通过利用"GSM 劫持＋短信嗅探"技术,可实时获取用户手机短信内容,从而利用银行、网站、移动支付 App 的技术漏洞和缺陷,最终实现信息窃取、钱款盗刷、私自借贷等诈骗犯罪目的,这是一种最新型的网络电信诈骗手法。虽然对于普通民众来说,"GSM 劫持"还属于较为陌生的词汇,但是"伪基站"却早已被人们熟知,大致来说,"GSM 劫持"便是"伪基站 2.0 版本",属于伪基站的技术再升级。不法分子通过伪基站劫持的方式将用户的手机降为 2G,然后利用技术手段获取到一定范围内潜在的手机号码后,再利用"GSM 嗅探"技术来窥探用户短信中的验证码信息,以便他们完成密码重置、身份验证等步骤。据悉,不法分子的劫持对象主要针对那些处于 GSM 网络中的手机,有时也会干扰附近的手机信号使之降级到 2G 信号,在窃取用户短信信息后,登录其他网站,试图掌握用户更多的隐私信息,继而盗刷用户的钱款、冒充受害者进行消费或套现。整个过程中,不法分子无须直接与受害者接触,只需利用"GSM 劫持＋嗅探技术"就可以窃取用户的短信信息,因此用户毫无知觉。它就像是一条经过专业训练的狗,悄无声息地辨别事物,所以也被专业人士叫作"短信嗅探"技术。

GSM 协议的问题早已经被关注,目前该方面的系统也在换代升级中。从近期出现的各种利用截获短信验证码等方式实施的网络诈骗行为来看,未来确实有必要提出多项加强身份验证的安全性措施。除常用的短信验证码外,还可以考虑新增图片验证、语音验证、人脸验证、指纹验证等诸多二次验证机制。

资料来源:道客巴巴.[2019-12-1].https://www.doc88.com/p-9099953177278.html.

思 考 题

1. 移动电子商务的安全性主要从哪几个方面表现?
2. 移动电子商务主要的安全问题有哪些?
3. 主要的移动安全通信技术有哪些?
4. 移动终端的主要安全威胁有哪些?安全策略是什么?
5. 手机病毒的特点是什么?

第7章 移动电子商务与大数据技术

随着移动通信技术和数据仓库技术的飞速发展，移动商务正显示着越来越强大生命力，加速了社会经济的电子化进程，同时也使得数据爆炸的问题越来越严重，利用大数据分析技术可以有效地帮助企业分析网上获取的大量数据，发现隐藏在其后的规律性，提出有效信息，进而指导企业的营销策略，给企业的电子商务客户提供个性化的高效服务，由此使移动商务业务得到进一步的发展。

目前移动电子商务的发展势头迅猛，数据分析将是一个非常有前景的领域，它能够预测客户的消费趋势、市场的走向，指导企业建设个性化智能平台并提供个性化服务，带来巨大的商业利润。比如，利用路径分析方法对 Web 服务器日志文件中客户访问站点的访问次数进行分析，挖掘出频繁访问路径。因为客户从某一站点访问到某一感兴趣的页面后就会经常访问该页面，通过路径分析确定频繁访问路径，可以了解客户对哪些页面感兴趣，从而更好地改进设计，为客户服务。利用关联规则统计出电子商务客户访问某些页面及兴趣关联页面的比率，以此更好地组织站点，实施有效的市场策略。利用分类预测电子商务中客户的响应，如哪些客户最倾向于对网络营销做出回应，又有哪些客户可能会产生购买行为，由此使网络营销更有针对性。利用聚类找出具有相似浏览行为的客户，并分析客户的共同特征，更好地帮助企业了解自己的客户，向客户提供更合适的服务。利用时间序列模式进行电子商务组织，预测客户的线上产品查找模式，从而对客户进行有针对性的服务。

目前，大数据分析技术正以前所未有的速度发展，用户群体不断扩大，在未来越来越激烈的市场竞争中，拥有数据分析和挖掘技术必将比别人获得更快速的反应，赢得更多的商业机会。现在世界上的主要数据库厂商纷纷开始把数据分析功能集成到自己的产品中，加快大数据分析技术的发展。

总之，随着电子商务发展的势头越来越强劲，面向移动商务的大数据分析将是一个非常有前景的领域，有很多优势。它能指导企业建设个性化的智能网店，带来巨大的商业利润，可以为企业创建新的商业增长点。但是在大数据分析中还存在很多问题急需解决，比如，怎样将服务器的客户数据转化成适合某种数据挖掘技术的数据格式，怎样解决分布性、异构性数据源的挖掘，如何控制整个 Web 上知识发现的过程等。利用这些挖掘技术可有效统计和分析用户的个性特征，从而指导营销的组织和分配，让企业在市场竞争中处于有利位置，抢占先机。

7.1 大数据技术概述

7.1.1 大数据的概念与特征

大数据(big data),或称海量数据,是由数量巨大、结构复杂、类型众多的数据构成的数据集合,是基于云计算的数据处理与应用模式,通过数据的集成共享,交叉复用形成的智力资源和知识服务能力。

从某种程度上说,大数据技术是数据分析的前沿技术,是从各种各样类型的数据中快速获得有价值信息的能力,是从大量数据中寻找未知的、有价值的模式或规律等知识的过程。大数据技术能够发现知识并将其应用于决策机制。

大数据技术有机结合了多学科技术,其中包括数据库、数理统计、机器学习、高性能计算、模式识别、云计算、数据可视化、信息检索、图像与信号处理、空间数据分析等,这里需要强调的是大数据分析所处理的是大规模数据即通常所说的海量数据,且其挖掘算法应是高效的和可扩展的。通过分析数据,可从数据库中挖掘出有意义的知识、规律,或更高层次的信息,并可以从多个角度对其进行浏览察看。所挖掘出的知识可以帮助进行决策支持、过程控制、信息管理、查询处理等。因此,大数据技术被认为是数据库系统最重要的前沿研究领域之一,也是信息工业中最富有前景的数据库应用领域之一。

大数据有以下 4 个方面的典型特征。

(1) 数据体量巨大(Volume)。截至目前,人类生产的所有印刷材料的数据量是 200 PB (1 PB=210 TB),而历史上全人类说过的所有话的数据量大约是 5 EB(1 EB=210 PB)。当前,典型个人计算机硬盘的容量为 TB 量级,而一些大企业的数据量已经接近 EB 量级。

数据的基本单位是 B,按顺序给出所有单位:B、KB、MB、GB、TB、PB、EB、ZB、YB、BB、NB、DB,它们按照进率 1 024(2 的十次方)来计算:

$$1 \text{ KB}=1\ 024 \text{ B}$$
$$1 \text{ MB}=1\ 024 \text{ KB}=1\ 048\ 576 \text{ B}$$
$$1 \text{ GB}=1\ 024 \text{ MB}=1\ 048\ 576 \text{ KB}$$
$$1 \text{ TB}=1\ 024 \text{ GB}=1\ 048\ 576 \text{ MB}$$
$$1 \text{ PB}=1\ 024 \text{ TB}=1\ 048\ 576 \text{ GB}$$
$$1 \text{ EB}=1\ 024 \text{ PB}=1\ 048\ 576 \text{ TB}$$
$$1 \text{ ZB}=1\ 024 \text{ EB}=1\ 048\ 576 \text{ PB}$$
$$1 \text{ YB}=1\ 024 \text{ ZB}=1\ 048\ 576 \text{ EB}$$
$$1 \text{ BB}=1\ 024 \text{ YB}=1\ 048\ 576 \text{ ZB}$$
$$1 \text{ NB}=1\ 024 \text{ BB}=1\ 048\ 576 \text{ YB}$$
$$1 \text{ DB}=1\ 024 \text{ NB}=1\ 048\ 576 \text{ BB}$$

(2) 数据类型繁多(Variety)。数据类型的多样性使数据可被分为结构化数据和非结构化数据。相对于以往便于存储的以文本为主的结构化数据,非结构化数据越来越多,包括产品评论、网络日志、音频、视频、图片、地理位置信息等,多类型数据对数据的处理能力提出了更高要求。

(3) 价值密度低(Value)。价值密度的高低与数据总量的大小成反比。以视频为例，一部1小时的视频，在连续不间断的监控中，有用数据可能仅有一二秒。如何通过强大的机器算法更迅速地完成数据的价值"提纯"成为目前大数据背景下亟待解决的难题。

(4) 处理速度快(Velocity)。这是大数据区分于传统数据挖掘最显著的特征。根据IDC的"数字宇宙"的报告，预计到2020年，全球数据使用量将达到35.2 ZB。在如此海量的数据面前，处理数据的效率就是企业的生命。

最后这一点和传统的数据挖掘技术有着本质的不同。业界将其归纳为4个"V"——Volume(大量)、Velocity(高速)、Variety(多样)、Value(价值)。

7.1.2 大数据分析主要步骤

一般来说，整个大数据分析的主要步骤有以下几步：

(1) 数据清洗(data cleaning)，清除噪声数据、不一致的数据和与分析主题明显无关的数据；

(2) 数据集成(data integration)，将来自多数据源中的相关数据整合到一起，形成一致的、完整的数据描述；

(3) 数据转换(data transform)，通过汇总或聚集将数据转换为易于进行数据分析的数据存储形式；

(4) 数据挖掘(data mining)，是知识发现的一个基本步骤，利用智能方法挖掘模式、规则、网络等知识；

(5) 模式评估(pattern evaluation)，根据一定评估标准或度量(measure)从挖掘结果中筛选出有意义的知识；

(6) 知识表示(knowledge representation)，利用可视化和知识表示技术，向用户展示所挖掘出的相关知识。

实际上，在商业领域中为了保证数据分析的质量和结果的可靠，商业大数据分析过程更为重视分析挖掘前对业务模型和业务数据的理解。在商务环境下的数据挖掘过程主要划分为以下过程：商业理解、数据理解、数据准备、建立模型、模型评估、模型发布，流程如图7-1所示。

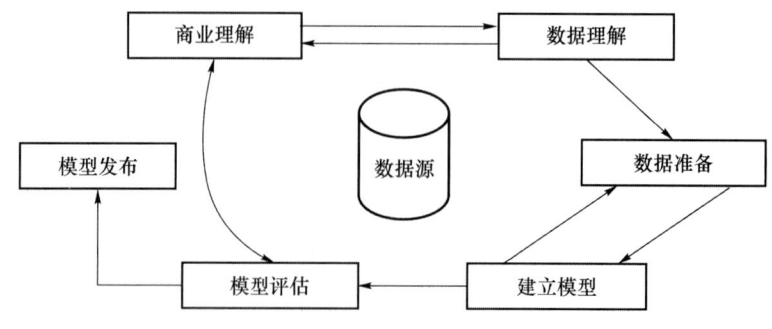

图 7-1 大数据分析的商业流程

(1) 商业理解是大数据分析的起点，是从商业需求出发来研究数据挖掘可能提供的商

业价值,要能完成以下基本工作:
① 确定商业目标,包括分析项目背景、具体的商业目标;
② 进行形势评估,描述项目拥有的资源、需求的资源和限制、项目风险和可能的偶发因素、成本与收益;
③ 确定挖掘分析的目标,定义数据挖掘的目标(不是项目目标),该目标应具有可评估性和可实现性,定义数据挖掘成功的标准;
④ 制定项目计划,描述和评估需使用的工具、方法。

(2) 数据理解主要包括以下内容:
① 收集原始数据,撰写数据收集报告,说明数据来源;
② 完成数据描述报告;
③ 完成数据的探索性分析报告,说明业务数据的基本情况,如字段类型、填充率;
④ 撰写数据质量报告,说明数据基本质量,如空缺值情况、字段完整率。

(3) 数据准备阶段要完成以下工作:
① 根据业务理解和分析目标挖掘,在已得到的数据集中确定挖掘时要包含(或去除)的数据;
② 根据数据探索性分析报告和质量报告,设计数据清洗方案,撰写数据清洗报告;
③ 根据现有数据字段设计数据重构方案,生成新的字段;
④ 整合相关数据;
⑤ 格式化数据,使之适合于后续分析。

(4) 建立模型阶段,指的是利用不同的算法开展的具体处理过程,主要包括以下内容:
① 从商业理解和可用的数据出发选择合适的算法;
② 使用快速分析工具建立模型;
③ 调整模型,分析模型结果,通过和预期结果比较,分析、修订模型参数;
④ 得到模型结果,整理分析结论。

(5) 模型评估阶段主要指的是评估模型的价值,包括以下工作:
① 结果评估,结合商业理解评估挖掘结果,描述商业结论;
② 与管理、营销人员沟通,确定下一步的工作,决策是否结束模型调整。

(6) 模型发布作为大数据分析的最终环节,要完成以下工作:
① 设计模型维护计划及方案;
② 撰写最终的数据挖掘报告;
③ 项目总结。

需要指出的是,由于市场变化非常迅速,可能存在的商业活动机会往往会迅速消失,战术决策层面的大数据分析过程可根据具体的商业目标进行灵活调整。另外任何一个模型都有适用的范围和限制,当组织环境、市场或数据情况等基础条件发生变化时,必须及时调整模型以保证分析结果的可靠。

7.1.3 大数据分析方法简介

大数据分析的任务可以分两类:描述和预测。描述性挖掘任务刻画数据库中数据的一般特性。预测性挖掘任务在当前数据上进行推断,以进行预测。在某些情况下,用户不知道他们的数据中什么类型的模式是有用的,因此可能想并行地搜索多种不同的模式。于是,重要的是,数据挖掘系统要能够找到多种类型的模式,以适应不同的用户需求或不同的应用。此外,数据挖掘系统应当能够发现各种粒度(不同数据抽象层次)的模式。数据挖掘系统应当允许用户给出提示,指导或聚焦有用模式的搜索。由于有些模式并非对数据库中的所有数据都成立,通常每个被发现的模式会带有确定性或可信性度量。

下面主要介绍几种常用的分析方法。

(1) 关联规则方法

关联规则或者称为关联分析,是在数据中寻找频繁出现的项集模式的方法。它广泛用于市场营销、事务分析等领域。关联规则主要考察一些涉及许多物品的事务。例如,事务1中出现了物品甲,事务2中出现了物品乙,事务3中则同时出现了物品甲和乙。那么,物品甲和乙在事务中的出现相互之间是否有规律可循呢?在数据库的知识发现中,关联规则就是描述这种在一个事务中物品之间同时出现的规律的知识模式。更确切地说,关联规则通过量化的数字描述物品甲的出现对物品乙的出现有多大的影响。

现实中,这样的例子很多。例如,超级市场利用前端收款机收集存储了大量的售货数据,这些数据是一条条的购买事务记录,每条记录存储了事务处理时间、顾客购买的物品、购买物品的数量及金额等。这些数据中常常隐含形式如下的关联规则:在购买铁锤的顾客当中,有70%的人同时购买了铁钉。这些关联规则很有价值,商场管理人员可以根据这些关联规则更好地规划商场,如把铁锤和铁钉这样的商品摆放在一起,能够促进销售。

关联规则揭示数据之间的内在联系,发现用户与站点各页面的访问关系。其数据挖掘的形式描述为:设 $I=\{i_1,i_2,\cdots,i_m\}$ 为挖掘对象的数据集,存在一个事件 T,若 I 中的一个子集 X,有 X 包含于 T,则 I 与 T 存在关联规则。

通常,关联规则表示如 $X \Rightarrow Y$ 的形式,含义是数据库的某记录中如果出现了 X 情况,则也会出现 Y 情况。这个写法与数据库中的函数依赖一致,但表述的则是数据库中记录的实际购买行为。一个数据挖掘系统可以从一个商场的销售(交易事务处理)记录数据中,挖掘出如下所示的关联规则:

$$Beer \Rightarrow Potato$$
$$[support=2\%, confidence=70\%]$$

上面这条规则表示某商场购买啤酒的人中有70%的人也购买了土豆,且同时购买啤酒和土豆的人数占购物总人数的2%。该规则的可信度为70%,代表了这条关联规则的准确性;支持度为2%,代表了这条关联规则的重要性。某些关联规则虽然很准确,但是并不重要,说明应用的机会不多。所以一条高质量的关联规则,一定要同时满足提前设定的最小可信度和最小支持度。

有些数据不像售货数据那样很容易就能看出一个事务是许多物品的集合,但稍微转换一下思考角度,仍然可以像处理售货数据一样处理它们。比如人寿保险,一份保单就是一个事务。保险公司在接受保险前,往往需要记录投保人详尽的信息,有时还要求投保人到医院做身体检查。保单上记录投保人的年龄、性别、健康状况、工作单位、工作地址、工资水平等。这些投保人的个人信息就可以看作事务中的物品。通过分析这些数据,可以得到类似以下这样的关联规则:年龄在40岁以上,在A区工作的投保人当中,有45%的人曾经向保险公司索赔过。在这条规则中,"年龄在40岁以上"是物品甲,"在A区工作"是物品乙,"向保险公司索赔过"则是物品丙。可以看出,A 区可能污染比较严重,环境比较差,导致工作在该区的人健康状况不好,索赔率也相对比较高。

关联规则方法是数据分析应用较为成熟的方法,已经有一些经典算法。从近期各类报道来看,关联规则的热点在具体的行业应用。

(2) 分类方法

分类就是找出一组能够描述数据集合典型特征的模型(或函数),以便能够分类识别未知数据的归属或类别,即将未知事例映射到某种离散类别。用通俗的语言来描述,可以这样理解分类,即根据已有的实例建立一个模型,使之能够识别对象的所属类别,该模型可以用于将未定类别的对象划分到已知类别。

用于分类方法的技术有很多,典型方法有统计方法的贝叶斯分类、机器学习的决策树归纳分类、神经网络的后向传播分类等。最近数据挖掘技术也将关联规则用于分类问题。另外还有一些其他分类方法,包括随机森林、支持向量机等方法。目前,尚未发现有一种方法对所有数据的分类都优于其他方法。实验研究表明,许多算法的准确性非常相似,其差别是统计不明显,而计算时间可能显著不同。

与分类相似的一个操作是预测。分类通常用于预测未知数据实例的归属类别(有限离散值),如一个银行客户的信用等级是属于 6 级、5 级还是 4 级,或者直邮收件人是否会有反馈。但在一些情况下,需要预测某数值属性的值(连续数值),这样的分类就被称为预测。尽管预测既包括连续数值的预测,又包括有限离散值的分类。但一般还是使用预测来表示对连续数值的预测,而使用分类来表示对有限离散值的预测。

典型的分类方法应用在商业中的客户识别、老客户维系、新客户获取等方面。比如,现有顾客邮件地址数据库,利用这些邮件地址可以给潜在顾客发送用于促销的新商品宣传册和将要开始的商品打折信息。该数据库内容就是有关顾客情况的描述,它包括年龄、收入、职业和信用等级等属性描述,顾客被分类为是否会成为在本商场购买商品的顾客。当新顾客的信息被加入数据库中时,就需要对该顾客是否会成为买家进行分类识别(即对顾客购买倾向进行分类),以决定是否给该顾客发送相应商品的宣传册。考虑到不加区分地给每名顾客都发送这类促销宣传册显然是一种很大浪费,而相比之下,有针对性给有最大购买可能的顾客发送其所需要的商品广告,才是一种高效节俭的市场营销策略。显然为满足这种应用需求就需要建立顾客(购买倾向)分类规则模型,以帮助商家准确判别每个新顾客的可能购买倾向。

举例来说,一家高档化妆品公司希望借助数据挖掘技术,为公司新的产品搜集客户。由于技术和成本的原因,测试产品的最初覆盖面只能覆盖目标客户群的一小部分。在这个项目中,最终选择了该公司现有客户中的几百个做直邮营销,也就是向这些客户寄递广告函看哪些客户有反馈,哪些可能会成为这个新产品的消费者。

因此,这个项目中最重要的问题是推算谁最有可能对这种新产品感兴趣,该向哪些客户寄发广告。这是分类的典型应用,即采用最经济的方法,找到最有可能出现响应的用户。一般来说,定向市场营销的固定成本可以看成是不变的,每次联系目标客户的支出也差不多是固定值,要减少营销活动的总成本,就必须降低要联系的潜在客户数量。换句话说,如果能在不影响营销效果的前提下,减少发送邮件的数量自然会降低整个项目的成本。

为确保测试的有效性,营销项目需要保证有一定数量的客户反馈或者签约。对于新产品的宣传活动,一般的经验是,大约2%～3%的现有客户可能做出满意的响应。因此,为达到500人响应的目标,可能需要向16 000～25 000名潜在客户发起营销宣传。

这里的困难在于如何选择目标,即如何在众多的现有客户中选择要发起营销宣传的目标客户。给每位客户打分评价该客户对营销活动发生响应的概率是一个比较通用的做法。客户的打分分值范围为1～100分,1代表该客户非常有可能购买产品,而100则代表其没有可能购买产品。然后,根据得分情况将候选人进行排序,营销人员可以顺着这个名单往下数,直至达到想要的响应者数量为止。正如下面在数据挖掘项目中非常常用的累积增益ROC图(图7-2)所示,通过分类分析,可以找到最有可能响应的客户,以较低的联系客户数量,即可获得期望的响应数量,降低了整体的营销成本。

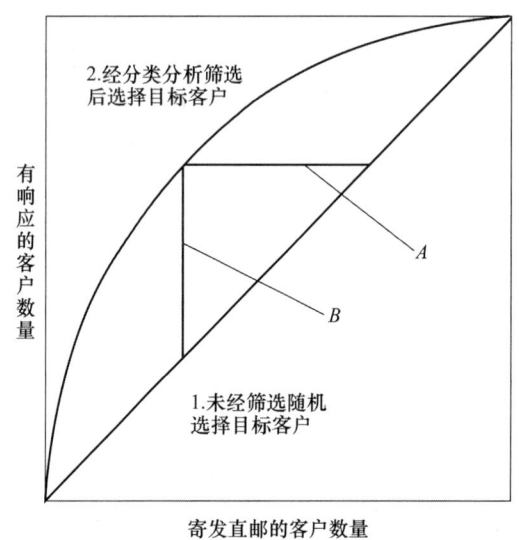

图7-2 营销项目的累积增益图

在图7-2中,第一条横跨图表的对角线代表在所有客户中随机选择目标客户发送邮件时出现反馈的客户数量和发送邮件的客户总数的关系。也就是随着发送数量的增加,有反馈的客户的数量呈线性增加。第二条向上弯曲的曲线,代表仅向通过分类方法事先筛选出的目标客户寄发邮件而得到的关系。两条线的差异A代表了要达到相同的反馈客户数量时,经过分类筛选比不经筛选所节省的邮件发送数量。而差异B则代表了如果寄发同样数量的邮件,两种方法得到的反馈数量的差异。所以在这张图中,如果第二条曲线越远离对角线,或者这两条线间的面积越大,则代表该筛选越有效。

(3) 聚类方法

聚类分析从名字上来看与分类很相近,在一些非专业文章中也会把这两种操作合称为分类,但在数据挖掘中还需要明确加以区分。一般来说聚类指的是根据最大化簇内的相似性、最小化簇间的相似性的原则将数据对象聚类或分组,所形成的每个簇可以看作一个数据对象类,用显式或隐式的方法加以描述。

聚类分析与分类预测方法明显的不同之处在于,分类学习获取的分类预测模型所使用的数据已知类别归属,属于有教师监督的学习方法;而聚类分析(无论是在学习还是在归类预测时)所分析处理的数据均无(事先确定)类别归属,类别归属标志在聚类分析处理的数据集中是不存在的。究其原因很简单,它们原来就不存在,因此聚类分析属于无教师监督学习方法。简而言之,在分类时,有已知的实例作为学习划分的参考,而聚类操作时并没有这些参考信息,完全需要根据对象本身的特征完成划分过程。

聚类是人类一项最基本的认识活动。通过适当聚类,事物才便于研究,事物的内部规律才可能为人类所掌握。如图7-3以及图7-4所示,可见聚类前后的结果。所以聚类就是按照事物的某些属性,把事物聚集成类,使类间的相似性尽可能小,类内相似性尽可能大。聚类是一个无监督的学习过程,它同分类的根本区别在于:分类需要事先知道所依据的数据特征,而聚类是要找到这个数据特征。因此,在很多应用中,聚类分析作为一种数据预处理过程,是进一步分析和处理数据的基础。例如:在商务中,聚类分析能够帮助市场分析人员从客户基本库中发现不同的客户群,并且用购买模式来刻画不同客户群的特征;在生物学中,聚类分析能用于推导植物和动物的分类,对基因进行分析,获得对种群中固有结构的认识。聚类分析也可以用于在泥土观测数据库中对相似地区的区分,也可以根据房子的类型、价值和地域对一个城市中的房屋进行分类。聚类分析也能用于分类Web文档,从而获得信息。作为数据挖掘的功能,聚类分析可以作为一个获得数据分布情况、观察每个类的特征和对特定类进一步分析的独立工具。通过聚类,能够识别密集和稀疏的区域,发现全局的分布模式,以及数据属性之间的相互关系等。

一个能产生高质量聚类的算法必须满足下面两个条件:

① 类内(intra-class)数据或对象的相似性最强;

② 类间(inter-class)数据或对象的相似性最弱。

聚类质量的高低通常取决于聚类算法所使用的相似性测量的方法和实现方式,同时也取决于该算法能否发现部分或全部隐藏的模式。

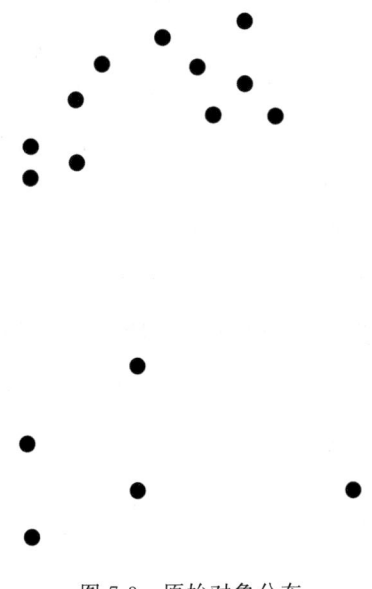

图7-3 原始对象分布

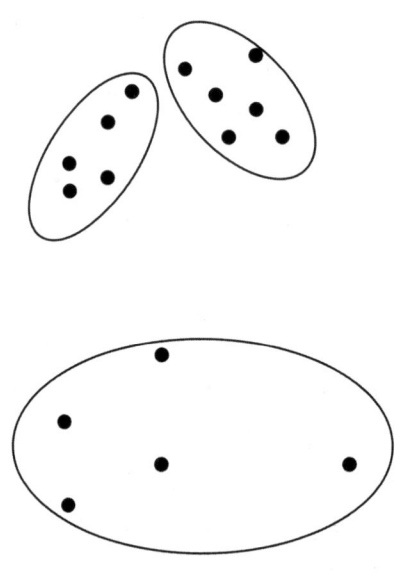

图 7-4 聚类结果

(4) 时间序列模式

时间序列模式侧重于挖掘数据的前后时间顺序关系,分析是否存在一定趋势,以预测未来的访问模式。序列模式分析和关联分析类似,其目的也是为了挖掘数据之间的联系,但序列模式分析的侧重点在于分析数据间的前后序列关系。它能发现数据库中形如在某一段时间内,顾客购买商品 A,接着购买商品 B,而后购买商品 C,即"序列 A—B—C 出现的频率较高"之类的知识。序列模式分析描述的问题是:在给定的交易序列数据库中,每个序列是按照交易时间排列的一组交易集,挖掘序列函数作用在这个交易序列数据库上,返回该数据库中出现的高频序列。在进行序列模式分析时,需要用户输入最小置信度 C 和最小支持度 S。另外序列关联规则挖掘中采用的 Apriori 特性可以用于序列模式的挖掘,另一类挖掘此类模式的方法是基于数据库投影的序列模式生长技术。

时间序列模式的发现需要按时间顺序查看时间事件数据库,从中找出另一个或多个相似的时序事件,通过时间序列搜索出重复发生概率较高的模式。

除了上面介绍的几种典型的大数据分析方法外,还包括路径分析、孤立点分析(异类分析)等其他多种方法。

7.1.4 大数据的典型应用

作为商务智能(BI)的重要组成,大数据分析的主旨在于商业应用,即如何辅助人们完成客户细分、客户获得、客户保持、交叉销售、个性化服务、资源优化及异常事件的确定等工作。

1. 应用于客户细分

随着"以客户为中心"的经营理念不断深入人心,分析客户、了解客户并引导客户的需求已成为企业经营的重要课题。通过对电子商务系统收集的交易数据进行分析,可以按各种客户指标(如自然属性、收入贡献、交易额、价值度等)对客户分类,然后确定不同类型客户的行为模式,以便采取相应的营销措施,促使企业利润实现最大化。

2. 应用于客户获得

利用大数据分析可以有效地获得客户。比如,通过数据建模和分析可以发现购买某种商品的消费者是男性还是女性、学历、收入如何,有什么爱好,从事什么职业等,甚至可以发现不同的人在购买该种商品的相关商品后多长时间有可能购买该种商品,以及什么样的人会购买什么型号的该种商品等。也许很多因素表面上看起来和购买该种商品之间不存在任何联系,但大数据分析的结果却证明它们之间有联系。在采用了大数据分析技术后,针对目标客户发送的广告的有效性和回应率将得到大幅度的提高,推销的成本将大大降低。

3. 应用于客户保持

大数据分析可以把大量的客户分成不同的类,每个类里的客户拥有相似的属性,而不同类里的客户属性也不同。可以通过给不同类的客户提供完全不同的服务来提高客户的满意度。数据挖掘还可以发现具有哪些特征的客户有可能流失,这样挽留客户的措施将具有针对性,有利于降低挽留客户的成本。

4. 应用于交叉销售

交叉销售可以使企业比较容易地得到关于客户的丰富信息,而这些大量的数据对于大数据分析的准确性来说是有很大帮助的。在企业所掌握的客户信息,尤其是客户以前的购买行为信息中,可能正包含着客户决定下一个购买行为的关键因素。这个时候数据挖掘的作用就会体现出来,它可以帮助企业寻找影响客户购买行为的因素。

5. 应用于个性化服务

当客户在电子商务网站注册时,会看到带有客户姓名的欢迎词。根据客户的订单记录,系统可以向客户显示那些可能引起客户特殊兴趣的新商品。当客户注意到一件特殊的商品时,系统会建议其在购买中可以增加的其他商品。普通的产品目录手册常常简单地按类型对商品进行分组,以简化客户挑选商品的步骤。然而对于在线商店,商品分组可能是完全不同的,它常常以针对客户的商品补充条目为基础,不仅考虑客户看到的条目,还考虑客户购物篮中的商品。使用大数据分析技术可以使推荐更加个性化。

6. 应用于资源优化

节约成本是企业盈利的关键。通过分析历史的财务数据、库存数据和交易数据,可以发现企业资源消耗的关键点和主要活动的投入产出比例,从而为企业优化资源配置提供决策依据,如降低库存、提高库存周转率、提高资金使用率等。

7. 应用于异常事件的确定

在许多商业领域中,异常事件具有显著的商业价值,如客户流失、银行的信用卡欺诈、电信中移动话费的拖欠等。通过数据技术中的奇异点分析可以迅速准确地甄别这些异常事件。

7.2 移动电子商务中的大数据技术

7.2.1 移动电子商务与大数据技术的关系

大数据技术的兴起为电子商务提供了强大的数据支撑,电子商务的发展,尤其是移动电子商务的兴起使得越来越多的企业开始了从未有过的通过客户移动终端进行的网上交易,网络站点的服务器日志、后台数据库中客户相关的数据,以及大量交易记录等数据资源中都蕴含着大量有待充分挖掘的信息,由此可见移动电子商务是数据挖掘应用的一个极佳的对象。

面向移动电子商务的大数据分析主要是Web服务器日志分析,Web上的日志文件,如客户的访问行为、访问频度、浏览内容及时间等,包括很多可挖掘的内容,经过数据的提取、清洗、加工及分析等步骤,客户的访问数据从潜在的、隐含的状态成为企业分析市场、制定经营策略、管理客户关系的有力依据,从而实现Web上电子商务活动的本质价值,获得商务的增值。

移动电子商务与数据挖掘有着天然的联系。为什么这么说呢?很简单,就像之前提到的,一个简单的App应用能够为数据挖掘的工作提供海量的数据,而海量数据正是数据挖掘分析的一个必要条件,如果数据量少,则挖掘的信息是不够精准的。随着Web技术的不断发展,移动电子商务活动日渐频繁。客户对站点的每一次点击都会被企业网络服务器记录在日志中,由此产生了点击流数据。点击流将会产生电子商务挖掘的大量数据。

Yahoo!早在2000年左右每天被访问的页面数是10亿,如此的访问量将会产生巨大的Web日志,该日志能够记载页面的访问情况,简单来说,每个小时产生的Web日志量就达到10 GB。

抛开Yahoo!不说,即便是很小的电子商务网站也会在极短的时间内产生大量数据挖掘所需的数据。假如一个小型电子商务站点每小时卖出4件产品,顾客平均买一件产品需要访问9个页面,且所有顾客中真正买东西的人的比例为2%,那么,该网站一个月能产生多少个页面的访问量呢?

来计算下:$4 \times 24 \times 30 \times 9 / 0.02 = 1\,296\,000$个。

通过移动电子商务站点,可以获得各种商务信息或者用户访问信息:
① 商品的属性;
② 商品的归类信息(如果展示多种商品,商品的归类信息将会非常有用);
③ 促销信息;
④ 访问量信息(如访问计数等);
⑤ 客户相关信息(如客户年龄、性别、兴趣等,可以通过客户登陆/注册获取)。

移动电子商务不仅能够为数据挖掘提供海量数据,还能够提供"干净的"数据。因为许多相关的信息是从网站上直接提取的,无须从历史系统中集成,避免了很多错误。还可以通过良好的站点设计直接获得跟数据挖掘有关的数据,而不用分析、计算、预处理要用的数据。移动电子商务网站的数据,非常可靠,无须人工输入,避免了很多错误。此外,可以通过良好的站点设计来控制数据采样的颗粒度。

7.2.2 大数据中的Web挖掘分析

Web挖掘(Web Data Mining),是大数据分析技术在Web环境下的应用,主要应用于电子商务领域,是从大量的Web文档集合和在站点内进行浏览的相关数据中发现潜在的、有用的模式或信息。它是一项综合技术,涉及Internet技术、人工智能、计算机语言学、信息学、统计学等多个领域。对应于不同的Web数据,Web挖掘也分成3类:Web内容挖掘(Web Content Mining)、Web结构挖掘(Web Structure Mining)和Web使用模式挖掘(Web Usage Mining)。图7-5为Web挖掘结构图。

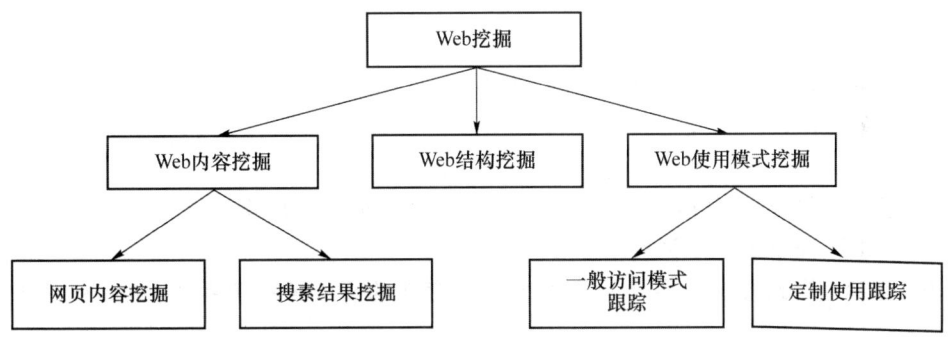

图7-5 Web挖掘结构图

Web内容挖掘就是对网络页面的内容进行挖掘分析。目前Web内容挖掘包括对文本、图像、音频、视频、元组数据的挖掘,但多数是基于文本信息的挖掘,这又可以进一部分为网页内容挖掘和搜索结果挖掘,前者是传统的依据内容搜索网页,后者是在前者搜索结果的基础上进一步搜索网页。Web内容挖掘和通常的平面文本挖掘的功能和方法类似,但由于现在移动互联网上的数据基本上都是HTML格式的文件数据格式流,因此可以利用文档中的HTML标记来提高Web文本挖掘的性能。

Web结构挖掘是对网络页面之间的结构进行挖掘,从网页的实际组织结构中获取信息。在整个Web空间中,有用的知识不仅包含在页面内容中,还包含在页面结构中。Web结构挖掘主要就是针对页面的超链接结构进行分析,通过分析一个网页链接和被链接的数量以及对象来建立Web自身的链接结构模式。这种模式可以用于网页归类,并且由此可以获得有关不同网页间相似度及关联度的信息。如果发现有较多的超链接都指向某一页面,那么该页面就是重要的。发现的这种知识可以用来改进搜索路径等。

Web使用模式挖掘(见图7-6)是对用户和网络交互的过程中抽取出来的第二手数据进行挖掘,包括网络服务器访问记录、代理服务器日志记录、浏览器日志记录、客户简介、注册信息、客户对话或交易信息、客户提问方式等。最常用到的是网络服务器访问记录挖掘,它通过挖掘Web日志文件及客户交易数据来发现有意义的客户访问模式和相关的潜在客户群。其主要特点是对客户信息数据进行抽取、转换、分析和其他模型化处理,从中提取辅助商业决策的关键性数据。这里需要特别指出的是,Web使用模式挖掘还可以进一部分为一般访问模式跟踪和定制使用跟踪,前者是一种一般化的查看网页访问历史记录的使用模式挖掘,而后者针对特定的使用或使用者。

在 Web 上可以用来作为大数据分析的数据量比较大,而且类型众多,总结起来有以下几种类型的数据可用于 Web 数据挖掘技术。

(1) 服务器数据

客户访问站点时会在 Web 服务器上留下相应的日志数据,这些日志数据通常以文本文件的形式存储在服务器上。一般包括 sever logs、error logs、cookie logs 等。

(2) 查询数据

查询数据是移动电子商务站点在服务器上产生的一种典型数据。例如,在线客户也许会搜索一些产品或某些广告信息,这些查询信息就通过 cookie 或是登记信息连接到服务器的访问日志上。

(3) 在线市场数据

在线市场数据主要是传统关系数据库里存储的有关电子商务站点信息、客户购买信息、商品信息等的数据。

(4) Web 页面

Web 页面主要是指 HTLM 和 XML 页面的内容,包括本文、图片、语音等。

(5) Web 页面超级链接关系

Web 页面超级链接关系主要是指页面之间存在的超级链接关系,这也是一种重要的资源。

(6) 客户登记信息

客户登记信息是指客户通过 Web 页输入的要提交给服务器的相关客户信息,这些信息通常是关于用户的人口特征的。在 Web 的数据分析中,客户登记信息需要和访问日志集成,以提高数据挖掘的准确度,使之能更进一步地了解客户。

总之,尽管 Web 挖掘的形式和研究方向层出不穷,但随着电子商务的兴起和迅猛发展,Web 挖掘的一个重要应用方向将是电子商务系统。电子商务是数据挖掘技术最恰当的应用领域,因为电子商务可以很容易满足数据挖掘所必需的因素:拥有丰富的数据源、自动收集可靠的数据,并且可将挖掘的结果转化成商业行为,可以及时评价商业投资。在 3 类 Web 挖掘中与电子商务关系最为密切的是 Web 使用模式挖掘。下面我们来详细地学习一下 Web 使用模式挖掘。

Web 使用模式挖掘的对象是用户和网络交互过程中抽取出来的二手数据,这些数据主要是用户在访问 Web 时在 Web 日志里留下的信息,以及其他一些交互信息。

Web 使用模式挖掘是 Web 数据挖掘分析中最重要的应用,其数据源通常是服务器的日志信息。Web 服务器的日志(Web Log)记载了用户访问站点的信息,这些信息包括访问者的 IP 地址、访问时间、访问方式(GET/POST)、访问的页面、协议、错误代码以及传输的字节数等信息。例如:

222.198.122.53[06/Dec/2020:10:13:10+0800]"GET/mp3/zhufu.mp3HTTP/1.1"

这就是一条简单的 Web 日志记录,它表示 IP 地址为 222.198.122.53 的用户于上午 10 点 13 分 10 秒 以 GET 方法访问了文件 mp3/zhufu.mp3,HTTP/1.1 表示 HTTP 协议版本。每当网页被请求一次,Web Log 就在日志数据库内追加相应的记录。站点的规模和复杂程度与日俱增,利用普通的概率方法来统计、分析和安排站点结构已经不能满足要求。通过挖掘服务器的日志文件,分析用户访问站点的规律,从而改进网站的组织结构及其性能,增加个性化服务,实现网站自适应,发现潜在的用户群体。

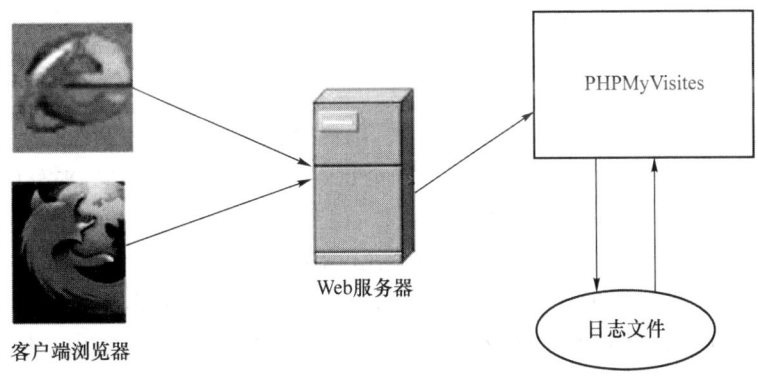

图 7-6 Web 使用模式挖掘

Web 使用模式挖掘对移动电子商务网站起着非常积极的作用:
(1) 提高站点的质量;
(2) 改善 Web 缓存,缓解网络交通,提高网络性能;
(3) 定位目标用户,挖掘潜在客户;
(4) 发现细节,为进一步分析提供了可能性。

7.2.3 基于移动电子商务的 Web 使用模式挖掘

下面来讲解一下 Web 使用模式挖掘的步骤,前面已经介绍过大数据分析的过程与方法,相信大家也已经有了一定了解,由于 Web 使用模式挖掘分析是基于移动电子商务的数据分析中使用最广泛也是用处最大的分析方法,所以,这里再就 Web 使用模式挖掘的主要步骤和内容进行一个较为深入的讲解。

(1) 预处理过程

首先要做一些数据清洗。其次由于日志文件中只记录了主机或代理服务器的地址,我们需要运用 cookie 技术和一些启发规则来帮助识别用户。之后我们还要确认 Web 日志中是否有重要的访问页面被遗漏,如果有,需要进行相关的路径补充。最后要进行事务识别工作,即将用户的会话针对挖掘活动的特定需要进行定义、细分,使挖掘更加精确,得到想要的知识。

数据清洗:即把日志文件中一些与数据分析无关的项处理掉。例如,剔除 Web 请求方法中不是"get"的记录,以及删除 Web 服务器日志中与挖掘算法无关的数据。一般来说只有服务器日志中的 HTML 与挖掘相关,Web 日志文件的目的是获取用户的行为模式,通过检查 URL 的后缀,可以删除不相关的数据。例如,将日志文件中后缀名为 JPG、GIF 等图片文件删除,将后缀名为 CGI 的脚本文件删除。具体到实际系统可以用一个缺省的后缀名列表来帮助删除文件,列表可以根据正在分析的站点类型进行修改。

有时会出现一种情况是,用户在一些页面提出请求,但 Web 服务器拒绝该页面的请求,那么我们在数据清洗时应该过滤掉非法请求的页面,只对正常的页面进行数据处理。

用户识别:数据清洗之后,使用基于日志的方法同时辅助以一些启发式规则,可以识别出每个访问网站的用户,这个过程就叫作用户识别。如可作规则:若用户 IP 地址不同则认为是不同用户;若用户 IP 地址相同,而使用的浏览器或操作系统不同则代表不同用户;当用户的 IP 地址、操作系统和浏览器均相同时,则应根据网站的拓扑结构进行用户识别,如果被用户请求的某个页面不能通过已经访问过的任何页面到达,则判定这可能是一个新的用户。

在时间区段跨越较大的 Web 日志中,某一用户可能多次访问该站点,这就要用到会话识别。其目的是将用户的访问记录分为单个会话(session)。那么如何来分呢?可以做如下设定:用二元组 S 表示一个用户会话:

$$S=<userid,RS>$$

其中:userid 是用户标识;RS 是用户在一段时间内请求访问的 Web 页面的集合。RS 内包含用户请求页面的标识符 Pid 及请求时间 time,那么这段时间的访问集合 RS 即可划分为

$$RS=\{<Pid_1,time_1>,<Pid_2,time_2>\cdots<Pid_n,time_n>\}$$

于是,用户会话可表示为

$$S=<userid,\{<Pid_1,time_1>,<Pid_2,time_2>\cdots<Pid_n,time_n>\}>$$

由此可以看出分成的每一个单独的会话。在此基础上,会话识别的任务就是要从大量会话中识别出属于同一用户的同一次访问请求。在此,可设定规则来识别会话:一个新用户的出现必然会有一个新会话的产生;如果从一个页面到另一个页面的时间超过某个设定的时间阈值,就认为产生了一个新会话;如果一个用户会话中引用的页面为空,则认为是一个新的会话。

路径补充:代理服务器本地缓存和代理服务器缓存的存在,使得服务器的日志会遗漏一些重要的页面请求,路径补充就是利用引用日志和站点的拓扑结构将这些遗漏的请求补充到用户会话中,设遗漏的请求为$<Pid_k,time_k>$,其中请求时间 $time_k$ 为设备前后两次请求的平均值,那么,用户会话即可表示为

$$S=<userid,\{<Pid_1,time_1>,<Pid_2,time_2>\cdots<Pid_k,time_k>\cdots<Pid_n,time_n>\}>(k<n)$$

在实际操作中,路径补充可遵循规则:如果当前访问的页面和以前访问过的某个页面存在超链接关系,则可以认为用户是通过本地缓存调出页面历史记录并链接到当前页面的;如果服务器日志中有多个页面和当前页面存在超链接关系,那么可以认为用户是通过这多个页面中最近被访问的页面链接到当前页面的。

事务识别:上面讲到的用户会话是 Web 日志挖掘中唯一具备的自然事物元素,但对于某些挖掘算法来说可能它的颗粒太粗,区分度较低,为此需要利用分割算法将其转换为更小的事物,即进行事务识别。

HTML 通过"Frame"标记支持多窗口页面,每个窗口里装载的页面都对应一个 URL,Frame 页面用来定义页面的大小、位置及内容,"Subframe"用来定义被 Frame 包含的子窗口页面,当用户访问 URL 对应的是一个 Frame 页面时,浏览器通过解释执行页面源程序,会自动向 Web 服务器请求该 Frame 页面包含的所有 Subframe 页面,这一过程可以重复进行,直到所有 Subframe 页面都被请求。如果在这样的用户会话文件上进行挖掘,Frame 页面和 Subframe 页面作为频繁遍历路径出现的概率很高,这自然就降低了挖掘结果的价值。为此应当消除 Frame 页面对挖掘的影响,得到用户真正感兴趣的挖掘结果。

(2) 模式发现

数据预处理之后,就可以对"干净整齐"的数据进行挖掘,即找出有用的模式和规则的过程。下面主要讲解 4 种常用的 Web 使用模式挖掘办法:关联分析、分类与预测、聚类分析、时间序列分析。

关联分析:即通过分析用户访问网页间的潜在联系而归纳出的一种规则。例如,80%的用户访问页面 company/product1 时,也访问了页面 company/product2,这说明了两个页面的相关性。那么可以进行一个页面的预取,来减少等待时间。用{A,B}来表示两个页面,那么在用户访问 A 时,可以把页面 B 提前调入缓存中,从而改善 Web 缓存,改善网络交通,提高性能。若 A 和 B 表示两个产品页面,则两种产品对客户来说有很大的相关性。利用这一点可以做出很有效的促销和广告策略。

关联规则的算法思想是 Apriori 算法或其变形,由此可以挖掘出访问页面中频繁在一起被访问的页面集,这种频繁在一起被访问的页面就成为关联页面,可用 $A \Rightarrow B$ 表示。那么,若有

$$A \Rightarrow B \Rightarrow C, A \Rightarrow B \Rightarrow D, A \Rightarrow B \Rightarrow E, A \Rightarrow B \Rightarrow F \Rightarrow G, \cdots$$

则说明 $A \Rightarrow B$。

分类和预测:分类可以提取出用来描述重要数据类的模型,并可以用分类模型来划分未知数据的类,从而预测未知数据的趋势。常用的算法思想为决策树、贝叶斯分类等。比如,可以根据用户的资料数据(包括用户一些属性)或其特定的访问模式将其归入某一特定的类。

可以根据客户对某一类产品的访问情况,如手机淘宝中客户抛弃购物车的情况,来对客户分类(即对哪一类产品感兴趣)。更深入一点,可以为客户添加一些属性,如性别、年龄、爱好等(可在网站注册信息中获得),并将其感兴趣的产品类定义为目标属性,那么基于这些属性可以用决策树算法来进行分类,可以得出符合目标属性的人的特点,如 30 岁以上的男性更容易购买皮鞋等,这样可以更精准地捕捉客户并制定营销策略。

聚类分析:聚类即将对象的集合分成由类似的对象组成的多个类的过程。常用的算法思想有划分方法、层次方法、基于密度的方法等。例如,我们可以用 k-mean 的划分方法做到类之间差异化最大,而类内相似性最大。

在使用模式挖掘中主要有两种聚类。一种是页聚类,即将内容相关的页面归到一个网页组,这有助于网上搜索引擎对网页的搜索。另一种是客户聚类,即将具有相似访问特性的客户归为一组,那么可以分析出喜好类似的客户群,从而可以动态地为客户群制定网页内容或提供浏览意见,如通过对手机淘宝中众多浏览"camera"网页的客户进行分析,会发现经常在该网页花时间浏览的客户,再通过对这部分客户的登记资料进行分析,会知道这些客户是潜在的要买相机的客户群体,就可以调整"camera"网页的内容和风格,以适应客户的需要。这在移动电子商务市场的分割和为客户提供个性化服务中起到了很大的作用。

时间序列分析:前面讲过,时间序列分析即挖掘出数据的前后时间顺序关系,分析是否存在一定趋势,以预测未来的访问模式。序列模式可以用来做客户的浏览趋势分析,即找出一组数据项之后出现的另一组数据项是什么,从而形成一组按时间排序的会话来预测未来的访问模式。这有利于针对特别客户安排特定的内容。

在时间序列分析中一个重要的方法思想是相似时序,其需要在 Web 日志中发现所有满

足客户规定的最小支持度的大序列模式。序列模式的发现就是要在有序的事务集中,找到那些一个项跟随着另一个项的内部事务模式。

（3）模式分析

在挖掘出一系列客户访问模式和规则后,还需要进一步观察发现的规则、模式和统计值。之后确定下步怎么办,是发布模式还是对数据挖掘过程进行进一步调整。如果经过模式分析发现该模式不是我们想要的有价值的模式,则需要对挖掘过程进行调整,再转入第二步重新开始;反之,若发现我们感兴趣的规则模式,则可采用可视化技术以图形界面的方式提供给使用者。

Web 数据挖掘分析的难点是将数据挖掘技术应用到互联网数据上,理论上可行,但是互联网自身的一些特点,也使它面临一些需要克服的技术难点。

第一,移动互联网上的数据动态性很强,页面本身的内容和相关的链接经常更新。而移动互联网面对的客户也各不相同,这些都增加了客户行为模式分析的难度。而且,移动互联网上的数据是海量增长的。

第二,Web 页面支持多种媒体的表达,比一般文本文件结构复杂很多。人们希望通过 Web 来实现世界各种信息的互通,所以这个平台需要表达现实应用中所有的信息。因此,也造成了互联网数据的复杂性,移动互联网上的文档一般是分布的、异构的、无结构或者半结构的。

第三,客户访问站点的情况复杂多样。如何从日志文件中构造网站访问模型,挖掘出准确的客户访问模式从而发现网站被访问的规律,是一个复杂问题。

7.3 大数据技术在移动电子商务中的应用

越来越多的人认同大数据时代的到来。那么大数据意味着什么,到底会改变什么？仅仅从技术角度回答,不足以解惑。大数据只是宾语,离开了"人"这个主语,它再大也没有意义。只有把大数据放在"人"的背景中加以透视,才能理解它如何作为时代变革的力量。

众所周知,移动电子商务的数据本身就蕴藏着价值,利用大数据技术,可以从很大程度上推动移动电子商务的发展,它的应用具体体现在以下几个方面。

1. 发现潜在客户

客户在手机上的浏览行为反映了客户的兴趣和购买意向。对一个电商企业来说,了解、关注在册客户群体非常重要,但从众多的访问者中发现潜在客户群体也同样非常关键。如果发现某些客户为潜在客户群体,就可以对这类客户实施一定的策略使他们尽快成为在册客户群体。对一个移动电子商务网站来说,这也许就意味着订单数的增多、效益的增加。

2. 提供优质个性化服务,提高客户忠诚度

在移动电子商务中,传统客户与销售商之间的空间距离对客户来说已经不复存在,客户从一个电子商务网站转换到竞争对手那边,只需点击几下即可,并且随时随地可以进行。所以,网站或 App 内容的层次、用词、标题、奖励方案、服务等任何一个地方都有可能成为吸引客户或失去客户的因素。通过对客户访问信息的挖掘,就能知道客户的浏览行为,从而识别客户的忠实度、喜好、满意度,了解客户的兴趣及需求,动态地调整 Web 页面以满足客户的需要。移动互联网的商务活动中一个典型的序列,恰好就代表了一个购物者以页面形式在站点上的导航行为,所以可运用大数据分析中的序列模式发现技术进行挖掘。

3. 改进系统性能,增强安全性

对移动电子商务网站各种数据的统计分析,有助于改进系统性能,增强系统安全性,并提供相关决策支持。Web 服务器的性能是衡量客户满意度的关键指标,数据挖掘通过分析客户的拥塞记录可以发现站点的性能瓶颈,以提示站点管理者改进 Web 缓存策略、网络传输策略、流量负载平衡机制和数据的分布策略等。此外,还可以通过挖掘找到并分析网络的非法人员数据,从而改进系统弱点,提高站点可靠性,保证电子商务的正常展开。

4. 改进站点设计

对 Web 站点链接结构的优化可从 3 个方面来考虑。

(1) 通过对 Web 服务器日志的挖掘,发现客户访问页面的相关性,从而在密切联系的网页之间增加链接,方便客户使用。

(2) 利用路径分析技术判定在 Web 站点中最频繁访问的路径,可以考虑把重要的商品信息放在这些页面中,改进页面和站点结构的设计,增强对客户的吸引力,提高销售量。

(3) 通过对 Web 服务器日志的挖掘,发现客户的期望位置。如果在期望位置的访问频率高于对实际位置的访问频率,可考虑在期望位置和实际位置之间建立导航链接,从而实现对 Web 站点结构的优化。

5. 应用于移动搜索引擎

通过对 Web 网页内容的挖掘,可以实现对网页的聚类和分类,实现网络信息的分类浏览与检索;通过对客户的历史记录分析,可以有效地进行扩展,提高客户的检索效果;通过运用 Web 挖掘技术改进关键词加权法,可以提高网络信息的准确度,改善检索效果。通过挖掘客户的行为记录和反馈情况可以为站点设计提供改进的依据,从而进一步优化网站组织结构和服务方式,提高网站效率。站点的结构和内容是吸引客户的关键,站点上页面内容的安排和连接如同超市中物品在货架上的摆设一样,把具有一定支持度和信任度的相关联物品摆放在一起有助于销售。比如,利用关联规则,可以针对不同客户动态调整站点结构,使客户访问的有关联的页面之间的链接更直接,让客户很容易访问到想要访问的页面。这样的网站往往能给客户留下好印象,提高客户忠诚度,吸引客户不断访问。

6. 聚类客户

许多企业都对企业的客户、市场、销售、服务与支持信息进行深层次发掘和分析,对客户价值进行分类,发现新的市场机会,增加收入和利润。在移动电子商务中,客户聚类是一个重要的方面。通过对具有相似浏览行为的客户进行分类并分析组中客户的共同特征,可以帮助电子商务的组织者更好地了解自己的客户,及时调整页面及页面内容使商务活动能够在一定程度上满足客户的要求,向客户提供更适合、更面向客户的服务,使商务活动对客户和销售商来说更具意义。

综上所述,数据应该随时为决策提供依据,为营销带来收益,为客户提供个性化的服务。政府公开道路和公共交通的使用信息,这些数据为一些私营企业提供了巨大的价值,这些企业能够善用这些数据,创造满足潜在需求的新产品和服务。

数据的价值在于将正确的信息在正确的时间交付到正确的人手中。未来将属于那些能够驾驭数据的企业,这些数据与企业自身的业务和客户相关,通过对数据的利用,发现新的知识,帮助他们制定决策,赢得竞争优势。

7.4 大数据时代的移动平台运营趋势

在大数据及互联网时代中,电商大数据环境的特征主要是数据化运营,将大数据技术应用于网店的运营中,各个环节都能够实现数据化,用收集到的大数据进行分析和决策,具有很强的科学性和合理性。虽然数据化是一种虚拟的运营方式,但是移动平台的运营在精确而全面的大数据面前,每个环节都变得更加高效。电商企业的原材料采购、营销、财务核算等各环节都能够实现数据化,因为大数据收集到的数据不仅数量庞大,而且种类比较丰富,所以通过各种不同的分析整理,就能够为移动平台提供更为个性化的运营决策。消费者是平台运营的主要对象,而对消费者的消费兴趣和选择进行分析,有利于网店制定更加准确的营销策略。通过大数据技术的应用,能够准确定位消费者的喜好,帮助企业有针对性地制定营销策略,可有效满足消费者的需求,并且能够降低生产成本。

在网络技术飞速发展的背景下,大数据技术在移动平台中的应用还表现在行业资源的垂直整合上,通过大数据将各方面信息进行整合,将电商企业与上游以及下游的合作方更加紧密地联系起来,实现资源的共享。在这种资源整合过程中,各个企业之间的界限变得更加模糊,而对于处于产业链末端的企业而言则产生了双重冲击。一方面因为与用户的距离更近,所以能够更加清楚地了解用户的需求,获取的市场信息比较真实且快速,企业能够充分利用这些信息及时调整经营策略,企业的生存空间更大。另一方面,因为终端消费者的需求呈现多样化的特点,每个用户都有自己的需求,所以产业链中接近用户端的企业就需要经常变换经营策略和产品设计,经营策略的经常性改变会对企业的稳定发展产生一定的影响。而对于处于产业链上游的企业而言,只需要完善产品结构即可。所以说大数据技术在行业资源垂直整合方面的应用具有双面性,电商企业只有灵活应对,才能够在市场中稳定发展。

具体来说,移动平台在大数据环境下的发展趋势如下。

1. 为消费者提供个性化导购服务

个性化导购服务是平台能够提高竞争力的重要策略,在传统的企业营销中,因为对用户的信息收集比较困难,无法及时而详细地掌握用户的信息,所以无法提供个性化的服务。而在如今的网络时代,大数据技术在移动商务中的应用能够很好地实现这一目的。信息传递是实现个性化导购服务的关键,利用大数据技术,企业能够及时而快速地收集到用户在网站的浏览记录以及消费记录,通过对这些数据进行分析,就能够了解用户的消费习惯,进而有利于网店制定出有针对性的销售策略,能够为用户提供更加周到而贴心的服务,从而提高平台的销量,这也是企业在竞争激烈的市场环境下能够获取胜利的关键。

2. 进行垂直细分领域服务

在互联网的大潮下,我国电商发展的势头比较猛烈,几大电商巨头占据了电商市场的大半份额,所以对于小规模的企业而言,无论是在资本、物流还是营销方面都无法与之匹敌。

在这种情形下,小规模的企业就应该充分利用大数据技术,进行垂直细分的服务模式。将企业现有的资源进行整合,通过对市场信息以及客户信息的详细分析,专门为某一领域的客户提供专业化的服务,这样能够更好地为客户提供优质的服务,充分满足客户的需求,从而在电商市场中获得一席之地。因此,企业应该充分利用大数据技术,结合自身的优势技术,进行垂直细分的专业化服务。

3. 大数据资产化

在大数据环境下,企业之间的竞争变得更加激烈,数据规模和灵活性将成为企业之间竞争的砝码。因为大数据发挥了重要的作用,所以就赋予了这些数据经济价值。在电商企业的产业链中,上游商家会为下游商家提供数据分析的服务,这些对于用户的数据分析是非结构化的,数据分析能够使这些服务变得可视化,从而使这些数据所具有的经济价值变高。在目前的市场中,除了一些专业经营数据服务的公司外,一些体量较大的公司也开始开拓大数据服务,以便企业能够更好地应用这些大数据,由此可见,大数据资产化已经成为未来发展的主要趋势。

4. 更完善的广告业务

移动平台的获利渠道不仅仅局限于产品的销售,还包含其他多种收入渠道,广告业务就是其中一项。平台通过对用户数据的分析,能够详细而全面地了解用户的需求信息,进而在用户浏览以及消费较高的地方投入大量广告,以获取较高的经济效益。在投放广告后,平台基于数据库的概率模型,能够分析出消费者对广告信息的态度,并且通过交易状况能够分析出消费者对广告信息的反应程度,进而可以明确广告投入的时间段。网店还可以通过消费者搜索的关键词来对广告的内容进行优化,进而获得更好的推广效果,带来收益。

总之,在网络提速的时代,我国电商发展得比较迅猛,而大数据技术的应用,又为电商增加了更强的优势。但是面对大数据,企业面临机遇与挑战并存的状态,所以电商企业需要合理利用大数据技术,结合企业自身优势,经过对市场的准确分析,充分发挥大数据的应用价值,为企业的发展创造有利的条件。

扩展阅读

你了解大数据吗?大数据时代你应该知道这些

随着移动互联网、物联网等的迅速发展,新数据源不断出现,而中国数据总量的不断增长,使大数据成为一种重要资源,有利于推动零售、旅游、医疗、金融、电信、政府公共服务各个领域的业务创新。

如今,业界和学术界一直在讨论一个词,那就是"大数据"。不管是学术圈还是IT圈,只要能谈论点儿大数据就显得很"高大上"。然而,大数据挖掘、大数据分析、大数据营销等仅仅只是个开始,对大多数公司来说,大数据仍有很强的神秘色彩。于是,在我们还没有完全搞明白如何运用大数据进行挖掘时,各种过于神化大数据的舆论就已经不绝于耳了。当然,很多人直接批判大数据或大数据营销给我们造成的隐私威胁。很多人根本没有搞清楚什么是大数据,它到底有什么价值。

于是,站在客观的角度,围绕下面几个问题与大家分享有关大数据的几个观点。

(1) 大数据营销和个人隐私泄露究竟有无因果和逻辑关系?

(2) 大数据营销到底能带给企业什么样的价值?到底能带给用户什么价值?用户是否全盘否定或反感大数据营销?

(3) 如何正确看待大数据?如何看待大数据和传统调查方法或统计学的关系?

(4) 大数据营销究竟面临什么样的挑战?

大数据的迅猛发展与数据隐私泄漏的忧虑相伴而生

社交媒体的出现,让用户数据的分享数量达到了难以估量的程度。而如今,社交媒体的种类有增无减,智能手机的普及,又让更多用户转移到移动互联网,从而又进一步贡献了更多数据和内容。这样的数据增量让全球社交媒体的收入大涨,仅根据咨询公司 Gartner 2012 年的研究结果显示,2012 年全球社交媒体收入估计达 169 亿美元。

一边是社交媒体因为大数据盆钵满载,另一方面则是用户不断毫无保留地将个人信息交给互联网,这些信息包括年龄、性别、地域、生活状态、态度、行踪、兴趣爱好、消费行为、健康状况甚至是性取向等。一时间,针对海量用户信息的大数据挖掘、大数据分析、大数据精准营销、广告精准投放等迅速被各大公司提上日程。

比如,一个发生在美国的真实故事告诉我们利用数据挖掘如何掌握人们的行踪。一个美国家庭收到了一家商场投送的关于孕妇用品的促销券,促销券很明显是给家中那位 16 岁女孩的。女孩的父亲很生气,并找商场讨说法。但几天后,这位父亲发现,16 岁的女儿真怀孕了。而商场之所以未卜先知,正是通过分析若干商品的大量消费数据来预估了顾客的怀孕情况。

在今天,类似的大数据挖掘和营销事件更多,尤其是当社交媒体产生大量数据后。于是,许多人对个人隐私泄漏开始担忧,开始批判大数据精准营销侵犯了个人隐私,忧虑我们进入了大数据失控的时代,并将原因更多归结于社交媒体。

大数据营销和个人隐私泄露之间不能完全画等号!逻辑关系不成立!

如果客观地分析一下上述问题就会发现,这是一个难以分说的"鸡生蛋还是蛋生鸡"的问题。一味地批判大数据分析对个人用户数据的泄露或滥用是不客观的。

因为,社交媒体的本质在于分享和传播,社交媒体的出现的确满足了人们分享个人信息、各种数据的欲望,让人们从过去无声无息的生活中转移到了可以让全世界看到自己的平台上来。人们从而获得了内心的满足感和存在感。因此,单从个体的心理来考虑,社交媒体对他们来说是有益的,他们不认为自己贡献的是不可告人的秘密,既然分享出来,那一定是希望或允许别人看到的。因此,这是一种无形默许的交易,用户乐意把自己的各种琐碎细节暴露于社交媒体,而对社交媒体上杂乱无章的海量用户数据进行有序的分类和分析也没有什么不妥。

当然,如果社交媒体平台随意滥用或泄露用户的后台数据,比如个人联系方式、家庭住址、银行账号等极为隐秘的信息,这的确是赤裸的侵犯隐私的行为,极其没有道德,必须要受到谴责和法律制裁。

但目前,许多大数据精准营销的前提是对用户在互联网上留下的公开的信息进行算法归类和内容分析,从而对海量用户进行人群划分,或者对小众群体进一步细分化,甚至达到某种程度上针对个人的个性化定制,最终达到精准推送广告或有针对性地推出营销活动的目的。

所以,从这个角度来看,大数据精准营销与个人主动分享和传播到网络上的信息数据之间并没有矛盾。人们起初或许会惊讶:为什么他们知道我想买什么?为什么他们知道我的需求?但随着"猜透心思"的推送行为让人们的生活越来越便利时,比如,省去大量搜索、查找和对比产品或服务的时间,他们可能会十分习惯并依赖这种精准性,并不会在意他们本来就随意分享到网络上的杂乱信息被如何挖掘和利用。

因此,用户发布和分享的信息是否为隐私,在用户分享信息之前就做过慎重考量和筛选。这一点非常重要,这是侵犯隐私与否的界限。那些被用户选择为不适合发布或不希望别人知道的信息就是用户认为的隐私,而那些已经公开发布到社交媒体或网络上的信息则被用户认为是可以传播的。

所以,普通的对海量公开信息的分析、挖掘、归类,从而进行精准营销的大数据行为不能被一味认为是对用户利益的损害。而那些对用户存储在某些位置、不希望被他人了解的信息(私人存储的信息),如果被别有用心的人泄露或利用,就是侵犯隐私的行为。但这就不能归罪于大数据,而应质问存贮平台的安全性问题。

因此,我们不能过分解读大数据精准营销。其实,问题的本质在于,人们是否真的在意杂乱信息的去向(涉及分享信息背后的心理和动机),以及大数据营销是否真的触碰了人们不可告人的秘密或底线(需要对秘密和底线重新定义)?因为,如果人们默认分享的信息都是可公开的,那么侵犯隐私的概念就是不成立的。如果人们有不希望别人知道的信息,也不会贸然在网络上分享和传播。

大数据营销究竟会给企业和用户带来什么价值?

讨论完上面的问题之后,我们是否应该诚恳地对待大数据精准营销这件事?那么大数据营销究竟对于企业和用户两方面来说,都有什么样的价值?

1. 对于企业的价值

让我们先看一个国外案例:

我们都知道美剧《纸牌屋》,提到《纸牌屋》的成功,最大的功劳便是大数据分析。因此,《纸牌屋》几乎成了大数据营销的经典案例,也是美国 Netflix 公司基于用户信息挖掘来决定内容生产的成功尝试。

Netflix 的订阅用户达到了 3 000 万左右,而大多数用户的观影都与精准推荐系统有关。Netflix 会定时收集并分析用户观看电影或电视剧的行为,比如,根据用户对电影的评分、用户的分享行为、用户的观影记录等信息去分析用户的收看习惯,从而推断用户喜欢什么样的影视剧,喜欢什么样的风格,喜欢什么样的导演和演员。在此基础上利用算法对用户感兴趣的视频进行推荐排序,直到用户找到最喜欢的影视剧。《纸牌屋》的导演和主演就是 Netflix 挖掘用户信息后的预测出来的。

那我们再看一个国内案例:

我们都知道阿里巴巴和新浪微博合作的事情,阿里巴巴斥资 5.86 亿元入股新浪微博。

除了网络上各大媒体分析的,认为阿里巴巴希望打造生态圈、强化流量入口、挑战腾讯等原因之外,还有一个重要原因或许就是大数据营销的战略。

如今各大互联网大佬都在跑马圈地,圈住用户,谁能圈住用户,让用户在其平台上活跃,谁就掌握了用户的大量信息(包括显在的前台信息和隐藏的后台信息)。新浪微博在中国有几亿名用户,这个量十分庞大,但如果新浪不能把这些用户产生的信息合理地利用,那么这些资源就是巨大的浪费。我们再看阿里巴巴,中国最大电商平台,它有产品,但是却没有完整的用户日常生活行为的信息,只有用户的购买信息,但这些购买信息不足以了解人群特点和喜好。所以,只有跟新浪微博合作,掌握大量用户的行为信息,从而对其分类,找到不同人群甚至不同个体的喜好、偏好、兴趣、爱好、习惯、传播习惯、分享路径等,那么才能实现精准营销,甚至还可以根据不同用户的信息传播规律,制定产品的最佳品牌传播途径。这是一座巨大的金矿。

新浪微博和阿里巴巴合作后,微博上出现了一些产品推荐信息,同时新浪微博已经推出支付功能。可以想象:未来你在微博上看到相关推荐的产品恰好是你喜欢的产品时,那么你就可以直接在微博上实现支付和购买。从而新浪微博和阿里巴巴各取所需,共享收益。当然,这是我个人的观察和分析,不过阿里巴巴的大数据战略也很明显。

2. 对于用户的价值

上述两个例子说的都是大数据带给企业的价值,那么,大数据营销对于用户来说,到底有没有价值?用户是否十分反感精准营销?让我们再来看看一个新的调查数据。

中国传媒大学国家广告研究院刚刚发布一份《2014中美移动互联网发展报告》,这份调查报告对比了中美两国用户移动互联网的使用习惯,以及移动用户对于移动广告的态度。调查显示,最可能得到智能终端用户回应的广告内容为:(1)与用户要购买物品相关的广告;(2)与用户要购买的物品相关的优惠券;(3)搞笑的广告;(4)与用户最喜爱品牌相关的广告;(5)与用户在线上访问过的网站或使用过的应用相关的广告;(6)与用户最近线上购物相关的广告;(7)与用户所在场所相关的广告;(8)与最近收听、收看的广播/电视相关的广告(占比≥20%)。

从这些数据我们可以看出,在8个结果中,有6个都是跟大数据精准营销有关系的。比如,与用户要购买的物品相关的广告更能引起用户的回应或互动。如何理解?大数据营销的前提就是计算并推测用户的真实需求,看用户需要购买什么相关产品,然后给用户直接推送用户想要的、喜欢的内容,做到精准到达。那么用户呢?用户乐意对这样的推动广告或产品做出回应,因为这些广告少了对用户的打扰,节省了决策时间,让用户直接找到内心真正所需的产品或服务。

所以,这样的结果就表明,大数据精准营销并不是完全都让用户反感,只要你能猜透用户的心思。如果你推送的内容和用户想要购买的物品相关,与用户最喜爱的品牌相关等,那么这种精准挖掘并不会受到用户的反感,反而会给用户带来便利。

不要过分迷信大数据;大数据的实质究竟是什么?

看了上面的分析,或许你会认为大数据分析无所不能。但是,我们不能过分迷信大数据,于是接下来的问题就产生了。

1. 大数据分析和传统统计学方法有什么样的关系?

大数据所遵从的是以大量数据,甚至所有数据为基础,然后用算法去计算分析,从而更精准地找到各个因素之间的相关关系(不是因果关系),以发现数据之间的规律。

那我们看看传统的统计学方法,统计分析学解决的是如何通过选取少量的样本,通过对样本的分析,然后推断整体的趋势和规律。所以,用的是概率。一般会规定在90%、95%或98%的置信度(精确度)下最大程度推断总体。如果目的明确,样本选取得当,操作科学,那么不需要大量数据就能分析出规律,从而推断出总体的规律,并且可以发现不同因素之间的因果关系。比如,抽样方法确定后,就可以确定样本数量,如果抽样得当,那么样本的数量跟总体的数量之间没有太多直接关系。

举个不恰当的例子以供理解:假设选取1 000个样本,推断的规律是A,选取2 000个样本,同样呈现出A规律,选取3 000也差不多这样。那么,我们实际上科学选取1 000多个样本就可以达到目的。所以,传统的抽样和统计方法,在最大程度上解决了成本问题,虽然会有误差,但仍可以发现显在规律。

所以,从这个角度来说,大数据分析最终得到的结果很可能跟传统统计学方法分析的结果类似,只不过把原来的小样本变成了大样本分析。虽然大数据分析的结果理论上更精准,也可以弥补传统误差的缺陷,但准确度未必像我们想象的那样提高非常多(因为大数据分析会严重受到数据源的影响)。另外,大数据分析也不一定能发现更多新规律。如果是这样的话,我们不禁要问,大数据究竟是为什么而存在?

另外,在传统的统计学分析当中,比如,对市场情况的分析,我们要结合实际的环境和背景来解读数据和分析数据,我们并不把数据当成唯一的和万能的指引。所以,这里面就存在人为根据经验和实际情况进行数据分析的过程,而人参与分析的能力是很重要的。

2. 什么样的事情是大数据做不到的,而传统的调查分析方法却可以做到?

大数据营销的前提是大数据分析,而大数据分析是基于算法的,是计算机固化的模式。也就是说,原来由人对数据分析的那部分工作,现在我们把它约定到算法里了,并且,大数据精准营销是对用户产生的网络浏览数据、分享数据、搜索数据等行为信息进行分析,从而对人群或事物进行分类,并由此推测人的偏好、兴趣等。

但是,偏好不等于真实需求,点击不代表一定喜欢。一个人今天在社交媒体上说:"这个产品不错",就认为他一定喜欢或一定需要这个产品吗?

机器可以对行为分类,但却不能真正探测到人的真实心理和需求。那么,对于人的真实心理和需求的探测,我们如何做到?这时候,传统的市场调查和分析方法是不可取代的。比如,深度访谈法、焦点小组访谈法、投射法等。这些方法都可以在最大程度上,从心理学的角度去分析和发现人真正的欲望和本质需求。所以,今天很多大的广告公司、营销公司,他们仍然采用这样传统的方法去了解表面数据背后的故事和原因。而这些故事和原因,是算法目前没办法做到的,必须由人来完成。人和人的交流才能探测人的内心。

从这个角度来说,大数据并不是万能的,也不能一味被神话,我们必须清晰地认识到它的实质,它能用来干什么,不能用来干什么。我们可以这样理解:人对数据的计算和分析工作如今可能会被机器替代,但是,人的另一部分工作(探测人的内心)没办法被算法替代。

比如,前两年我曾报道过《写书都可以用算法实现自动化了,拿什么挽救出版》,据称目前亚马逊上大量图书都是被算法写出来的,算法会根据人写书的逻辑思路来组织语言。但是,这些书却不能弥补人类情感的缺失,不能表达出社会背景和作者所处环境带来的情感波动等。

大数据分析或大数据营销面临的真正挑战是什么?

1. 数据冗余问题,有没有必要用这么多数据?

数据源、数据质量有无保障,是否是真正所需?

大数据分析一直被人称颂的优点就是海量数据的运用。但是,数据是不是越多越好?如何筛选这些数据?如何找到有价值和有用的数据?数据的庞大和冗余会对大数据分析造成什么样的影响?

对于大数据而言,巨量的数据来源是分析准确性的根本保证。但是,数据量大到一定程度后也面临着很大问题:想要保证准确度就变得困难了。这样就难以保障分析结果的准确性。大数据分析和预测失败的例子也有很多。比如,最典型和著名的一个便是谷歌预测流感趋势失败的案例。

报道称,谷歌是基于搜索引擎数据进行的分析,其分析结果与美国疾病防控中心的监测数据相差近两倍。尽管谷歌不断调整算法,但仍不能保证结果的准确性。这就说明一个重要问题:数据源问题。谷歌是基于搜索引擎上的搜索词来分析的,许多搜索词都是无效的,没有任何意义,所以它们不能真的代表流感趋势,但它们同样被计算在内。这就造成了结果的严重偏差。

所以,你弄到的这些数据,如何保障它们的确是你所需的?的确是重要的?如果数据源出现了严重偏差,那么你的分析再精准,也是徒劳。比如,你花费了大量精力去搜集互联网用户产生的日常分享信息,你对他们的所有信息都进行分析,结果预测出几种消费趋势。但是,这些分享信息中有大量冗余信息,数据精准度很差,许多都是跟消费没有关系的,那么这种分析结果很可能就是不准确的。你按照这种结果进行下一步营销战略当然可能是失败的。

2. 大佬平台的"游戏",普通企业难掌握大量数据,难检验可信性

各大互联网公司平台掌握着用户资源,用户产生的信息当然也被聚集在各平台内。但是,各家公司或平台的数据并不会完全向公众开放。我们只能通过某些工具抓取到网络上散落的信息,但不能准确掌握完整的有实际价值和意义的后台数据和信息。

而这些海量信息,对于像谷歌这样的大互联网公司来说,就是宝藏。大数据或许只是这些大佬平台的"游戏",普通企业比较难参与进来。

并且,这些平台之间并不互通和开放,他们分析出来的数据结果得不到第三方的验证和检验,我们无法知道他们大数据分析结果的有效性和可信性。当然,他们将这些数据用在分析用户自身产品开发和自身发展上还是很有价值的。所以,普通人或普通企业对于大数据的渴望或许是奢望。将来互联网大公司或许会售卖大数据分析的服务,并且,未来,个人数据管理领域的创新和创业将会增加,应用也会增多。

另外,目前大数据分析的算法还没有标准,也没有公认和统一的有效工具。

所以,从以上这些方面看,大数据分析和大数据营销还有很长的路要走。我们需要正确、理性地看待大数据。

资料来源:腾讯网.[2020-8-19].https://new.qq.com/omn/20200819/20200819A0NPXK00.html.

思 考 题

1. 大数据的主要特征有哪些?
2. 大数据有哪些分析方法?
3. 大数据技术与移动电子商务的关系是什么?
4. 基于移动电子商务的 Web 使用模式挖掘的过程是什么?
5. 大数据技术在移动电子商务领域有哪些应用?

第 8 章　移动电子商务运营

移动电商是移动互联网时代的必然产物。移动电商时代,用户的消费路径和习惯发生了很大改变,内容化、粉丝化和场景化是移动电商运营的最大特点。从 PC 时代的电商运营延伸至移动电商运营,运营内容和运营指标都发生了较大的变化。在此情况下,各大移动电商平台开展运营工作,不仅要兼顾好用户搜索和信息智能推荐,还要重视移动网店的内容运营,力争提供最精准的服务,提高网店的转化率。

8.1　移动电商运营概述

8.1.1　移动电商运营的概念

移动电商运营是移动电子商务的重要组成部分,从电商产品上线开始,移动电商运营工作也随之开始。移动电商运营是指对移动电商平台运营过程的计划、组织、实施和控制,包含的范围较广,包括产品更新、订单处理、宣传推广、营销策划、产品包装、产品销售、物流配送和数据分析等移动电商平台运作的所有环节。

相比 PC 端的电商运营而言,移动电商运营具有唯一性、个性化、易于推广和便于更新四大特点。

(1) 唯一性,指的是手机号码是顾客身份确认的关键,而手机号码的唯一性帮助移动电商平台在实际运营中创建更加完整的顾客信用体系。

(2) 个性化,指的是移动网店可以针对用户的个性化需求提供更有针对性的营销宣传,根据用户画像定期进行精准营销。

(3) 易于推广,指的是移动电商运营的活动营销推广环节,借助移动通信灵活便捷的特点,无论是宣传、参与方式、优惠领取,还是在线支付等方面均易于在庞大的用户群体中即时有效地进行推广。

(4) 便于更新,指的是移动电商运营操作更为轻松便捷,很多移动平台提供了一键开店、店铺装修、数据分析等工具,移动网店进行商品、装修和活动更新更为方便快捷。

针对一个组织架构较为成熟的移动电商平台而言,一般由运营中心来负责移动电商运营工作,下设运营部、商品部、推广部、营销部、销售部、物流部等多个部门。运营中心主管由运营总监来担任,运营总监的岗位要求非常严格:

① 运营总监需要熟悉移动电商平台的运营环境、交易规则和相关网站的广告资源;

② 运营总监需要根据历史运营数据和行业运营环境,制定并实施移动电商平台年、季、

月战略目标,并根据运营状况调整经营策略;

③ 运营总监需要负责所管部门的人力资源调配,并监督移动电商平台的日常运营工作,如产品更新、活动策划、宣传推广等;

④ 运营总监需要熟悉竞争对手的运营状况和策略调整,结合自身移动电商平台的统计数据,有效调整运营实施方案。

8.1.2 移动电商运营的内容

移动电商运营主要包含 6 个方面的内容。

1. 移动平台运营

移动平台运营指的是平台的运营环境、交易规则、广告资源、店铺开店须知和投诉处理等内容,掌握移动平台运营知识是移动电商运营开展的前提。

例如,在手机淘宝 App 上开店,需要事先熟悉《中华人民共和国电子商务法》,了解其准入资质要求,熟悉淘宝平台的各项规则,包括市场管理与违规处理、行业管理规范、营销活动规范、信用及经营保障、特色市场规范、内容市场规则和生态角色规则等。

2. 产品运营

产品运营是移动电商运营的日常环节,包括产品更新、产品包装、产品价格、产品仓储和产品退换货等内容。

例如,在生鲜类产品的移动电商运营中需要特别注意其仓储运输环节,按照历史销售情况和市场现状进行即时备货、装箱贴单、出仓检查、误差处理、车辆路线规划、装车、冷链运输,最终完成商品配送。在此过程中,冷链和质检是所有生鲜产品仓储运输环节的两大关键。

3. 流量运营

流量运营是电商运营的核心环节,直接关系着移动电商平台的运营质量。一般移动电商平台可通过扩展移动网店内部渠道(如节日促销优惠)、提升移动电商平台排名(如搜索引擎优化)和利用平台外部推广资源(如发布第三方平台广告)3 种形式提升流量运营效果。

例如,淘宝直通车属于平台付费资源,专为淘宝和天猫卖家打造,其流量运营效果显著,具有"多、快、好、省"四大特点,具体表现为多维度提供全方位数据支持和信息推荐、批量操作工具快速便捷、智能化预测工具方便好用、省时省力省成本。

4. 活动策划

"双十一""双十二""618""919"和"丰收节"等大型电商促销活动是移动电商平台活动策划的典型成功案例,移动网店也可通过店铺秒杀、发放优惠券、节日回馈等活动达到店铺和产品宣传推广的目的。

例如,某手机淘宝店想在"双十一"期间实现大促,则需要制定详细的活动策划方案,包括活动的目的、过程、活动针对的顾客群、促销方案和活动氛围的营造等,并根据实际情况制定活动实施细节,活动结束后总结活动效果和经验教训。

5. 数据分析

移动电商数据化运营是大势所趋,不仅可以对运营过程中各个环节的数据进行科学的分析、引导和应用,建立智能数据监控体系,及时发现异常数据并处理,还能根据运营大数据帮助管理层制定运营决策。

例如,对竞争对手的数据进行分析是移动电商运营中数据分析的重要部分,在移动互联时代,很多信息都是透明的,无论从事哪种品类的移动网店运营,竞争均非常激烈,故需要分析竞争对手的数据,两相比较,了解行业发展情况和自身的优劣势,并进行逐步改善。

6. 客户服务

无论是 PC 端网店运营还是移动电商运营,客户服务都是其不可或缺的一部分,客户服务的质量直接关系着运营效果,即时回复、尊重顾客、保持礼貌、主动营销和互动沟通等是客户人员必备的技巧。

例如,在进行客户服务时,响应时间的长短至关重要。正常情况下,首次响应时间应控制在 10 秒以内,沟通中的平均响应时间应在 16 秒以内,若响应时间过长,顾客的留存率会降低,店铺的品牌价值会受到影响。

扩展阅读

直播电商运营宝典:种草达人的法门|马蹄社"兄弟连"

2020 年 5 月 16 日消息,日前,一场主题为"直播电商运营宝典:种草达人的不二法门"的闭门会在线上举行,本次会议由马蹄社总社联合西安分社共同发起,采用定邀+审核的方式,共有 37 位来自全国各地的企业创始人、电商经理人参会。

整场会议持续 3 小时,由破冰、主题分享、有问必答、分组 PK 等环节组成。来自马蹄社全国分社的同学们从各自直播实践、达人合作、如何避坑等不同维度,分享了直播"带货"的经验与心得。

马蹄社西安分社召集人、西安巨子生物基因技术股份有限公司总经理马晓轩分享了医美直播的经验,他认为直播电商将把企业由爬坡式增长带入脉冲式增长;在主播合作上,首选头部主播合作,肩腰部达人建议采用"更低的固定费用+更高的比例分成"的合作方式,前者会更为高效,后者则尽可能保证销售。马晓轩还讲述了企业设立直播部门、开发直播软件等其他运营方法。

针对年轻消费人群、文具产品类直播,马蹄社杭州分社成员、国货文具"三年二班"的联合创始人姜卉首先分享了 95、00 后的四大消费特征:有很强的品牌意识,但不盲目追逐国外品牌;悦己主义,喜欢甚至可以全套消费;存在感强烈,有表达欲;喜爱新奇特的产品。在主播团队上,三年二班采用了"小 IP 主播"的方法,将主播分为四大天团,包括垃圾食品天团、动物食品天团等;在直播间运营上,强调前台"上新+福利",后端做好全方位支持;在直播时长上,不打时间战,更加强调内容精品化。

围绕如何种草达人、识别达人、更好与达人捆绑合作等话题,马蹄社上海分社成员、上海邦亚实业有限公司联合创始人及 CEO 杨涛分享了"2 个方法+2 个避坑提示+3 个建议"。两大前期筛选主播的方法,一个是参考飞瓜、知瓜、生意参谋等外部分析平台的数据;另一个是提前跟踪对应主播的直播情况,包括与观众的实时互动、分时段记录上架商品销量等。杨涛也谈到了与头部主播合作,一旦对方推迟直播可能产生的备货风险。关于深度绑定达人,他建议一是品牌要有良好的历史表现,主动赢得主播信赖;二是应该站在主播的角度考虑,对直播的流量、私域导入多提一些建议和帮助;三是尽可能合作发布联名款,实现深度绑定。

资料来源:亿邦动力网.[2020-05-16].http://www.ebrun.com/20200516/385962.shtml.

8.2 移动搜索引擎运营

目前,我国手机搜索引擎有着庞大的用户群体,手机搜索引擎运营已成为移动电商运营的重要组成部分,其目的在于通过搜索引擎优化提高免费流量占比,通过搜索引擎推广降低付费流量占比,最终实现网店获客成本的最低化。

根据 CNNIC 2020 年 4 月发布的《第 45 次中国互联网络发展状况统计报告》显示,自 2015 年 12 月到 2020 年 3 月,我国手机搜索引擎用户规模保持持续增长,2020 年 3 月份达 7.45 亿人,占手机网民的 83.1%,使用率实现历史最高,见图 8-1。

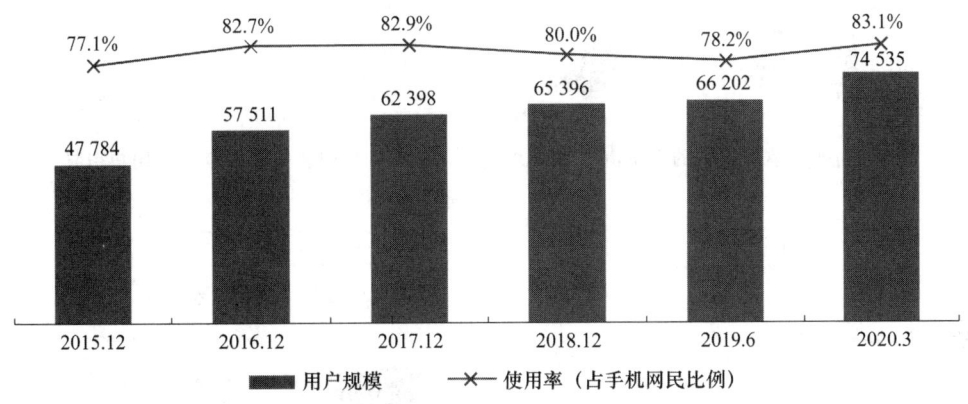

图表来源:CNNIC中国互联网络发展状况统计调查

图 8-1 手机搜索引擎用户规模及使用率

8.2.1 搜索引擎优化

搜索引擎优化原理是依据搜索引擎排序机制,通过特定的搜索引擎排序算法对移动电商网店进行综合指标打分排序,从用户角度看,主要通过用户引导、搜索词拓展、搜索词拆解和内容筛选 4 步实现移动电商平台产品的推荐。

以手机淘宝 App 为例,第 1 步,如一孕妇近期经常搜索孕妇装,如图 8-2 所示,手机淘宝首页轮播图会智能推荐一些与孕妇装相关的广告吸引用户点击,打开搜索框,页面会显示"历史搜索""搜索发现"和"全网热榜"3 类用户引导词,如图 8-3 所示,那么此时点击"历史搜索"的"孕妇装"即可进入搜索页面;第 2 步,点击搜索框,搜索框下面会出现一系列下拉框,如图 8-4 所示,这是由于手机淘宝搜索引擎会辅助用户进行搜索联想,自动补全搜索词,此时我们可选择"孕妇装秋款套装";第 3 步是搜索引擎的内部操作环节,对搜索词"孕妇装秋款套装"进行拆解,可拆解为"孕妇装""秋款""套装"3 个词汇,进而预测用户的搜索意图;第 4 步,搜索引擎通过对搜索词向量集合进行产品的筛选,最后呈现的排序即是此次搜索的排序结果,如图 8-5 所示。

图 8-2 搜索孕妇装后的手机淘宝首页

图 8-3 孕妇装搜索引擎进行用户引导

图 8-4 孕妇装搜索引擎搜索词拓展

图 8-5 孕妇装搜索引擎排序结果

依据搜索引擎排序机制,搜索引擎优化可通过关键词优化、商品标题优化和详情页优化等方式实现搜索引擎排序的提高,这种免费的优化方式在搜索引擎运营中受到各个移动电商网店的热烈欢迎。

搜索引擎优化对网店推广有着重要的意义。首先,可通过提高免费流量占比降低网店的获客成本,其次,辅助搜索引擎推广等付费渠道实现移动电商平台访问量和转化率的提高,提高付费推广效果,最后提高移动电商平台在所属搜索引擎上的可信任度,进而提高网店权重。

8.2.2 搜索引擎营销推广

对于相对免费的搜索引擎优化而言,搜索引擎营销则是基于搜索引擎平台的付费推广,移动电商网店付费购买资源,在用户进行移动电商平台信息检索时优先展示给用户,进而吸引用户点击进入。如在8.2.1节内容中,图8-2展示的手机淘宝首页产品分类下的"孕妇装"轮播图,左下角带有"广告"字眼,便是搜索引擎营销推广的效果。

搜索引擎营销推广广告主要分为3类:一是百度搜索广告等信息类搜索广告,如图8-6所示;二是淘宝搜索等购物类搜索广告,如图8-7所示;三是专注于个性化信息推广的今日头条等垂直类搜索广告,如图8-8所示。

图8-6　信息类搜索广告——百度搜索　　图8-7　购物类搜索广告——淘宝搜索

搜索引擎推广策略有关键词策略、创意策略、人群定向策略、地域时段策略、场景营销策略和短视频推广策略等。其中短视频推广策略是近年来最受市场欢迎的策略之一,借着短视频市场火爆的东风,各大移动电商网店纷纷进驻以抖音、快手为主的短视频平台,录制各种风格的商品型、内容型和营销型短视频,借助热点事件多渠道发布短视频,保持一定的更新率,更有知名主播聘请演员、歌手、主持人等"跨界主播"进行合作导流,为搜索引擎推广注入更多生机。

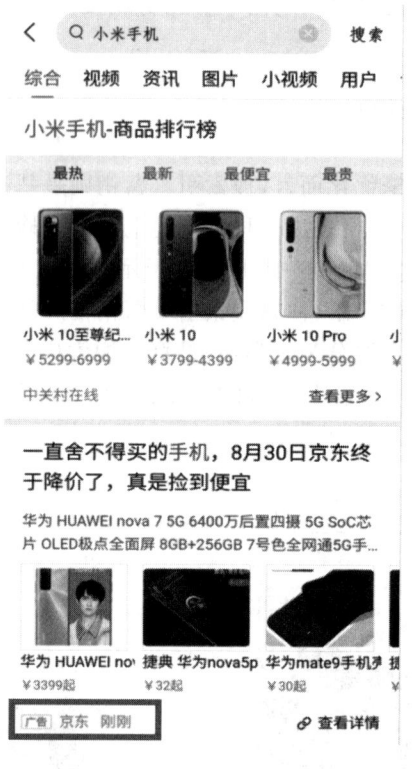

图 8-8 垂直类搜索广告——今日头条

扩展阅读

微信继续发力短视频内容领域，视频号又迎新变化

在微信的最新版本中，我们看到了其基于短视频内容生态建设层面的一些变化。

视频号上线之后便一直是微信更新迭代的重头戏，在最新的 iOS 7.0.15、安卓 7.0.17 微信版本中微信团队对视频号的基础功能进行了补充和优化，为用户呈现了一套更加完善、体验感更好的视频内容体系。

强化视频号内容在朋友圈渠道的流量转化

新版本的微信视频号内容分享到用户朋友圈之后呈现出视频卡片的样式，与直接在朋友圈发布一小段视频的效果十分相似，见图 8-9。

图 8-9　更新后,视频号内容在朋友圈显示样式

而此前,视频号内容在朋友圈的呈现形式宛若一个图文链接,见图 8-10。

图 8-10　更新前,视频号内容在朋友圈显示样式

这一变化背后是基于视觉感受上对朋友圈的视频号内容进行强调,目的在于加强视频号内容在朋友圈渠道的流量转化。事实上,微信团队近几次的视频号更新迭代中,都有基于微信现有流量渠道向视频号转化的表现。

视频号新增"私信"功能

视频号新增"私信"功能,"私信"模块位于"关注"的左侧,见图 8-11。点进"私信"就可以与视频的创作者打招呼。

在视频创作者回复消息之前,只能发送仅限于文字或者微信自带表情在内的 3 条消息,视频号运营者回复后,才可以发送图片或者视频。

视频号新增"私信"功能上线,丰富了用户与视频创作者间的沟通渠道,可避免评论折叠以及用户围观的问题,具备私密性。

基于私密性层面的迭代还表现在"私密账号"功能上,视频号用户可依次点击主页右上角"…"→"隐私设置"开启"私密账号"功能,开启后,只有你允许的用户才能关注你。

视频号释放新能力的背后是微信进一步短视频生态化的一个重要标志。

资料来源:艾瑞网.[2020-08-14]. http://column.iresearch.cn/b/202008/895450.shtml.

图 8-11　视频号新增"私信"功能

8.3　移动网店运营

8.3.1　移动网店运营概述

移动网店运营是以成交为导向的,运营在整个移动电商流程中的重要性不言而喻。移动网店运营指的是与移动网店产品的管理、维护和推广等密切相关的所有活动的总称,具体包括调研、产品定位、活动策划、产品管控、数据分析和营销推广等多个方面,最终实现网店商品价值和顾客价值的双赢。

一般而言,每个移动网店都会设立运营岗位,相比其他岗位,由于移动网店运营涉及商业、市场、营销、推广、商品、技术、销售和客服等多个环节,故而运营岗具有工作任务琐碎、分工交叉繁杂、无固定规律、难系统性学习的 4 个特点。

移动网店运营主要包括以下 5 个方面的内容。

1. 网店规划

移动网店规划的第一步是进行市场数据分析。调研所属行业的发展现状和发展趋势,分析竞争对手数据和网店产品消费人群,关注移动网店电商运营的新模式,如直播"带货"、工厂电商和社区零售等,这样可以科学合理地选择移动网店的主营类目,确定移动网店的定位和运营目标,对制定后续的移动网店推广策略和降低经营风险有着重要的意义。

移动网店规划的第二步是确定移动网店的定位。在综合考虑标品和非标品、高频和低频商品的基础上确定移动网店的经营类目,按照消费属性和消费行为进行移动网店目标人群的价格定位、年龄定位和职业定位,进而制定科学合理的移动网店定位策略。

移动网店规划的最后一步是制定移动网店运营策略。移动网店平台选择一般有两种:

入驻移动电商平台和自建移动商城。前者目前发展比较成熟,后者成本相对更高、难度更大。移动网店仓储物流也是重要的一环,一般规模大、资金充裕、产品种类丰富的移动网店选择会自建仓储中心,但运营风险很大,而中小型移动网店一般会在进行物流市场调研后租用第二方物流。移动网店运营策略主要包括营销策略和竞争策略。情感营销、体验式营销和会员营销目前受到很多移动网店的欢迎,而差异化策略是很多移动电商网店能在激烈的市场竞争中占据一席之地的重要原因。

2. 商品运营

商品运营主要包括商品品类管理、商品选品和采购、商品价格制定 3 个方面。

商品品类中旗舰品类是很多顾客的首选,对商家而言该品类销售量大且利润丰厚,是很多移动网店盈利的法宝。此外,折扣品类对移动网店而言也是必不可少的,虽然毛利率低,但引流效果显著,也是移动网店流量运营中经常考虑的重点。

确定好商品品类后,就需要进行选品和采购了。选品也是目前异常火爆的直播电商中非常重要的一环,选品时需要综合考虑市场趋势、地理优势和移动网店的自身条件,并根据市场情况及时进行商品下架和更新。采购是每个移动网店的日常工作,需要综合比较货源市场,确定合理的供应渠道,并根据供应商的评价有效地进行供应商的淘汰和新增。

商品价格制定主要包括定价策略的选择、定价模型的制定和商品价格的优化 3 部分。其中定价策略和定价模型多种多样,移动网店需要根据自身实际情况进行选择和制定,而商品价格优化需要综合考虑新老顾客、新老产品,以及客户的购物时段和购物数量等多个方面。

3. 流量获取

最简单的流量获取方法就是利用搜索引擎来获取,上节中提到,搜索引擎运营中包含免费的搜索引擎优化和付费的搜索引擎营销推广,移动网店只需进行科学合理的运营,流量获取的问题便迎刃而解。

4. 营销转化

做好营销转化,首先要进行活动营销策划,移动网店内经常举办各类打折促销、买赠、包邮、秒杀、预定、抽奖、满立减和抢红包等活动,而目前火爆的直播间抢购更是惊喜连连,吸引了很多顾客参与。

其次,视觉营销是当前移动网店营销的重中之重,具体包括商品主图的编辑、页面架构的设计、商品文案的撰写、移动网店的装修和商品详情页的优化等。

最后,根据活动方案制定网店服务策略。移动网店服务策略主要包括 3 方面:商品方面需要提炼商品卖点、做好竞品分析、制定合理的商品价格等;物流方面需要做好商品的运输包装、物流方案的选择、配送时效性的安排等;客户方面则必须做好商品售前、售中和售后的客服回复和问题解决。

5. 运营分析

移动网店运营主要依据移动网店运营的指标体系进行数据化运营,帮助移动网店经营者制定更加科学合理的决策,移动网店运营指标体系详见 8.3.2 节。

8.3.2 移动网店运营指标体系

移动电商正处于大数据时代,移动网店运营依赖的也是数据化运营。掌握了大数据,就掌握了运营的节奏;掌握了移动网店运营指标体系,就掌握了运营的核心。

移动网店运营指标体系由一系列有效的、常见的、概括性强的数据分析指标组成，这些指标可以直观地对移动网店的流量、产品、销售及客户等相关信息进行总结和归纳。

移动网店运营指标体系主要包含移动网店总体运营、流量运营、产品运营和推广运营4类指标，下面进行具体介绍。

1．移动网店总体运营指标

通过移动网店总体运营指标可综合评估移动网店运营的整体效果，移动网店总体运营二级指标体系如表 8-1 所示。

表 8-1　移动网店总体运营二级指标体系

一级指标	二级指标	指标含义
流量类指标	独立访客数（UV）	访问移动网店的不重复用户数
	页面访问数（PV）	页面浏览量，对同一页面多次访问则访问量累计
	人均页面访问数	反映移动网店访问黏性
订单产生效率指标	总订单数	访客完成移动网店下单的订单数之和
	访问到下单转化率	移动网店下单的次数与访问该网店的次数之比
总体销售业绩指标	成交金额（GMV）	移动网店成交金额
	销售金额	产品或服务销售的总金额
整体指标	客单价	订单金额与订单数量的比值
	销售毛利	移动网店销售收入与成本的差值
	毛利率	移动网店销售毛利与销售收入的比值

2．移动网店流量运营指标

当前是一个流量为王的时代，移动网店运营要想实现持续营收，重视流量运营是至关重要的。移动网店流量指标能够从流量成本、流量质量及相关会员数据上反映移动网店的整体流量情况，网店流量运营二级指标体系如表 8-2 所示。

表 8-2　移动网店流量运营二级指标体系

一级指标	二级指标	指标含义
流量成本指标	访问获取成本	广告活动产生的投放费用与广告活动带来的独立访客数的比值
流量质量指标	跳出率	浏览单页即退出的次数与该页访问次数的比值
	页面访问时长	单个页面被访问的时间
	人均页面访问数	在统计周期内，平均每个访客所浏览的页面量
会员指标	注册会员数	一定统计周期内的注册会员数量
	活跃会员数	在一定时期内有消费或登录行为的会员总数
	活跃会员率	活跃会员占注册会员总数的比重
	会员复购率	在统计周期内产生二次及二次以上购买行为的会员数占购买会员总数的比例
	会员平均购买次数	在统计周期内每个会员平均购买的次数
	会员回购率	上一期末活跃会员在下一期时间内有购买行为的比率
	会员留存率	在某段时间内重复访问移动网店的会员数占当时会员总数的比例

3. 移动网店产品运营指标

移动网店产品运营指标能够从总数、优势、品牌、上架及首发几个方面衡量移动网店销售产品的总体情况,移动网店产品运营二级指标体系如表 8-3 所示。

表 8-3 移动网店产品运营二级指标体系

一级指标	二级指标	指标含义
产品总数指标	SKU 数	物理上不可分割的最小存货单位
	SPU 数	标准化产品单元,即商品信息聚合的最小单位
	在线 SPU 数	移动网店在线商品的 SPU 数量
产品优势性指标	独家产品收入比重	独家销售的产品收入占总销售收入的比例
品牌存量指标	品牌数	商品的品牌总数量
	在线品牌数	在线商品的品牌总数量
上架指标	上架产品 SKU 数	上架产品的 SKU 数
	上架产品 SPU 数	上架产品的 SPU 数
	上架产品在线 SPU 数	上架产品中,移动网店在线商品的 SPU 数量
	上架产品数	上架产品的总数量
	上架在线产品数	上架在线产品的总数量
首发指标	首次上架产品数	首次上架的产品数
	首次上架在线产品数	首次上架的在线商品数

4. 移动网店推广运营指标

移动网店推广运营指标能够从营销推广效果和广告投放效果两个方面衡量移动网店整体的营销回报情况,移动网店推广运营二级指标体系如表 8-4 所示。

表 8-4 移动网店推广运营二级指标体系

一级指标	二级指标	指标含义
营销推广指标	新增访问人数	通过此次营销推广新增的访问人数
	新增注册人数	通过此次营销推广新增的注册人数
	总访问次数	参与此次营销推广的总访问次数
	订单数量	通过此次营销推广形成的订单数量
	下单转化率	活动期间,某活动所带来的下单次数与访问该活动的次数之比
	投资回报率(ROI)	某一活动期间,产生的交易金额与活动投放成本金额的比值
广告投放指标	新增访问人数	通过此次广告投放新增的访问人数
	新增注册人数	通过此次广告投放新增的注册人数
	总访问次数	此次广告投放获得的总访问次数
	订单数量	通过此次广告投放形成的订单数量
	下单转化率	此次广告所带来的下单次数与访问该活动的次数之比
	广告投资回报率	此次广告产生的交易金额与广告投放成本金额的比值

8.3.3 移动网店运营流程

生鲜电商是近年来电商研究的热点话题,本文以在京东 App 上开设自营的生鲜电商旗舰店为例,详细讲解移动网店运营的主要流程。

1. 网店开设与装修

开设京东自营旗舰店,需要加入京东自营供应商,入驻流程如图 8-12 和 8-13 所示。

图 8-12 京东自营供应商入驻攻略一

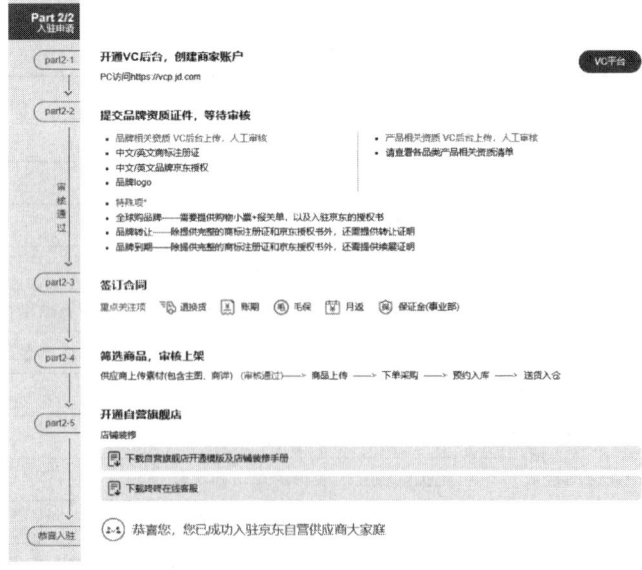

图 8-13 京东自营供应商入驻攻略二

2. 网店装修

网店装修需要参考京东制定的自营旗舰店店铺装修手册,而网店装修的重点主要是首页、详情页和自定义页的设计和制作。

首页主要关注布局、店标和 Banner 设计 3 方面。布局方面,京东自营旗舰店首页主要包括 2 个模块,商品陈列模块和自定义模块,商品陈列模块主要展示店铺爆款、新品、促销品和移动端特价产品等,而自定义模块则主要是店铺的活动信息和优惠券等;店标代表着店铺的形象,店标设计需要符合原创性、统一性、易识别性和合法性;Banner 是首页的横幅广告,好的 Banner 会第一时间抓住顾客的眼球,提升店铺流量和转化率。

详情页主要由商品图片、视频、属性信息和详情描述 4 部分构成,主要关注布局、文案、和图片 3 个方面。布局需要考虑实用性、美观度和直观性;文案需要突出商品卖点,内容要简洁且真实;图片的整体风格需统一,设计需简洁。

自定义页可全面、灵活地展示商品信息,好的自定义页设计可以提升顾客的复购率和店铺转化率,一般自定义页用于放置店铺活动、店铺品牌文化和售后服务等信息。

3. 网店基础操作

移动网店基础操作较为简单,主要为其日常运营服务,使用频率高,包括商品发布、商品上下架、商品优化、平台/店铺促销活动设置和日常订单管理等。

4. 网店客户服务

移动网店客服在上岗前需要具备一定的知识和能力,如必备的商品知识、交易规则相关知识、物流知识、话术知识和交易安全知识等,以及客服必备的过硬的语言能力、良好的心理素质、端正的服务态度和快速的应变能力等。

移动网店客服需要具备良好的沟通技巧,如响应时间要最短、客户营销要主动、客户画像要精准、关联销售要合理、问题处理要专业、订单催付要适时等。

退换货冲突是移动网店日常运营经常面临的问题,处理时需要提醒客户平台和商品退换货规范,制定退换货和冲突处理标准化流程,最后改善移动网店商品。如若遇到顾客给中差评,移动网店客服需要按照查找原因→联系顾客→引导修改→优化顾防 4 步进行操作。

京东生鲜"优鲜赔"服务、"即刻赔"服务、"运费险"服务和"闪电退"服务为其在与同类平台竞争中增色不少,专属客服更为其网店客户服务减少了不少压力。

5. 运营数据分析

根据移动网店运营指标体系,京东自营旗舰店可随时检测各项数据指标,并根据市场情况及时调整经营管理决策,提升移动网店的运营效果。

扩展阅读

农夫山泉与拼多多达成战略合作 官方旗舰店首日成交额达 280 万

8月11日,农夫山泉与拼多多宣布达成战略合作,农夫山泉将在拼多多开设官方旗舰店,上架旗下全线产品;拼多多将提供"百亿补贴""限时秒杀"等多项核心资源支持,并在研发、生产、直播、推广等领域展开全面合作,双方将联手为消费者带来全新的购物体验。

当天上线的农夫山泉官方旗舰店也创下了拼多多新开店铺的最高销售纪录。上线首日,旗舰店实现单店成交额280万元,农夫山泉NFC果汁系列产品销量突破33 000件。其间,旗舰店还开设了包含产品推荐、工厂探访、观众互动等环节的专场直播,配合"1元秒杀""免费抽奖"等优惠活动,吸引观看人数超过40万。

作为国内饮料行业的龙头企业,农夫山泉一直致力于为消费者带来各种高品质、创新的饮品。"我们时刻关注着消费市场的变化,无论是用户口味的转换,还是购物方式的改变",农夫山泉副总裁周力表示,"近年来,拼多多的发展有目共睹,用户体量增长迅猛,为众多生产企业提供了新的增量市场,我们愿与平台合作,一起为消费者'拼'出更好的产品和服务。"

拼多多副总裁陈秋表示,农夫山泉壮大国货的决心令人尊敬,平台将全力支持国内一流品牌的发展。"无论行业如何变化,农夫山泉始终聚焦的是消费者需求,这与拼多多的运营理念不谋而合",陈秋说,"我们将集合平台优势资源,把更多像农夫山泉这样优质的品牌带到消费者面前。"

据网经社(100EC.CN)获悉,为了让消费者能以更实惠、更直观的方式买到天然、健康的农夫山泉产品,拼多多投入了"百亿补贴"和"限时秒杀"两大强力资源。其中:在"百亿补贴"的助力下,农夫山泉100% NFC新疆苹果汁10瓶装礼盒直播秒杀价仅售19.9元;"限时秒杀"频道则推出了涵盖炭仌咖啡、水溶C、饮用水等多款产品的折扣万人团,为品牌迅速汇聚了大量人气。

此外,在农夫山泉官方旗舰店的直播中,工作人员还为消费者带来了农夫山泉全系产品的讲解,带领观众在线感受了产品的研发与制作过程,并献上了一大波红包和抽奖福利,赢得了消费者阵阵喝彩。

资料来源:网经社。[2020-08-12]. http://www.100ec.cn/detail--6567097.html.

思 考 题

1. 移动电商运营的定义是什么?
2. 搜索引擎排序机制主要分为哪4步?
3. 移动网店运营的指标有哪些?

第 9 章 手机页面编程技术基础

9.1 HTML5 概述

9.1.1 HTML5 的概念及发展

HTML5 是超文本标记语言(HTML)的第五次重大修改,HTML5 本身也属于超文本标记语言,相校于之前的 HTML 版本,HTML5 所带来的变化对于 Web 领域有着划时代的意义。

自 1999 年 12 月 HTML4.01 标准发布后,后继的 HTML5 和其他标准被束之高阁,为了推动 Web 标准化的发展,一些公司联合起来,成立了一个叫作 Web 超文本应用技术工作组(Web Hypertext Application Technology Working Group,WHATWG)的组织。其致力于 Web 表单和应用程序,而万维网联盟(World Wide Web Consortium,W3C)则专注于 XHTML2.0。在 2006 年,双方决定进行合作,来创建一个新版本的 HTML。

HTML5 草案的前身为 Web Applications 1.0,于 2004 年被 WHATWG 提出,于 2007 年被 W3C 接纳,并成立了新的 HTML 工作团队。HTML5 的第一份正式草案已于 2008 年 1 月 22 日公布。HTML5 之后一直处于完善之中。然而,大部分现代浏览器已经具备了某些 HTML5 的功能。

2012 年 12 月 17 日,万维网联盟正式宣布凝结了大量网络工作者心血的 HTML5 规范已经正式定稿。根据其发言稿称:"HTML5 是开放的 Web 网络平台的奠基石。"

2013 年 5 月 6 日,HTML5.1 正式草案公布。该规范定义了第五次重大版本,第一次要修订万维网的核心语言:超文本标记语言(HTML)。在这个版本中,新功能不断推出,以帮助 Web 应用程序的作者,努力提高新元素的互操作性。本次草案的发布,从 2012 年 12 月 27 日开始,进行了多达近百项的修改,包括 HTML 和 XHTML 的标签,相关的 API、Canvas 等,同时对 HTML5 的图像标签 img 及 svg 也进行了改进,性能得到进一步提升。

2014 年 10 月 29 日,万维网联盟终于宣布,经过近 8 年的艰辛努力,HTML5 标准规范终于最终制定完成,并已公开发布。

在此之前的几年时间里,已经有很多开发者陆续使用了 HTML5 的部分技术,Firefox、Google Chrome、Opera、Safari 4+、Internet Explorer 9+都已支持 HTML5,但直到 2014 年 10 月 29 日,人们才看到正式版。

9.1.2　HTML5 的变化

与之前的 HTML 版本相比,HTML5 带来了一些重要变化,总结起来如下。

(1) HTML5 增加了一些新的元素和属性。这些元素和属性具有新的功能,如<nav>(网站导航块)和<footer>(定义页脚)。这种标签将有利于搜索引擎的索引整理,同时更好地帮助小屏幕装置和视障人士使用,除此之外,还为其他浏览要素提供了新的功能,如<audio>和<video>标记。

(2) HTML5 取消了一些过时的标记。其中包括纯粹显示效果的标记,如<font>和<center>,它们已经被 CSS 取代。HTML5 吸取了 XHTML2 的一些建议,包括一些用来改善文档结构的功能,比如,新的 HTML 标签 header、footer、dialog、aside、figure 等的使用,将使内容创作者更加容易创建文档,之前的开发者在实现这些功能时一般都使用 div。

(3) HTML5 将内容和展示分离。例如,<b>和<i>标签依然保留,但它们的意义已经和之前有所不同,这些标签的意义只是为了将一段文字标识出来,而不是为了给它们设置粗体或斜体式样。而<u>、<font>、<center>、<strike>这些标签则被完全去掉了。

(4) HTML5 增加了一些全新的表单输入对象,包括日期、URL、Email 地址等,其他的对象则增加了对非拉丁字符的支持。HTML5 还引入了微数据,一种使用机器可以识别的标签标注内容的方法,使语义 Web 的处理更为简单。总的来说,这些与结构有关的改进使内容创建者可以创建更干净、更容易管理的网页,这样的网页对搜索引擎、读屏软件等更为友好。

(5) HTML5 对标签的使用更为合理。例如,多媒体对象将不再全部绑定在<object>或<embed>中,而是视频有视频的标签,音频有音频的标签。

(6) HTML5 增加了本地数据库。这个功能将内嵌一个本地的 SQL 数据库,以加速交互式搜索、缓存以及索引功能。同时,那些离线 Web 程序也将因此获益匪浅。

(7) HTML5 增加了 Canvas 对象。这将给浏览器带来直接绘制矢量图的能力,意味着用户可以脱离 Flash 和 Silverlight,直接在浏览器中显示图形或动画。

(8) HTML5 提供 API 扩展。HTML5 为 HTMLDocument 和 HTMLElement 接口提供了新的 API 扩展,可实现浏览器内的编辑、拖放,以及各种图形用户界面的功能。

9.1.3　HTML5 的特性

HTML5 具有一些特性使其脱颖而出,并广泛流行。

(1) 语义特性

HTML5 赋予网页更好的意义和结构。更加丰富的标签将随着对微数据与微格式等方面的支持,来构建对程序、用户都更有价值的数据驱动的 Web。

(2) 本地存储特性

基于 HTML5 开发的网页 App 拥有更短的启动时间、更快的联网速度,这些全得益于 HTML5 App Cache 以及本地存储功能。

(3) 设备兼容特性

HTML5 为网页应用开发者们提供了更多功能上的优化选择,带来了更多体验。

HTML5 提供了前所未有的数据与应用接入的开放接口,使外部应用可以与浏览器内部的数据直接相连。

(4) 连接特性

HTML5 有效的连接提升了工作效率,使得基于页面的实时聊天、快速网页游戏、优质在线交流得到了实现。HTML5 拥有更有效的服务器推送技术,Server-Sent Event 和 WebSockets 就是其中的两个特性,这两个特性能够帮助我们实现服务器将数据"推送"到客户端的功能。

(5) 网页多媒体特性

HTML5 支持网页端的 Audio、Video 等多媒体功能,与网站自带的 Apps、摄像头、影音功能相得益彰。

(6) 三维、图形及特效特性

HTML5 具备基于 SVG、Canvas、WebGL 及 CSS3 的 3D 功能,用户会惊叹于浏览器中所呈现的惊人视觉效果。

(7) 性能与集成特性

HTML5 会通过 XMLHttpRequest2 等技术,解决以前的跨域问题,帮助 Web 应用和网站在多样化的环境中更快速地工作。

(8) CSS3 特性

在不牺牲性能和语义结构的前提下,CSS3 中提供了更多的风格和更强的效果。此外,较之以前的 Web 排版,HTML5 也提供了更高的灵活性和控制性。

9.2 HTML5 新功能简介

1. 视频

在大多数页面设计中,视频是通过插件(比如 Flash)来显示的。然而,并非所有浏览器都拥有同样的插件,这使得视频插入变得很棘手。HTML5 规定了一种通过 video 元素来包含视频的标准方法。

video 元素支持 3 种视频格式:OGG,MPEG4 以及 WebM。如需播放视频,可用如下程序:

```
<!DOCTYPE HTML>
<html>
<body>
<video width = "320" height = "240" controls = "controls">
<source src = "/i/movie.ogg" type = "video/ogg">
<source src = "/i/movie.mp4" type = "video/mp4">
Your browser does not support the video tag.
</video>
</body>
</html>
```

上面的例子使用一个了 OGG 文件,适用于 Firefox、Opera 以及 Chrome 浏览器。要确保适用于 Safari 浏览器,视频文件必须是 MPEG4 类型。video 元素允许多个 source 元素。source 元素可以链接不同的视频文件。浏览器将使用第一个可识别的格式。

接下来,介绍 video 标签的属性。

autoplay:出现该属性意味着视频在就绪后将自动播放,用法为(autoplay = "autoplay")。

controls:出现该属性意味着向用户显示控件,如播放按钮,用法为(controls = "controls")。

height:设置高度。

width:设置宽度。

loop:自动重播,用法为(loop="loop")。

preload:视频在页面加载时进行加载并预备播放,可选值有 auto(当页面加载后载入整个视频)、meta(当页面加载后只载入元数据)和 none(当页面加载后不载入视频)。如果设置了前面的 autoplay 属性,那么 preload 将会被忽略。

src:要播放视频的 URL,可以是相对的 URL,也可以是绝对的 URL。

2. 音频

在大多数页面设计中,音频也是通过插件(比如 Flash)来播放的,然而并非所有浏览器都拥有同样的插件。HTML5 规定了一种通过 audio 元素来包含音频的标准方法。

audio 元素支持 3 种音频格式:OGG、MP3 及 WAV。如需播放视频,可用如下程序:

```
<!DOCTYPE HTML>
<html>
<body>
<audio controls = "controls">
<source src = "/i/song.ogg" type = "audio/ogg">
<source src = "/i/song.mp3" type = "audio/mpeg">
Your browser does not support the audio element.
</audio>
</body>
</html>
```

上面的例子使用了一个 OGG 文件,适用于 Firefox、Opera 以及 Chrome 浏览器。要确保适用于 Safari 浏览器,音频文件必须是 MP3 或 WAV 类型。audio 元素允许多个 source 元素。source 元素可以链接不同的音频文件。浏览器将使用第一个可识别的格式。

接下来,介绍 audio 标签的属性。

autoplay:唯一可选值为 autoplay,出现 autoplay 属性并准确赋值时,音频将会自动播放。

controls:唯一可选值为 controls,出现 controls 属性并准确赋值时,音频播放控件将会显示,控件包括播放、暂停、定位、音量、全屏切换、字幕(如果可用)、音轨(如果可用)。

loop:唯一可选值为 loop,出现 loop 属性并准确赋值时,音频将会循环播放。

preload:可选值有 auto(当页面加载后载入整个音频)、meta(当页面加载后只载入元数据)和 none(当页面加载后不载入音频)。如果设置了前面的 autoplay 属性,那么 preload 将会被忽略。

src:指定音频 URL 地址,可以是相对的 URL,也可以是绝对的 URL。

3. 画布

HTML5 的 canvas 元素使用 JavaScript 在网页上绘制图像。画布是一个矩形区域,可以控制其每一像素。canvas 拥有多种绘制路径、矩形、圆形、字符以及添加图像的方法。

创建 canvas 元素,向 HTML5 页面添加 canvas 元素,规定元素的 id、宽度和高度,例如:

<canvas id = "myCanvas" width = "200" height = "100"></canvas>

canvas 元素本身是没有绘图能力的。可通过 JavaScript 来绘制,所有的绘制工作必须在 JavaScript 内部完成。

```
<script type = "text/javascript">
varc = document.getElementById("myCanvas");
var cxt = c.getContext("2d");
cxt.fillStyle = "#FF0000";
cxt.fillRect(0,0,150,75);
</script>
```

其中,JavaScript 使用 id 来寻找 canvas 元素。

var c = document.getElementById("myCanvas");

然后,创建 context 对象。

var cxt = c.getContext("2d");

getContext("2d")对象是内建的 HTML5 对象,拥有多种绘制路径、矩形、圆形、字符以及添加图像的方法。

下面的两行代码可绘制一个红色的矩形:

cxt.fillStyle = "#FF0000";

cxt.fillRect(0,0,150,75);

fillStyle 方法将其染成红色,fillRect 方法规定了形状、位置和尺寸。上面的 fillRect 方法拥有参数(0,0,150,75)。意思是在画布上绘制 150×75 的矩形,从左上角开始(0,0)。如图 9-1 所示,画布的 X 和 Y 坐标用于在画布上对绘画进行定位。

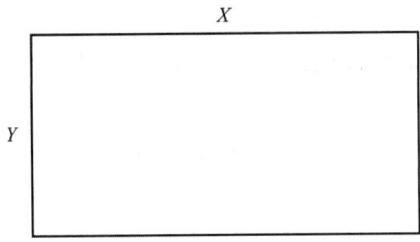

图 9-1 画布坐标

更多的画布实例如下。

实例 1：
```
<!DOCTYPE HTML>
<html>
<body>
<canvas id="myCanvas" width="200" height="100" style="border:1px solid #c3c3c3;">
Your browser does not support the canvas element.
</canvas>
<script type="text/javascript">
varc = document.getElementById("myCanvas");
var cxt = c.getContext("2d");
cxt.moveTo(10,10);
cxt.lineTo(150,50);
cxt.lineTo(10,50);
cxt.stroke();
</script>
</body>
</html>
```
运行结果：通过指定从何处开始，以及在何处结束，来绘制一条线，如图 9-2 所示。

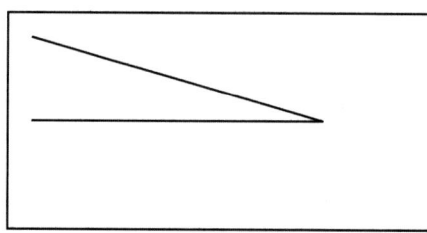

图 9-2　绘制直线

实例 2：
```
<!DOCTYPE HTML>
<html>
<body>
<canvas id="myCanvas" width="200" height="100" style="border:1px solid #c3c3c3;">
Your browser does not support the canvas element.
</canvas>
<script type="text/javascript">
var c = document.getElementById("myCanvas");
var cxt = c.getContext("2d");
cxt.fillStyle = "#FF0000";
```

cxt.beginPath();
cxt.arc(70,18,15,0,Math.PI*2,true);
cxt.closePath();
cxt.fill();
</script>
</body>
</html>

运行结果：通过规定尺寸、颜色和位置，来绘制一个圆，如图 9-3 所示。

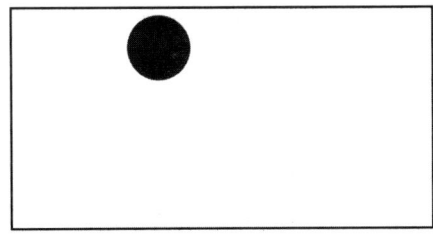

图 9-3 绘制圆形

实例 3：
<!DOCTYPE HTML>
<html>
<body>
<canvas id="myCanvas" width="200" height="100" style="border:1px solid #c3c3c3;">
Your browser does not support the canvas element.
</canvas>
<script type="text/javascript">
var c=document.getElementById("myCanvas");
var cxt=c.getContext("2d");
var grd=cxt.createLinearGradient(0,0,175,50);
grd.addColorStop(0,"#FF0000");
grd.addColorStop(1,"#00FF00");
cxt.fillStyle=grd;
cxt.fillRect(0,0,175,50);
</script>
</body>
</html>

运行结果：使用您指定的颜色来绘制渐变背景，如图 9-4 所示。

对于大多数的 canvas 绘图，API 都没有定义在 canvas 元素本身上，而是定义在通过画布的 getContext() 方法获得的一个"绘图环境"对象上。canvas API 也使用了路径的表示法。但是，路径由一系列的方法调用来定义，而不是将其描述为字母和数字的字符串，比如，调用 beginPath()和 arc()方法。一旦定义了路径,其他的方法,如 fill(),都是对此路径进行操作。绘图环境的各种属性,如 fillStyle,说明了这些操作如何使用。

图 9-4　绘制渐变背景

4．Web 存储

HTML5 提供了两种在客户端存储数据的新方法。

（1）localStorage：没有时间限制的数据存储。

（2）sessionStorage：针对一个 session 的数据存储。

以前,这些都是由 cookie 完成的。但是 cookie 不适合大量数据的存储,因为它们由每个对服务器的请求来传递,这使得 cookie 速度很慢而且效率也不高。在 HTML5 中,数据不是由每个服务器请求传递的,而是只有在请求时才使用数据。它使在不影响网站性能的情况下存储大量数据成为可能。对于不同的网站,数据存储于不同的区域,并且一个网站只能访问其自身的数据。HTML5 使用 JavaScript 来存储和访问数据。

在 localStorage 方法中,存储的数据没有时间限制。第二天、第二周或一年之后,数据依然可用。创建和访问 localStorage 代码如下：

```
<script type = "text/javascript">
localStorage.lastname = "Smith";
document.write(localStorage.lastname);
</script>
```

若要对用户访问页面的次数进行计数,可表示如下：

```
<!DOCTYPE HTML>
<html>
<body>
<script type = "text/javascript">
if (localStorage.pagecount)
    {
    localStorage.pagecount = Number(localStorage.pagecount) + 1;
    }
else
    {
    localStorage.pagecount = 1;
    }
document.write("Visits: " + localStorage.pagecount + " time(s).");
```

```
</script>
<p>刷新页面会看到计数器在增长。</p>
<p>请关闭浏览器窗口,然后再试一次,计数器会继续计数。</p>
</body>
</html>
```
代码统计了访问页面的次数,运行效果如图 9-5 所示。

> Visits: 2 time(s).
>
> 刷新页面会看到计数器在增长。
>
> 请关闭浏览器窗口,然后再试一次,计数器会继续计数。

图 9-5　页面访问统计

sessionStorage 方法针对一个 session 进行数据存储。当用户关闭浏览器窗口后,数据会被删除。创建并访问一个 sessionStorage 的代码如下:

```
<script type = "text/javascript">
sessionStorage.lastname = "Smith";
document.write(sessionStorage.lastname);
</script>
```

下面的代码表示对用户在当前 session 中访问页面的次数并进行计数。

```
<!DOCTYPE HTML>
<html>
<body>
<script type = "text/javascript">
if (sessionStorage.pagecount)
{
sessionStorage.pagecount = Number(sessionStorage.pagecount) + 1;
}
else
{
sessionStorage.pagecount = 1;
}
document.write("Visits " + sessionStorage.pagecount + " time(s) this session.");
</script>
<p>刷新页面会看到计数器在增长。</p>
<p>请关闭浏览器窗口,然后再试一次,计数器已经重置了。</p>
</body>
</html>
```

运行结果如图 9-6 所示。

Visits 1 time(s) this session.

刷新页面会看到计数器在增长。

请关闭浏览器窗口,然后再试一次,计数器已经重置了。

图 9-6　当前 session 页面访问统计

5. 表单

(1) 表单输入类型

HTML5 拥有多个新的表单输入类型。这些新特性提供了更好的输入控制和验证。新的输入类型包括 email、url、number、range、date pickers(date、month、week、time、datetime、datetime-local)等。下面进行详细讲解。

① email

email 类型用于应该包含 email 地址的输入域。在提交表单时,会自动验证 email 域的值。输入 email 代码如下:

```
<!DOCTYPE HTML>
<html>
<body>
<form action = "/example/html5/demo_form.asp" method = "get">
E-mail：<input type = "email" name = "user_email" /><br />
<input type = "submit" />
</form>
</body>
</html>
```

② url

url 类型用于应该包含 URL 地址的输入域。在提交表单时,会自动验证 url 域的值。输入 url 代码如下:

```
<!DOCTYPE HTML>
<html>
<body>
<form action = "/example/html5/demo_form.asp" method = "get">
Homepage：<input type = "url" name = "user_url" /><br />
<input type = "submit" />
</form>
</body>
</html>
```

③ number

number 类型用于应该包含数值的输入域,还能够设定对所接受的数字的限定,输入数字代码如下:

`<!DOCTYPE HTML>`

```html
<html>
<body>
<form action = "/example/html5/demo_form.asp" method = "get">
Points：<inputtype = "number" name = "points" min = "1" max = "10" />
<input type = "submit" />
</form>
</body>
</html>
```

从上例可以看出，输入数字可包含限制规定，属性描述如下。

max number：规定允许的最大值。

min number：规定允许的最小值。

step number：规定合法的数字间隔（如果 step＝"3"，则合法的数是－3,0,3,6 等）。

value number：规定默认值。

④ range

range 类型用于应该包含一定范围内数字值的输入域。range 类型显示为滑动条，能够设定对所接受的数字的限定，输入域代码如下：

```html
<!DOCTYPE HTML>
<html>
<body>
<form action = "/example/html5/demo_form.asp" method = "get">
Points：<input type = "range" name = "points" min = "1" max = "10" />
<input type = "submit" />
</form>
</body>
</html>
```

从上例可以看出，输入域可包含限制规定，且需设定最大值与最小值，属性描述如下。

max number：规定允许的最大值。

min number：规定允许的最小值。

step number：规定合法的数字间隔（如果 step＝"3"，则合法的数是－3,0,3,6 等）。

value number：规定默认值。

⑤ Date Pickers（日期选择器）

HTML5 拥有多个可供选取日期和时间的新输入类型。

date：选取日、月、年。

month：选取月、年。

week：选取周和年。

time：选取时间（小时和分钟）。

datetime：选取时间、日、月、年（UTC 时间）。

datetime-local：选取时间、日、月、年（本地时间）。

从日历中选取一个日期代码如下：

```
<!DOCTYPE HTML>
<html>
<body>
<form action = "/example/html5/demo_form.asp" method = "get">
Date：<input type = "date" name = "user_date" />
<input type = "submit" />
</form>
</body>
</html>
```

(2) 表单新元素

① datalist 元素

datalist 元素规定输入域的选项列表。列表是通过 datalist 内的 option 元素创建的。如需把 datalist 绑定到输入域，需用输入域的 list 属性引用 datalist 的 id，建立输入域选项表的代码如下：

```
<!DOCTYPE HTML>
<html>
<body>
<form action = "/example/html5/demo_form.asp" method = "get">
Webpage：<input type = "url" list = "url_list" name = "link" />
<datalist id = "url_list">
    <option label = "W3School" value = "http://www.w3school.com.cn" />
    <option label = "Google" value = "http://www.google.com" />
    <option label = "Microsoft" value = "http://www.microsoft.com" />
</datalist>
<input type = "submit" />
</form>
</body>
</html>
```

运行结果如图 9-7 所示，显示为一个下拉选项表。

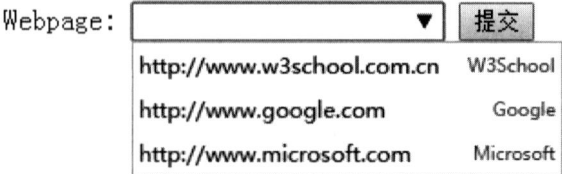

图 9-7　下拉选项表

② keygen 元素

keygen 元素的作用是提供一种验证用户的可靠方法。keygen 元素是密钥对生成器（key-pair generator）。当提交表单时，会生成两个键，一个是私钥，一个公钥。私钥（private key）存储于客户端,公钥(public key)则被发送到服务器。公钥可用于之后验证用户的客户端证书(client certificate)。验证用户的代码如下:

```
<!DOCTYPE HTML>
<html>
<body>
<form action = "/example/html5/demo_form.asp" method = "get">
Username:<input type = "text" name = "usr_name" />
Encryption:<keygen name = "security" />
<input type = "submit" />
</form>
</body>
</html>
```

运行结果如图 9-8 所示。

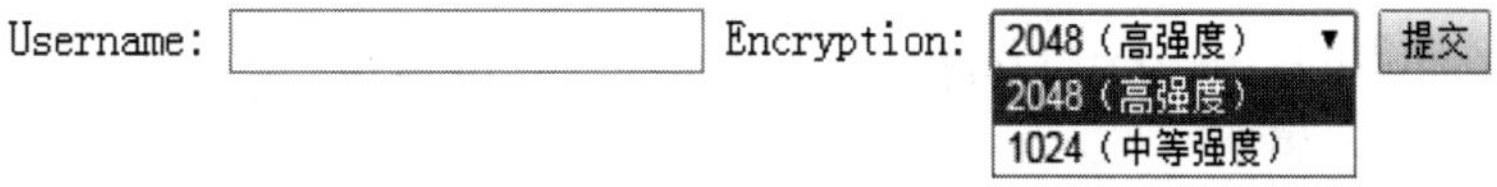

图 9-8 验证用户

③ output 元素

output 元素用于不同类型的输出,比如计算或脚本输出,可以试一下使用 output 的简易计算器,代码如下:

```
<!DOCTYPE HTML>
<html>
<head>
<script type = "text/javascript">
function resCalc()
{
numA = document.getElementById("num_a").value;
numB = document.getElementById("num_b").value;
document.getElementById("result").value = Number(numA) + Number(numB);
}
</script>
</head>
<body>
<p>使用 output 元素的简易计算器:</p>
<form onsubmit = "return false">
<input id = "num_a" /> +
<input id = "num_b" /> =
<output id = "result" onforminput = "resCalc()"></output>
```

</form>
</body>
</html>

运行结果如图 9-9 所示。

使用 output 元素的简易计算器：

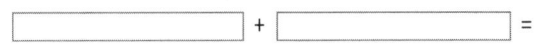

图 9-9　output 简易计算器

(3) 表单新属性

在 HTML5 中，表单不仅新增了一些元素，元素还新增了一些属性，这些属性都具有新功能，下面主要介绍 form 和 input 元素的新属性。form 元素的新属性包括 autocomplete 和 novalidate；input 元素的新属性包括 autocomplete、autofocus、form、form overrides（formaction、formenctype、formmethod、formnovalidate、formtarget）、height、width、list、min、max、step、multiple、pattern（regexp）、placeholder、required。

① autocomplete 属性

autocomplete 属性规定 form 或 input 域应该拥有自动完成功能。autocomplete 适用于 <form> 标签，以及以下类型的 <input> 标签：text、search、url、telephone、email、password、datepickers、range 以及 color。当用户在自动完成域中开始输入时，浏览器应该在该域中自动显示填写的选项，即当用户第二次准备开始输入时，会显示第一次输入的信息。例如：

<!DOCTYPE HTML>
<html>
<body>
<form action = "/example/html5/demo_form.asp" method = "get" autocomplete = "on">
First name：<input type = "text" name = "fname" />
Last name：<input type = "text" name = "lname" />
E-mail：<input type = "email" name = "email" autocomplete = "off" />
<input type = "submit" />
</form>
<p>请填写并提交此表单，然后重载页面，来查看自动完成功能是如何工作的。</p>
<p>请注意，表单的自动完成功能是打开的，而 e-mail 域是关闭的。</p>
</body>
</html>

其运行结果如图 9-10 所示。

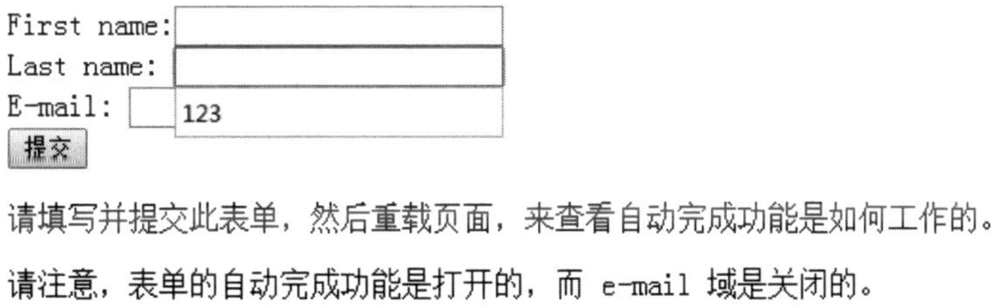

```
First name:
Last name:
E-mail:     123
[提交]
```

请填写并提交此表单,然后重载页面,来查看自动完成功能是如何工作的。

请注意,表单的自动完成功能是打开的,而 e-mail 域是关闭的。

图 9-10　重载页面自动显示填写信息

② novalidate 属性

novalidate 属性规定在提交表单时不应该验证 form 或 input 域。novalidate 属性适用于＜form＞以及以下类型的＜input＞标签:text、search、url、telephone、email、password、date pickers、range 以及 color。如下例所示:

```
<!DOCTYPE HTML>
<html>
<body>
<formaction = "/example/html5/demo_form.asp"
method = "get" novalidate = "novalidate">
E-mail:<input type = "email" name = "user_email" />
<input type = "submit" />
</form>
</body>
</html>
```

显示结果为一个输入域,但不需要任何规则去验证即可进入。

③ autofocus 属性

autofocus 属性规定在页面加载时,域自动地获得焦点,即第二次在域中输入时,只输入一部分就会显示出第一次输入的焦点信息。autofocus 属性适用于所有＜input＞标签的类型。例如:

```
<!DOCTYPE HTML>
<html>
<body>
<form action = "/example/html5/demo_form.asp" method = "get">
User name:<input type = "text" name = "user_name" autofocus = "autofocus" />
<input type = "submit" />
</form>
</body>
</html>
```

运行结果如图 9-11 所示。

图 9-11 自动获取焦点

④ form 属性

form 属性规定输入域所属的一个或多个表单,适用于所有＜input＞标签的类型。form 属性必须引用所属表单的 id。如第二个表单的输入域在第一个表单外,可用 form 连接,如下例所示:

＜!DOCTYPE HTML＞
＜html＞
＜body＞
＜form action = "/example/html5/demo_form.asp" method = "get" id = "user_form"＞
First name:＜input type = "text" name = "fname" /＞
＜input type = "submit" /＞
＜/form＞
＜p＞下面的输入域在 form 元素之外,但仍然是表单的一部分。＜/p＞
Last name:＜input type = "text" name = "lname" form = "user_form" /＞
＜/body＞

运行结果如图 9-12 所示。

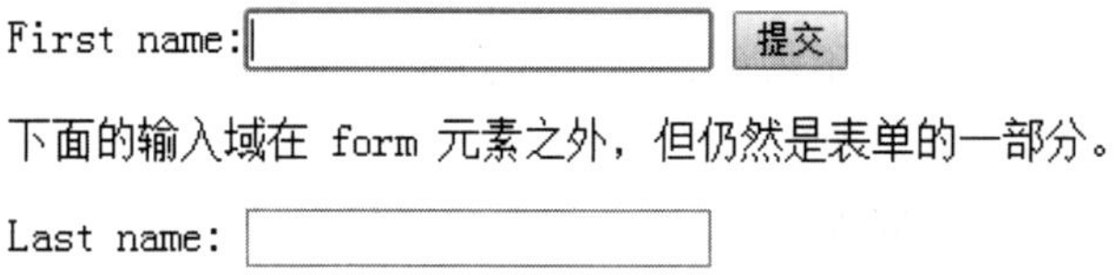

图 9-12 输入域在 form 元素外

⑤ form override 属性

表单重写属性(form override attributes)允许重写 form 元素的某些属性设定,也就是说可以把一个表单提交到不同页面。表单重写属性有以下几类。

formaction:重写表单的 action 属性。

formenctype:重写表单的 enctype 属性。

formmethod:重写表单的 method 属性。

formnovalidate:重写表单的 novalidate 属性。

formtarget:重写表单的 target 属性。

表单重写属性适用于两种类型的＜input＞标签:submit 和 image。实例如下:

＜!DOCTYPE HTML＞
＜html＞
＜body＞

<form action = "/example/html5/demo_form.asp" method = "get" id = "user_form">
E-mail：<input type = "email" name = "userid" />
<input type = "submit" value = "Submit" />
<input type = "submit" formaction = "/example/html5/demo_admin.asp" value = "Submit as admin" />
<input type = "submit" formnovalidate = "true" value = "Submit without validation" />
</form>
</body>

运行结果如图 9-13 所示。

图 9-13　表单可提交不同页面

⑥ height 和 width 属性

height 和 width 属性规定用于 image 类型的<input>标签的图像高度和宽度。height 和 width 属性只适用于 image 类型的<input>标签。可结合下例：

<!DOCTYPE HTML>
<html>
<body>
<form action = "/example/html5/demo_form.asp" method = "get">
User name：<input type = "text" name = "user_name" />
<input type = "image" src = "/i/eg_submit.jpg" width = "99" height = "99" />
</form>
</body>
</html>

显示如图 9-14 所示。

图 9-14　高度和宽度的设定

⑦ list 属性

list 属性规定输入域的 datalist。datalist 是输入域的选项列表。list 属性适用于以下类型的＜input＞标签：text、search、url、telephone、email、date、pickers、number、range 以及 color。如下例所示：

＜!DOCTYPE HTML＞
＜html＞
＜body＞
＜form action = "/example/html5/demo_form.asp" method = "get"＞
Webpage：＜input type = "url" list = "url_list" name = "link" /＞
＜datalist id = "url_list"＞
　　＜option label = "W3School" value = "http://www.w3school.com.cn" /＞
　　＜option label = "Google" value = "http://www.google.com" /＞
　　＜option label = "Microsoft" value = "http://www.microsoft.com" /＞
＜/datalist＞
＜input type = "submit" /＞
＜/form＞
＜/body＞
＜/html＞

运行结果如图 9-15 所示。

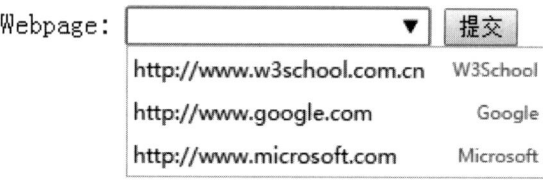

图 9-15　list 选项列表设定

⑧ min、max 和 step 属性

min、max 和 step 属性用于为包含数字或日期的 input 类型规定限定（约束）。

max：规定输入域所允许的最大值。

min：规定输入域所允许的最小值。

step：为输入域规定合法的数字间隔（如果 step="3"，则合法的数是 -3、0、3、6 等）。

min、max 和 step 属性适用于以下类型的＜input＞标签：date pickers、number 以及 range。

下面的例子显示一个数字域，该域接受介于 0 到 10 之间的值，且间隔为 3（即合法的值为 0、3、6 和 9）：

＜!DOCTYPE HTML＞
＜html＞
＜body＞
＜form action = "/example/html5/demo_form.asp" method = "get"＞

Points：<input type = "number" name = "points" min = "0" max = "10" step = "3"/>
</form>
</body>
</html>

显示如图 9-16 所示，只能输入指定值。

图 9-16 输入 0 到 10 之间的值，且间隔为 3

⑨ multiple 属性

multiple 属性规定输入域中可选择多个值。multiple 属性适用于两种类型的<input>标签：email 和 file。可参考如下实例：

<!DOCTYPE HTML>
<html>
<body>
<form action = "/example/html5/demo_form.asp" method = "get">
Select images：<input type = "file" name = "img" multiple = "multiple" />
<input type = "submit" />
</form>
<p>当您浏览文件时，请试着选择多个文件。</p>
</body>
</html>

运行结果如图 9-17 所示。

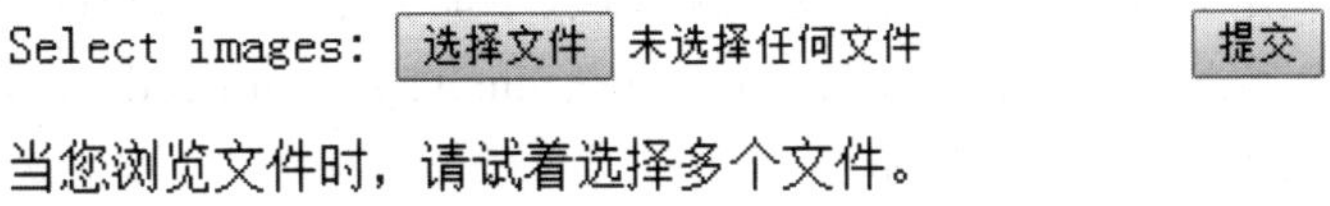

图 9-17 多个文件选项

⑩ pattern 属性

pattern 属性规定用于验证 input 域的模式（pattern）。模式是正则表达式。pattern 属性适用于以下类型的<input>标签：text、search、url、telephone、email 以及 password。如下例所示：

<!DOCTYPE HTML>
<html>
<body>
<form action = "/example/html5/demo_form.asp" method = "get">
Country code：<input type = "text" name = "country_code" pattern = "[A-z]{3}"
title = "Three letter country code" />

```
<input type = "submit" />
</form>
</body>
</html>
```
运行结果显示了一个只能包含三个字母的文本域(不含数字及特殊字符)。

⑪ placeholder 属性

placeholder 属性提供一种提示,描述输入域所期待的值。placeholder 属性适用于以下类型的<input>标签:text、search、url、telephone、email 以及 password。提示会在输入域为空时显示出现,会在输入域获得焦点时消失,如下例所示:

```
<!DOCTYPE HTML>
<html>
<body>
<form action = "/example/html5/demo_form.asp" method = "get">
<input type = "search" name = "user_search" placeholder = "Searchusa" />
<input type = "submit" />
</form>
</body>
</html>
```
运行结果如图 9-18 所示。

图 9-18 输入前出现提示

⑫ required 属性

required 属性规定必须在提交之前填写输入域(不能为空)。required 属性适用于以下类型的<input>标签:text、search、url、telephone、email、password、date pickers、number、checkbox、radio 以及 file。如下例所示:

```
<!DOCTYPE HTML>
<html>
<body>
<form action = "/example/html5/demo_form.asp" method = "get">
Name:<input type = "text" name = "usr_name" required = "required" />
<input type = "submit" />
</form>
</body>
</html>
```
运行结果为显示一个输入域,且要点击"提交"就必须填写完成。

思 考 题

1. HTML5 有哪些新特征?
2. HTML5 相比于之前的版本有什么不同之处?
3. 试述 HTML5 视频及音频元素的用法?
4. 试述 HTML5 的画布功能?
5. HTML5 的表单都有哪些新元素和属性?

参 考 文 献

[1] 吴洪贵,陈文婕.移动商务基础[M].北京:高等教育出版社,2019.
[2] 许应楠.移动电商基础与实务[M].北京:人民邮电出版社,2018.
[3] 孔宇强,洪鹤麟.移动电商:运营方向[M].北京:人民邮电出版社,2016.
[4] 北京鸿科经纬科技有限公司.网店运营[M].北京:高等教育出版社,2020.
[5] 北京鸿科经纬科技有限公司.网店运营基础[M].北京:高等教育出版社,2020.
[6] 北京鸿科经纬科技有限公司.网店推广[M].北京:高等教育出版社,2020.
[7] 北京博导前程信息技术股份有限公司.电子商务数据分析概论[M].北京:高等教育出版社,2019.
[8] 谷斌.数据仓库与书挖掘实务[M].北京:北京邮电大学出版社,2014.
[9] 梁玉芬,胡丽琴.电子商务基础与实务[M].北京:清华大学出版社,2003.
[10] 宋文官.电子商务实用教程[M].3版.北京:高等教育出版社,2007.
[11] 张润彤.电子商务概论[M].北京:电子工业出版社,2003.
[12] 钟强.电子商务概论[M].北京:清华大学出版社,2003.
[13] 陈科鹤,黄春元.电子商务实务教程[M].北京:清华大学出版社,2002.
[14] 张润彤,王力波.电子商务基础教程[M].北京:首都经济贸易大学出版社,2003.
[15] 苏艳玲.电子商务基础与实务[M].北京:北京邮电大学出版社,2012.
[16] 徐金宝,解芳.电子商务概论[M].北京:机械工业出版社,2008.
[17] 濮小金,司志刚.电子商务概论[M].北京:机械工业出版社,2005.
[18] 孙运传,邵伟萍,张宁.电子商务[M].北京:北京理工大学出版社,2007.
[19] 严国辉,陈柏良.电子商务[M].北京:北京理工大学出版社,2008.
[20] 柯新生.网络支付与结算[M].北京:电子工业出版社,2005.
[21] 彭欣.电子商务实用教程[M].北京:人民邮电出版社,2005.
[22] 王有为.移动商务原理与应用[M].北京:清华大学出版社,2006.
[23] 张彩霞.电子商务概论[M].成都:西南财经大学出版社,2008.
[24] 张宽海.网上支付与结算[M].北京:电子工业出版社,2009.
[25] 胡华江,余诗建.电子商务实务[M].北京:北京大学出版社,2007.
[26] 杨选辉.网页设计与制作教程[M].北京:清华大学出版社,2008.
[27] 王秀丽.网页设计与制作[M].北京:清华大学出版社,2006.
[28] 姜旭平.网络整合营销传播[M].北京:清华大学出版社,2007.
[29] RAJARAMAN A, ULLMAN J D.大数据:互联网大规模数据挖掘与分布式处理[M].北京:人民邮电出版社,2012.

[30] 夏火松.数据仓库与数据挖掘技术[M].2版.北京:科学出版社,2009.

[31] 谢邦昌.数据挖掘基础与应用(SQL Server 2008)[M].北京:机械工业出版社,2012.

[32] 李雄飞,李军.数据挖掘与知识发现[M].北京:高等教育出版社,2010.

[33] 金和盛软件.App 营销模式分析[EB/OL].(2017-01-23)[2020-08-30].https://www.sohu.com/a/124972498_453819.

[34] 艾瑞咨询.2018 中国短视频营销市场研究报告[EB/OL].(2018-12-03)[2020-08-30].http://report.iresearch.cn/report/201812/3302.shtml.

[35] 图玩直播搭建.常见的直播平台有哪些类型?[EB/OL].(2020-01-16)[2020-08-30].https://baijiahao.baidu.com/s?id=1655845993648736691&wfr=spider&for=pc.

[36] 图玩直播搭建."直播+电商"的三种主要模式[EB/OL].(2020-03-17)[2020-08-30].https://baijiahao.baidu.com/s?id=1661373519769272533&wfr=spider&for=pc.

[37] 艾瑞咨询.2020 年中国直播电商生态研究报告[EB/OL].(2020-06-30)[2020-08-30].http://report.iresearch.cn/report/202006/3606.shtml.

[38] 硅谷动力.2019 中国十大网络音乐平台[EB/OL].(2019-10-2)[2020-03-30].http://www.enet.com.cn/article/2019/1002/A201910021009328.html.

[39] 中国互联网络信息中心.第 45 次《中国互联网络发展状况统计报告》[R].(2020-04-28)[2020-08-30].http://www.cnnic.net.cn/hlwfzyj/hlwxzbg/hlwtjbg/202004/t20200428_70974.htm.